DIGITALES EINKOMMEN

Digitales Einkommen
Wie du dir in 7 Schritten nur mit Hilfe eines Laptops ein seriöses und zukunftssicheres Geschäft im Internet aufbaust

Textliche Inhalte: René Renk, Oliver Schmuck und Désirée Meuthen
Covergestaltung: Edge International Creative Solutions
Innendesign: Sumina Sinisa
Buchsatz: VictorDesign
Druck und Bindung: berliner-buchdruck.de

ISBN: 978-3-9821961-0-7
1. Auflage

Die Deutsche Nationalbibliothek verzeichnet diese Publikation in der Deutschen Nationalbibliografie; detaillierte bibliografische Daten sind im Internet über http://dnb.d-nb.de abrufbar.

Aus Gründen der besseren Lesbarkeit wird in diesem Buch auf die gleichzeitige Verwendung männlicher und weiblicher Sprachformen verzichtet. Sämtliche Personenbezeichnungen gelten für alle Geschlechter.

Dieses Buch ist auch als Hörbuch erhältlich:
digitaleseinkommen.de/hoerbuch
digitaleseinkommen.de

Digitales Einkommen

Wie du dir in 7 Schritten nur mit Hilfe eines Laptops ein seriöses und zukunftssicheres Geschäft im Internet aufbaust

René Renk und Oliver Schmuck

Widmung

Dieses Buch widme ich meiner Frau, die immer hinter mir steht, und meinen beiden Töchtern, die mein Leben vervollständigt haben.
René Renk

Ich widme dieses Buch meinem kleinen Sohn Toni, der für mich die größte Freude in meinem Leben ist.
Oliver Schmuck

Inhaltsverzeichnis

Vorwort

von René Renk

Ich habe mich lange dagegen gewehrt, ein Buch über Online Marketing zu schreiben, obwohl ich häufig danach gefragt wurde. Der Grund hierfür war ganz einfach: Ich wollte nicht all mein Wissen in einem Buch zusammenfassen, damit dieses dann – wie so viele Bücher – in den Regalen der Leser verstaubt, ohne dass dieses Wissen auch genutzt wird.

Und genau das ist meines Erachtens ein großer Nachteil von Büchern im Vergleich zu z.B. individuellen Coachings: Häufig werden die Bücher gelesen, das Wissen konsumiert, Pläne geschmiedet … aber letztendlich verschwindet das Buch meistens irgendwann im Regal und es wurde nie etwas davon in die Realität umgesetzt.

Und dafür war mir das Wissen und die Mühe einfach zu schade.

Ich habe lieber digitale Coaching-Programme entwickelt, bei denen meine Kunden Schritt für Schritt gezeigt bekommen haben, wie sie ein Online Business aufbauen, und habe individuelle Coachings und Consultings gegeben. Hierdurch war es zum einen immer möglich, meinen Kunden genaue Erklärungen zu geben, Anleitungen zur Verfügung zu stellen und gerade auch bei den individuellen Coachings und Consultings den Fortschritt meiner Kunden zu überwachen und sie zu motivieren, die nötigen Aufgaben umzusetzen.

Gleichzeitig gibt es kaum etwas Schöneres, als zu sehen, wie die Kunden die Aufgaben umsetzen, die Strategien anwenden und dann auch die erhofften Ergebnisse erzielen.

So ist es auch heute noch so, dass sich mit vielen meiner engsten Coaching- und Consulting-Kunden enge Freundschaften oder sogar Partnerschaften entwickelt haben, wie auch mit Olli.

Allerdings befinden wir uns aktuell gerade in einem großen Umbruch und Beginn des digitalen Zeitalters.

Gerade aufgrund der jüngsten Ereignisse, wie der Corona-Krise, wurde wieder deutlich, wie wenig Unternehmen und Menschen bereits im digitalen Zeitalter angekommen sind. Die meisten waren nicht auf eine solche Krise, einen Lockdown und damit einbrechende Umsätze vorbereitet, was zu wirtschaftlichen Krisen und auch Insolvenzen geführt hat und noch führen wird. Sowohl bei Unternehmen als auch Privatpersonen.

Und jeder, der von der Corona-Krise betroffen war oder ist – egal ob Privatperson oder Unternehmen – hat gemerkt, wie abhängig er doch von dem System ist und dass schon ein neuartiger Virus selbst die standfestesten und größten Unternehmen der Welt innerhalb weniger Tage aus der Bahn werfen kann, solange sie nicht im digitalen Zeitalter angekommen sind.

Die Unternehmen, die bereits vor der Krise auf die Digitalisierung gesetzt haben, Mitarbeiter im Home Office haben, Prozesse automatisiert hatten etc. werden als Gewinner aus der Krise hervorgehen. Denn für diese Unternehmen oder Selbstständigen liefen die Prozesse weiter. Sie konnten weiter Ihre Kunden betreuen, Produkte online vermarkten, teilweise Dienstleistungen online ausführen und hatten damit keine massiven Einbrüche wie Unternehmen, die vollkommen auf das öffentliche Leben angewiesen sind.

Ich möchte dir damit nur verdeutlichen, dass wir im digitalen Zeitalter angekommen sind und jeder, der jetzt auf die Möglichkeiten setzt, die uns dieses Zeitalter gibt, kann als Gewinner hervorgehen und sich ein digitales Einkommen schaffen. Ein Einkommen, welches finanzielle und geographische Freiheit bringt und dir damit die Chance auf ein Leben gibt, von dem die meisten nur träumen können.

Und wahrscheinlich werden auch mehr als 99% aller Menschen ihr Leben lang nur davon träumen können, denn die meisten Menschen setzen sich leider nicht mit den Möglichkeiten auseinander, die ihnen zur Verfügung stehen. Sie sind zu bequem und schauen nicht über den Tellerrand, was noch alles möglich wäre, sondern gehen stetig ihrem Tagesablauf nach, ohne nach Größerem zu streben.

Dadurch, dass du diese Zeilen liest und dieses Buch in der Hand hältst, hast du mir bereits bewiesen, dass du nicht zu diesen Menschen gehörst.

Du strebst nach Größerem und schaust nach Möglichkeiten, wie du dieses erreichen kannst. Und lass mich dir sagen: Online Marketing gibt dir genau diese Möglichkeit.

Heutzutage benötigst du auch nicht mehr einiges an Vorwissen, technisches Know-How, Programmiersprachen oder Ähnliches, um online eine Webseite, einen automatisierten Verkaufsprozess oder ein ganzes Business aufzubauen. Alles, was du benötigst, ist ein Laptop und eine stabile Internetverbindung. Und natürlich die richtige Idee und das richtige System.

Daher setzen sich immer mehr Menschen mit dem Thema Online Marketing auseinander. Das größte Problem ist leider nur, dass selbst von denjenigen, die sich bereits mit den richtigen Strategien auseinandersetzen, der größte Prozentteil nichts in der Praxis umsetzt und daher auch nicht erfolgreich wird. Ich hoffe, dass du zu denjenigen gehörst, die das Wissen aus diesem Buch anwenden, und nicht auf die Chancen verzichtest, die dir Online Marketing bietet.

Wie ich bereits zu Beginn schrieb, möchten wir mit diesem Buch aber nicht nur eine Ansammlung unseres Wissens schaffen, was irgendwann in den Regalen verstaubt.

Wir möchten dir eine praktische Anleitung an die Hand geben, die dich dazu bringt, die anstehenden Aufgaben umzusetzen und ins Handeln zu kommen … damit du dieses Wissen in der Praxis anwendest und zu den 1% der Menschen gehörst, die aus einem Buch eine Idee entwickeln, die Idee ausbauen und daraus ein Business entstehen lassen.

Daher möchte ich dich einladen, dir mit diesem Buch nicht nur theoretisches Wissen anzueignen, sondern dich bereits auf deine praktische Reise ins Online Marketing und zu deinem digitalen Einkommen zu begeben und damit zu den Vorreitern im digitalen Zeitalter zu gehören.

Wir haben in diesem Buch 27 einfache aufeinander aufbauende Aufgaben zusammengestellt, die du immer wieder in den einzelnen Kapiteln findest und die jeweils nur wenige Minuten dauern werden. Wir haben darauf geachtet, dass wir während des gesamten Prozesses nur kostenlose Tools etc. einsetzen, sodass du hier auch nichts investieren musst. Lediglich deine persönliche Domain, also deine Adresse im Internet, ist kostenpflichtig und lässt sich nicht umgehen. Da diese aber nur wenige Euro im Monat kostet, sollte dies kein Hindernis darstellen.

Wenn du nicht nur die Inhalte des Buches liest, sondern auch diese 27 Aufgaben gewissenhaft umsetzt, dann wirst du – bereits bis zum Ende des Buches – das Fundament für dein Online Business schaffen, mit eigener Webseite, Social Media Präsenz und ggfs. den ersten bereits verdienten Provisionen. Also dein erstes digitales Einkommen.

Ich würde mich sehr freuen, wenn wir ein Teil deines Weges ins Online Marketing sein dürfen und dich dabei unterstützen.

Beste Grüße

Dein René

PS: Ich habe immer wieder bei der Arbeit mit meinen Kunden festgestellt, dass es wichtig ist, direkt ins Handeln zu kommen und die Aufgaben nicht auf die lange Bank zu schieben. Daher setze die Aufgaben immer direkt um, wenn sie im Buch erscheinen. Du solltest dies unbedingt beachten und nicht einfach weiterlesen. Ansonsten werden sich die Aufgaben anhäufen, wodurch für dich eine größere psychologische Hürde vor der Umsetzung entsteht, da es mehr Energie benötigt, um die Arbeit zu erledigen.

Daher dauert jede Aufgabe, gerade die ersten, wirklich nur 2-3 Minuten und sind wie im Flug erledigt.

Lass uns also sofort loslegen mit der ersten Aufgabe, noch bevor du mit dem Lesen der Geschichten von Olli und mir beginnst:

Aufgabe #1

Die wichtigste Grundlage für eigentlich jedes Online (und auch offline) Business ist eine eigene Webseite. Viele, die zum ersten Mal darüber nachdenken, eine Webseite zu erstellen, sehen einen riesigen Berg an Arbeit vor sich. Heutzutage gibt es aber viele Tools und Software-Lösungen, die es uns sehr einfach machen. Um eine eigene Webseite einzurichten, benötigen wir eine Domain, wie z.B. deine-domain.de. Dies ist deine Adresse im Internet.

Da du wahrscheinlich noch am Anfang deines digitalen Einkommen bzw. Online Business stehst und vielleicht noch nicht genau weißt, in welchem Markt oder welche Art von Business du aufbauen möchtest, würde ich dir zu Beginn empfehlen, eine persönliche Domain mit deinem Namen anzulegen. Also in meinem Fall renerenk.de, rene-renk.de, renerenk.com, rene-renk.com oder mit einer anderen Domainendung, wie .info, .net oder andere.

Hier findest du eine kurze Anleitung, wie du eine Domain registrierst: **digitaleseinkommen.de/aufgabe-1**

Oliver Schmuck – Die Story: Von minus 700.000 zu 30.000 EURO im Monat

Hier ist Oliver persönlich. Ich freue mich, dass du dieses Buch in den Händen hältst und etwas Großes für deine Zukunft vorhast.

Damit du uns von Anfang besser kennenlernst und dich mit uns identifizieren kannst, werden wir dir an dieser Stelle unsere Geschichte erzählen. Glaube mir, dass dies für dich nicht langweilig sein wird, denn es hat so ein bisschen was von „Vom Tellerwäscher zum Millionär". Glaube mir, du wirst einige Aha-Erlebnisse haben.

Es ist immer viel einfacher, sich Erfolg vorzustellen, wenn man andere Geschichten von Menschen liest, die am Anfang mit Nichts da standen und dann etwas ganz Großes aufgebaut haben. Dann kannst du dir sagen: Hey, wenn der das geschafft hat, dann schaffe ich das auch.

Und genau deswegen hier meine Story.

Der Vermessungsingenieur mit einer 60-Stunden-Woche und mageren 2.000 Euro brutto im Monat

Wie du am Anfang gelesen hast, bin ich ausgebildeter Vermessungsingenieur und habe von 2001 bis 2009 ein eigenes Vermessungsbüro gehabt.

Als Vermesser bist du ein klassischer Dienstleister, was bedeutet, dass du gegen Zeit bezahlt wirst oder aber als komplettes Projekt abrechnest, was wiederum die Zeit als Berechnungsgrundlage hat.

Das hat zur Folge, dass du in deinen Umsätzen beschränkt bist, weil du dich ja bekannterweise nicht teilen kannst und auch nur 24 Stunden am Tag zur Verfügung hast.

Hinzu kommt weiterhin, dass wir (ich habe das Vermessungsbüro mit einem Mitstudenten gegründet) damals direkt aus dem Studium die Selbständigkeit begonnen haben und im Markt total unbekannt waren.

Um es kurz zu machen und das Ergebnis dieser Selbstständigkeit zusammenzufassen: In den 9 Jahren als Vermessungsingenieur war mein größtes monatliches Bruttoeinkommen 2.000 Euro bei einer durchschnittlichen 60-Stunden-Woche. Du wirst mir sicherlich zustimmen, dass diese Situation nicht sehr befriedigend war, aber ich habe jahrelang an das eigene Baby geglaubt und mir dadurch auch vieles „schön" geredet.

Die Rettung: eine neue Geschäftsidee

Aber: Ich wollte mehr, ich wollte nicht in dieser Situation verweilen. Bis zu diesem Zeitpunkt hatten mein Kollege, mit dem ich das Vermessungsbüro zusammen gegründet habe, und ich eine kleine Geschäftsidee entwickelt, die wir nebenbei vorantreiben wollten.

Es waren interaktive Baugebietspläne, die wir den Kommunen als Marketinginstrument zur Verfügung stellen wollten. Mit dieser Idee bin ich zu dem Vermieter unseres Vermessungsbüros gegangen, der Investor war, und stellte ihm diese vor. Er war sofort begeistert und teilte mir mit, dass er dabei ist und wir eine Firma diesbezüglich gründen werden.

Am 01.01.2010 ging die neue Firma in neuen Räumen an den Start und ich war der Geschäftsführer. Wir hatten uns geeinigt, dass mein Kollege das Vermessungsbüro weiterführt, während ich die Geschicke der neuen Firma leiten wollte.

Es war ein Onlineportal mit dem Namen bauportal-hessen.de (diese Domain existiert nicht mehr).

Von der Idee her war dieses Projekt nicht schlecht und wir hatten Kooperationsgespräche mit den Big Playern am Markt, Immobilienscout und Meine Stadt, die aus heutiger Sicht Gott sei Dank gescheitert sind.

Allerdings machte ich bei diesem Projekt so unwahrscheinlich viele Fehler, dass ich nach etwas über 3 Jahren mit einer Minussumme von sage und schreibe 700.000 Euro bestraft wurde.

Das ist schon eine gigantische Zahl, wenn man bedenkt, dass ich dieses Geld mit unserer bestehenden Firma irgendwie zurückzahlen musste. Ein Vorteil für mich in dieser Situation war der, dass mein Partner (der Investor) über ein entsprechendes Vermögen verfügte und wir dadurch nicht insolvent gehen konnten.

Minus 700.000 Euro – Was nun? War Online Marketing die Lösung?

Wir hatten mittlerweile das Jahr 2013 und befanden uns im Monat April. Nun stand ich vor dieser gigantischen Summe an finanziellen Verpflichtungen und die ersten Maßnahmen, die wir trafen, waren folgende: Entlassen aller Mitarbeiter und Umzug ins Homeoffice.

Im zweiten Schritt stand ich nun vor der großen Hürde, eine Tätigkeit auszuüben, mit der ich von zuhause aus mal locker 10.000 Euro im Monat machen musste, um auf der einen Seite die Schulden zu bezahlen und auf der anderen Seite gut zu leben.

Doch bei allem Negativen, und das wirst du vielleicht kennen, gibt es auch immer wieder Positives. Ich beschäftigte mich seit geraumer Zeit intensiv mit dem Thema Online Marketing und verfolgte diverse erfolgreiche Online Marketer im Netz (unter anderem ein gewisser René Renk).

Im Mai 2013 war der Branchentreff „Internetmarketingkongress" in Berlin und ich kaufte mir ein VIP-Ticket, um in der ersten Reihe zu sitzen und nahe bei den Referenten zu sein.

Diese 3 Tage veränderten mein Leben und meine Denkweise komplett. Ich sah Menschen, die über automatisierte Umsätze sprachen. Das war für mich, der nur im Modus „Zeit gegen Geld tauschen" dachte, völlig neu und unbegreiflich.

Diese Erfolgsmenschen sprachen von 5- bis 6-stelligen Umsätzen, die sie im Monat erzielten und interessanterweise ohne, dass sie Mitarbeiter hatten, die für diese Umsätze bezahlt werden mussten. Nein, diese Umsätze entstanden durch systematisierte Prozesse, die sie einmal angelegt und immer wieder perfektioniert hatten.

Diese Umsätze entstanden, weil sie sich im Laufe der Zeit eine große E-Mail-Liste aufbauten (Listengrößen von 10.000 bis 300.000 Menschen). Und diese E-Mail-Listen sorgten dafür, dass sie per Knopfdruck in sehr kurzer Zeit innerhalb weniger Tage teilweise mittlere 6-stellige Umsätze machten.

Das alles waren Zahlen, die mein kleines Mindset gar nicht glauben, geschweige denn verarbeiten konnte. Diese Zahlen waren für jemanden, der über ein normales Mindset verfügt, zu hoch und nicht vorstellbar.

So wirst du vielleicht auch schon von solchen Menschen und Umsätzen gehört haben und du hast dir mit Sicherheit deinen Teil gedacht: Das kann nicht mit rechten Dingen zugehen. Das ist nicht legal. Das ist Betrug. Das stimmt einfach nicht.

Wenn ich nicht 2 bis 3 Jahre später die gleichen Umsätze und die gleichen Ergebnisse erzielt hätte, würde ich es bis heute auch nicht glauben. Aber dadurch, dass ich es wirklich selbst umgesetzt und erreicht habe, kann ich zu 100% bestätigen: Es funktioniert. Und darauf bin ich sehr stolz.

Ich werde dir auch gleich verraten, was das Geheimnis des Erfolgs ist und woran auch die meisten scheitern werden, wenn sie nicht die wichtigen Erfolgsgesetze befolgen, die wir dir in diesem Buch mitgeben werden.

Ja! – Ich mache Online-Marketing

Doch was hat der Internetmarketingkongress für mich genau bedeutet und wie ging es dann ab Mai 2013 für mich weiter.

Zunächst einmal habe ich für mich die Entscheidung getroffen: ***„Ich werde ab sofort mit Online Marketing mein Geld verdienen."***

Und das ist auch schon die erste wichtige Botschaft, die ich dir mitgeben will.

ENTSCHEIDE DICH

Triff deine Entscheidung und sage: Ja, ich werde in Zukunft mit Online Marketing mein Geld verdienen. Sag nicht: Ich versuche es. Nein. Du machst es.

Ich habe mich damals für das Thema „Neukundengewinnung im Internet für Unternehmer" entschieden. Warum? Weil ich selbst daran in der Vergangenheit gescheitert war. Ich habe es mir zur Mission gemacht, für alle Unternehmer da draußen zu lernen, wie automatisierte Neukundengewinnung geht, und das Ergebnis wollte ich dann mit ihnen teilen.

Wie mein Mindset direkt nach dem Internetmarketingkongress war: Es gibt da draußen etwas, womit ich hohe Umsätze machen kann, aber ich glaube noch nicht so recht daran. Es ist einfach noch zu weit weg, als dass es realistisch sein könnte.

Mein Plan: Ich kaufe mir viele Kurse und mache Coachings und aus meinem Wissen schreibe ich dann ein Buch, das ich vermarkte. Das bedeutete gleichzeitig, dass ich investieren musste. Dessen war ich mir trotz meiner finanziell angespannten Lage bewusst. Aber egal wie, es musste sein.

Start Online-Marketing – Ich schreibe mein erstes E-Book

Am 04. Juni 2013 fing ich an, mein Buch zu schreiben, und am 23.09. um 12:45 Uhr war ich nach über 3 Monaten fertig. Warum ich das noch so genau weiß? Weil ich jetzt noch die ganzen Zwischenspeicherungen in der Dropbox abgelegt habe.

Ganze 115 Seiten lang und gespickt mit hochwertigstem Wissen. Ab sofort sollte die Vermarktung des E-Books beginnen. Es war in diesem Sinne eine rein digitale Ausgabe und kein gedrucktes Buch. Dieses Buch wollte ich für 47 Euro vermarkten.

Online-Marketing funktioniert nicht – Ist alles ein Flop?

Schnell stellte sich heraus, dass die Vermarktung relativ schwierig war und ich war an einem richtungsweisenden Punkt in meiner jungen Online Marketing Karriere. Ich stellte mir die Frage: Funktioniert Online Marketing überhaupt? Und wenn, warum nur bei den anderen?

Diese Aussage wird sehr schnell getätigt und der Grund für das Scheitern wird bei anderen oder dem Verfahren gesucht.

Du wirst auch an die Punkte kommen, an denen es einen Rückschlag gibt. Du wirst dir sagen, dass es nicht funktioniert, und du wirst genau wie ich anderen die Schuld geben. Halte einen Moment inne und überlege. Es sind nicht die anderen schuld und das System ist auch nicht schuld. Du hast einfach noch nicht die Lösung gefunden. Aber die Lösung kann direkt vor dir liegen. Direkt um die nächste Ecke. Stelle dir vor, du würdest kurz davor umdrehen und zurückgehen. Einfach alles hinwerfen. Stelle dir vor, du würdest die größte Chance deines Lebens kurz vor dem Ziel verpassen.

Für mich war die Lösung meines Problems noch ganze 4 Monate entfernt. Das heißt, meine Ecke, hinter der eine gigantische Lösung lauern sollte, war noch ganz schön weit weg. Aber sie sollte kommen.

Aufgabe #2

Damit wir nun nicht eine Programmiersprache wie html oder ähnliches lernen müssen, um Inhalte auf unsere Webseite zu bringen, richten wir nun ein sogenanntes Content Management System (CMS) ein. Hiermit wird es uns möglich sein, unsere Webseite wie ein normales Computer-Programm zu bedienen.

Ein sehr weit verbreitetes und kostenloses CMS ist WordPress, welches wir dir für den Beginn empfehlen würden.

Zusätzlich müssen wir ein sogenanntes SSL-Zertifikat einrichten.

Hier findest du eine kurze Anleitung, wie du WordPress sowie ein gültiges SSL-Zertifikat auf deiner Domain einrichtest: **digitaleseinkommen.de/aufgabe-2**

In 12 Monaten ganze 213,72 Euro Einnahmen und 18.974 Euro Ausgaben

Du wirst dich jetzt vielleicht fragen: Olli, was hast du in der Zeit von April 2013 bis April 2014 umgesetzt und was hast du in der Zeit für Coachings und Kurse ausgegeben? Das kann ich dir ganz genau sagen.

Einnahmen in dieser Zeit durch Online-Verkäufe: **213,72 Euro**
Ausgaben für Coachings und Kurse: **18.974 Euro**

Du siehst, dass hier noch eine leichte Diskrepanz zwischen Einnahmen und Ausgaben vorlag, und du wirst dich auch fragen, von was ich denn in der Zeit gelebt habe.

Nach außen hin sehen diese Zahlen sehr bescheiden aus und du wirst von deinem Umfeld gefragt werden, ob sich das denn lohnt, was du da tust. Da du in diesem Moment noch nicht weißt, dass du erfolgreich sein wirst, steckst du jetzt in einer Zwickmühle. Du musst weiter unbeirrt an dich und deinen Erfolg glauben und du darfst dich nicht durch die durchaus berechtigte Kritik von außen beirren lassen.

In dieser Zeit musst du durchhalten. Du musst unbeirrt und beharrlich weiter laufen. In dieser Zeit kommt es auf ein gutes Mindset an, das du täglich positiv beeinflussen musst.

Es ist an dieser Stelle sehr wichtig zu erwähnen, dass du dich durch meinen harten Weg nicht negativ beeinflussen lassen solltest. Wir haben nicht umsonst dieses Buch geschrieben. René und ich sind nicht umsonst diese harten Wege gegangen. Unsere Mission war es einfach, diese Wege zu gehen, um dir zu zeigen, wie es einfacher und schneller geht. Und genau das erfährst du in diesem Buch.

Wir wollen dir damit die Abkürzung für deinen Erfolg geben. Damit du sehr viel schneller die Zeiten erreichst und genießt, die ich dir jetzt schildern werde.

Bevor ich auf meine Erfolgsstory zu sprechen komme, hatte ich dir versprochen zu erwähnen, von was ich in der Zeit von April 2013 bis April 2014 gelebt habe. Ich hatte in der Zeit, in der ich das Bauportal betrieben hatte, 5 Firmen gewinnen können, die ich im Bereich Online Marketing weiterhin betreut habe. Mit diesen Einnahmen bin ich gerade so über die Runden gekommen.

Ab nun geht es bergauf – Ernte die ersten Früchte der harten Arbeit

Kommen wir nun zu meinem wohl wichtigsten und aufregendsten Abschnitt meiner Online Marketing Karriere.

Ich weiß nicht, ob du diese Videos kennst, die zirka 30 Minuten dauern. Du kannst nicht spulen und eine Stimme liest einen großgeschriebenen Text vor. Es ist im Grunde genommen eine abgelesene PowerPoint-Präsentation. Sehr einfach und ohne Schnickschnack.

Was allerdings der große Vorteil einer solchen Präsentation ist, dass sie von vorne bis hinten marketingtechnisch aufgebaut ist. Du hast ständig das Gefühl, du willst mehr wissen und es schneller wissen und dann willst du wissen, was denn verkauft wird und was es kostet … und dann willst du kaufen. Und du möchtest, dass endlich dieser Kaufen-Button eingeblendet wird.

Kurzum, diese Videos haben mich fasziniert und ich wollte selbst wissen, wie sie funktionieren. Und ich wollte sie für mein eigenes Marketing einsetzen.

Was ich mit aller Macht möchte, kommt auch zu mir

Und plötzlich geschah etwas, was du vielleicht auch kennst, wenn du ganz stark an etwas denkst. Du bekommst genau das, an was du denkst.

Und dieses Etwas kam von René Renk und seinem damaligen Kollegen Kris Stelljes. Es war ein Coaching, wie ich solche Verkaufsvideos erstelle. Das Coaching hatte nur einen Haken, es war extrem teuer. Genau genommen kostete es 5.000 Euro.

Für mich war allerdings klar: Wenn ich Erfolg haben möchte, dann muss ich dieses Coaching buchen, und ich rechnete mir natürlich aus, wie viele Verkäufe ich machen musste, damit ich es wieder refinanziert habe.

Was mir allerdings viel mehr zu schaffen machte, war die Tatsache, dass ich diese 5.000 Euro einfach nicht hatte. Da konnte ich mich auf den Kopf stellen, wie ich wollte. Das Geld war nicht da.

Ich sagte zu René: „Du, René, ich würde gerne, aber ich kann es mir einfach nicht leisten." René, der normalerweise keine Ratenzahlung in dem Bereich anbot, hatte gemerkt, wie sehr ich gebrannt habe für dieses Projekt, und so machte er eine absolute Ausnahme und es mir dadurch möglich, das Coaching in 500-Euro-Raten monatlich zu bezahlen. Das war für mich umsetzbar und ich sagte mir, dass ich spätestens nach zwei Monaten durch die Verkäufe die Raten bezahlen könnte.

Also starteten wir das Coaching und jetzt hieß es für mich Gas geben.

Ich fragte René, was ich denn jetzt mit meinem Buch machen sollte und ob ich das mit dem sogenannten Video Sales Letter vermarkten kann.

Das Erste, was er mir riet, war, dass ich aus dem Buch einen Videokurs machen sollte. Warum? Weil ein Videokurs viel hochwertiger angesehen wird als ein Ebook. Also fing ich an und produzierte Videos.

Der Hauptteil der Videos waren Aufnahmen meines Bildschirms, bei denen ich erklärte, wie Online Marketing funktioniert. Wie Webseiten gebaut werden, E-Mail-Marketing funktioniert, wie man verschiedene Tools miteinander verknüpft und so weiter. Es machte mir einen großen Spaß, diese Dinge umzusetzen, und ich war extrem stolz, als ich am Ende meinen Videokurs hatte.

Mein Onlinekurs war fertig – Doch jetzt begann der wichtigste Teil

Der Kurs war fertig und sehr umfangreich. Bis dahin alles gut und einfach. Natürlich nicht, denn ich hatte schon viel gelernt und geleistet. Ja, ich war ein wenig stolz auf mich. Aber das Entscheidende ist nicht dein fertiger Videokurs und auch nicht dein Produkt, das du erstellst. Sondern das Allerallerwichtigste im Verkauf ist … du wirst es nicht glauben: Der Verkauf. Viel mehr der Verkaufsprozess.

Du kannst das tollste und beste Produkt haben, wenn du nicht in der Lage bist, es zu verkaufen oder vielmehr online zu vermarkten, dann nützt es dir einfach nichts. Diese Lektion hatte ich die Jahre zuvor am eigenen Leib erfahren.

Als wir an unserem Bauportal gearbeitet hatten, war es mir immer wichtig, das Produkt besser zu machen. Wir haben immer wieder neue Funktionen programmieren lassen, die uns sehr viel Geld gekostet haben. Aber wir haben nicht in das Marketing bzw. automatisierte Prozesse investiert. Das hat uns im Endeffekt zur Aufgabe gezwungen.

Im April 2014 wusste ich für mich sofort, dass mit der Fertigstellung des Onlinekurses, also meines Produktes, das eigentliche Problem erst vor mir stand. Das Marketing.

Aber genau dafür hatte ich ja das Coaching bei René gebucht und es war nun meine Aufgabe, einen sogenannten Video Sales Letter zu erstellen, der meinen Kurs verkaufen sollte.

Du hast richtig gelesen: Ein Video, das meinen Kurs verkaufen sollte. Nicht ich selbst verkaufte das Produkt, sondern das Video musste so aufgebaut sein, dass der Betrachter am Ende kauft.

Eines kann ich dir verraten: Wenn du das schaffst, hast du eine sogenannte Cashcow erschaffen. Das bedeutet. Du kannst dich zurücklehnen und das Video für dich rund um die Uhr verkaufen lassen. Das ist die Magie eines automatisierten Online-Verkaufs-Prozesses in Perfektion.

Das Cashcowvideo

Meine Aufgabe im Coaching von René bestand nun darin, die Vorgaben aus einem anderen erfolgreichen Prozess, der nachweislich funktionierte, auf mein eigenes Video zu übertragen. Und genau hier an dieser Stelle kommt ein weiteres wichtiges Learning für dich: Übernimm erfolgreiche Prozesse, die funktionieren, und erfinde nicht das Rad neu.

Die Vorlage für mein Video und all das, was dort gesagt wurde, waren mir total fremd und ungewöhnlich. Ich wäre im Leben nicht darauf gekommen, so ein Verkaufsvideo einzusprechen oder aufzunehmen. Ich hätte es anders gemacht. Aber ich tat in dem Umsetzen der Vorlage auf mein Business das absolut Richtige. Ich setzte den Erfolgsprozess exakt eins zu eins um, projzierte ihn auf mein Business, auch wenn er nicht meinen Vorstellungen entsprach.

Nach ein paar Tagen intensiver Arbeit war es dann soweit. Das Video war fertig. Es war etwa 25 Minuten lang, nach 17 Minuten wurde der Preis verraten und ab dann konnte man kaufen.

Jetzt wirst du dir die Frage stellen: Wie verkauft das Video nun? Wie ist der Prozess? Ich möchte es dir kurz erklären. Die Prozesse selbst lernst du später im Detail.

Die Aufgabe bestand darin, der richtigen Zielgruppe mein Video zu zeigen. Meine Zielgruppe waren Unternehmer. Ich nutzte eine der mächtigsten Quellen überhaupt, auf der ich zielgerichtet Unternehmer ansprechen konnte. Es war Facebook.

Der Verkaufsprozess war denkbar einfach und die Verkaufsmagie sollte das Video sein. Ich erstellte in Facebook eine Werbeanzeige und wählte als Zielgruppe Unternehmer in Deutschland, Österreich und der Schweiz aus. Diesen wurde meine Werbeanzeige eingeblendet und durch Klicken kamen sie dann auf eine simple weiße Seite mit einem Video, das sofort startete und das sie nicht vorspulen konnten. Und (wichtig) es war am Anfang kein Verkaufsbutton zu sehen.

Das Video hatte nun die Aufgabe, zum einen den Betrachter zu fesseln und ihn solange auf der Seite zu halten, bis der Kaufenbutton nach 17 Minuten eingeblendet wurde, zum anderen, in ihm einen riesigen Wunsch nach meinem Online-Kurs entstehen zu lassen, so dass er klickte und bei einem Bezahlanbieter letztendlich mein Produkt für 49 Euro kaufte. Technisch ist das alles übrigens ziemlich einfach umzusetzen. Dazu später mehr.

Eines musste im Vorfeld noch eingerichtet werden: Wenn der Kunde kaufte, musste er automatisiert die Zugangsdaten zum Online-Kurs ausgeliefert bekommen. Nachdem dies erledigt war, stand der Premiere nichts mehr im Wege und der Tag der Entscheidung rückte unweigerlich näher.

Der Tag, der für mich bedeutete: Funktioniert mein Prozess oder funktioniert er nicht … was für mich übrigens zur Folge gehabt hätte, dass ich ziemlich enttäuscht gewesen wäre.

Wir schreiben Montag, den 05.05.2014. Ich war extrem aufgeregt und hatte Angst. Angst davor, wie die Menschen auf Facebook es aufnehmen. Angst davor, ob jemand kauft.

Ich drückte also am Montagmorgen auf den Knopf und startete die Anzeige. In regelmäßigen Abständen schaute ich in das Konto meines Bezahlanbieters, DigiStore24. Als ich dies um 16 Uhr erneut tat, traute ich meinen Augen nicht. Um 15:46 Uhr hatte ich den ersten Verkauf gemacht.

Glaube mir, dieses Erlebnis ist bisher mein mit Abstand größtes gewesen. Auch wenn es nur 49 Euro waren. Aber es war der erste Verkauf und das bedeutete, der Prozess funktioniert. UNGLAUBLICH. Das war an dem Tag aber noch nicht alles. Denn ich machte 2 weitere Verkäufe.

Jetzt kommt etwas ganz Wichtiges. Du siehst, dass du, während du meine Geschichte liest, gleichzeitig von mir die wichtigsten Learnings für dich aufgezeigt bekommst.

49 Euro bedeutete nicht, dass ich 3 x 49 Euro verdient hatte, sondern ich musste vom Bruttobetrag die MwSt. abziehen und die Gebühren für den Bezahlanbieter. Es blieben nach Abzug pro Kauf 36,31 Euro für mich, die mir ausgezahlt wurden.

Das Entscheidende ist nun, dass ich weniger Werbeausgaben

für Facebook an diesem Tag hatte als Einnahmen. In meinem Fall lagen die Ausgaben für Facebook bei 50 Euro und ich hatte somit einen Tagesgewinn von 3 x 36,31 Euro = 109 Euro minus 50 Euro = 59 Euro Gewinn.

Du wirst jetzt vielleicht sagen: So viel Arbeit für 59 Euro. Das ist absolut berechtigt, aber das ist jetzt genau der Moment, an dem du umdenken musst.

„DENKE IN SYSTEMEN, DIE FÜR DICH DIE ARBEIT MACHEN"

Mein virtueller Verkäufer war geboren

Folgende richtungsweisende Ergebnisse sind aus meinem ersten Erfolgstag abzuleiten:

- Mein Produkt wird von der Zielgruppe als Lösung für dessen Problem (Neukundengewinnung im Internet) angenommen.
- Die Facebook-Anzeige funktioniert (sie wird ausgespielt und entsprechend geklickt).
- Mein Verkaufsvideo funktioniert.
- Der Bestellprozess funktioniert automatisch. Das heißt: Der Kunde kauft und er bekommt direkt im Anschluss seinen Zugang zugestellt.

Das erste Ergebnis meiner fast einjährigen Arbeit war nun ein fix und fertiges System, das im Prinzip völlig eigenständig laufen konnte.

Meine Aufgabe war es nun, ab sofort dafür zu sorgen, dass jeden Tag genügend Menschen in meinen Prozess geleitet werden und mehr nicht. Der Rest läuft von alleine.

Spätestens jetzt wird dir klar sein, dass du nicht mit Stundenlohn bezahlt wirst, sondern die Höhe deines Verdienstes abhängig von der Lukrativität deiner Systeme und der Anzahl deiner Systeme ist.

Das bedeutet auf der einen Seite am Anfang eine kleine Durststrecke, in der du in zeitliche Vorleistung gehst mit logischerweise sehr geringem Stundenlohn. Auf der anderen Seite erwartet dich eine Entlohnung, an die du im Moment wahrscheinlich nicht im Traum denkst. Die Zahlen aus meinen System, die ich geschaffen habe, werde ich dir im Laufe meiner Geschichte und in diesem Buch immer wieder vorstellen, damit du dich gedanklich schon einmal damit beschäftigst. Denn nur so kannst du dir ein erfolgshungriges Mindset aufbauen.

Funktioniert das System auch langfristig?

Ok. Der erste Tag war positiv. Doch hält das System auch mehrere Tage und Wochen? War es vielleicht doch nur eine Eintagsfliege? Das waren die nächsten Fragen, die ich mir stellte, und du merkst schon, dass an Stillstand und Ausruhen nicht zu denken war. Vor allem war ich aufgeregt und es war so spannend.

Der zweite Tag verlief ebenfalls positiv, der dritte Tag auch. Es lief. Der erste Monat war geschafft und ich präsentiere dir die Zahlen meiner Verkäufe.

Hier das Ergebnis:
51 Verkäufe
1.858 Euro Einnahmen
1.000 Euro Werbeausgaben bei Facebook
Gewinn: 858 Euro

Das ist dafür, dass es prinzipiell nebenbei verdient wurde, schon einmal nicht schlecht. Stelle dir vor, du verdienst nebenbei im Monat 858 Euro. Was könntest du damit alles anstellen? Aber damit habe ich mich (natürlich) nicht zufrieden gegeben. Zumal ich ja 10.000 Euro pro Monat benötigte und das auch mein absolutes Ziel war.

Eines musst du dir jetzt allerdings auch bewusst machen: Diese 858 Euro hat mein System erwirtschaftet. Ich habe dafür, von der Vorarbeit einmal abgesehen, nichts getan. Ich habe mir lediglich die Zahlen angesehen und das System kontrolliert.

Die Magie des passiven Einkommens war auf kleiner Flamme zu spüren. Wenn du diesen Effekt zum ersten Mal erlebst, dass du Geld verdienst, ohne dass du aktiv dafür etwas tust, ist das unglaublich schön. Das war aber nur der Anfang. Du wirst nachher noch viel mehr staunen, was alles möglich ist.

Lass uns jetzt weiter machen in der Zeitachse. Wie hat sich der Juni entwickelt? Ich habe im Juni ebenfalls 50 Verkäufe gemacht und 1.800 Euro erwirtschaftet. Dennoch habe ich mich am 26. Juni dazu entschieden, die Werbung und den Verkauf zu stoppen.

Was war geschehen? Und wieso stoppte ich ein erfolgreiches

System?

Ich stoppte das System

Der Umsatz und die Verkäufe waren da, aber ich musste in Facebook auch am Tag mehr ausgeben, um die gleichen Ergebnisse zu erzielen. Genau genommen bedeutete das: Ausgaben in Facebook 1.500 Euro und ein Gewinn von gerade einmal 300 Euro.

Du kannst dir sicherlich vorstellen, dass ich verunsichert war. Ich wollte durch die Erhöhung meiner Werbeausgaben erreichen, dass mehr verkauft wird, aber das funktionierte nicht.

Es kamen Zweifel auf, Resignation. Ich war traurig und wütend zugleich. War es das? Ist es vorbei? Experiment gescheitert?

Ich habe in dieser Zeit für mich eine interessante Motivationsmethode entwickelt, die mich immer wieder aus einer Resignation herausgeholt hat. Diese Methode ist sehr einfach.

In solchen Situationen lege ich mich einfach einmal zwei Stunden ins Bett und mache gar nichts. Am Anfang bin ich traurig und will alles hinwerfen. Nach einer Stunde geht es mir besser. Nach 2 Stunden kommen neue Ideen und mein Körper und mein Geist fangen wieder an, zu laufen und zu leben. Ich springe dann aus dem Bett und gebe Vollgas.

Mit Vollgas an die Lösung des Problems

Vollgas bedeutete nun genau: Analysiere die Situation und schaue nach, woran es liegt und was du dagegen tun kannst.

Was war das Problem? Mein Kundenwert war zu gering. Ich verdiente pro Kunde 36,31 Euro. Das war einfach zu wenig. Wenn ich insgesamt 50 Euro hätte, könnte ich mehr in Werbung investieren und das System skalieren.

Aber die große Frage war nun: Wie konnte ich den Kundenwert erhöhen. Manchmal ist die Antwort leichter, als man denkt, und diese Antwort fand ich im Mitgliederbereich des Coachings, das ich bei René gebucht hatte.

Die Lösung meines Problems war: Verkaufe dem Kunden, der gerade etwas bei dir gekauft hat, direkt nach dem Kauf ein zweites Produkt.

Im ersten Moment wirst du vielleicht denken: Das geht doch nicht, das macht man nicht. Genau diesen Gedanken hatte ich am Anfang auch, aber wie so oft im Leben ist es so, dass du auch hier den erfolgreichen Weg, der nachweislich funktioniert, eingeschlagen musst – und nicht denjenigen, den du meinst, gehen zu wollen.

Du kennst diese Situation haufenweise aus dem Alltag. Beim Metzger: Darfs ein bisschen mehr sein? Bei McDonalds: Noch eine Cola dazu? Oder die unbewussten Verkäufe, wenn du an der Kasse stehst und noch etwas Süßes siehst, das du mitnehmen willst (und das nicht ohne Grund dort platziert ist). Es ist kein Zufall, dass du gefragt wirst oder die Dinge da stehen.

Das ist reine Verkaufspsychologie und das sollten wir für uns ebenfalls nutzen.

Folgendes Phänomen liegt dem zugrunde: Wenn der Käufer bereits eine erste Investition getätigt hat, wenn er dir gerade sein Geld gegeben hat, dann ist genau dann der richtige Moment, noch ein zweites Produkt anzubieten. Der Kunde vertraut dir jetzt. Und es ist viel einfacher, einem Bestandskunden ein weiteres Produkt zu verkaufen, als einen Neukunden erst von dir und deinem Produkt zu überzeugen.

In unseren Prozessen sprechen wir von sogenannten Upsell-Produkten. Den Begriff „Upsell" solltest du dir schon einmal merken. Ein Upsell sollte immer ein ergänzendes Produkt zu dem sein, was du gerade verkauft hast. Wichtig: Der Käufer darf niemals das Gefühl haben, dass dein Produkt nicht vollkommen und vollständig ist. Er muss immer sicher sein, dass er mit seinem gerade erworbenen Produkt alles hat, um sein Problem zu lösen.

Schauen wir uns an, was ich mir selbst überlegt habe, damit du es nachvollziehen kannst: Werfen wir dazu zunächst einen Blick auf mein Hauptprodukt, das übrigens „Videokurs Future Sale" hieß und auch heute noch so heißt. In Future Sale lernt der Kunde, wie er einen automatisierten Verkaufsprozess zur Kundengewinnung im Internet aufbaut. Ich zeige ihm dort, wie die Webseiten aussehen müssen und wie E-Mail-Marketing funktioniert.

Aufgabe #3

Mit jeder Installation von WordPress werden gleichzeitig ein paar Beispiel-Inhalte in Form von einer Seite, einem Artikel und einem Kommentar mit veröffentlicht, die wir nun zu Beginn direkt löschen, um unsere Webseite aufgeräumt zu halten.

Hier findest du eine kurze Anleitung, wie du die Inhalte löschst: **digitaleseinkommen.de/aufgabe-3**

Die perfekte Ergänzung – Das Upsellprodukt

Was dem Kunden jetzt fehlt, wenn sein Prozess steht, ist der Traffic. Er muss Traffic auf seinen nun fertigen Verkaufsprozess schicken.

Was war nun meine Lösung und welches Produkt hatte ich entworfen? Im Prinzip war es sehr einfach. Da ich ja seit zwei Monaten wusste, wie ich mit Facebook Kunden auf meine Seite hole, machte ich genau aus diesem Wissen mein Upsellprodukt. Dieses nannte ich „Facebook NeukundenGenerator".

Ich machte Folgendes: Um nicht den gesamten Videokurs zu erstellen, was womöglich sehr viel Zeit in Anspruch genommen hätte, produzierte ich nur das erste von 6 Modulen und schaltete die Module wochenweise frei. Das war technisch kein Problem, weil die Software des Mitgliederbereichs so etwas als standardmäßige Funktion besitzt.

Das hatte den großen Vorteil, dass ich am Anfang nicht viel produzieren musste, weil ich auch nicht wusste, ob der Verkauf im Anschluss funktioniert, und ich konnte somit diesen Prozess vorerst unter Livebedingungen testen. Ohnehin nahm das Upsellprojekt genügend Zeit in Anspruch, denn es mussten die entsprechenden Webseiten und das Verkaufsvideo produziert werden.

Meine Idee dabei: Sobald der erste Kunde das Upsellprodukt kauft und in die zweite Woche kommt, produziere ich Modul 2, dann Modul 3, usw.. Dadurch hatte ich mir ganze 4 Wochen Zeit gespart, denn Zeit ist Geld.

Am 09.09., ganze 2 Monate später, stand der Prozess und ich hatte mir einen finanztechnischen Kniff überlegt, den ich testen wollte. Für den Videokurs Future Sale verlangte ich Brutto 49 Euro, was bedeutete, das mir von diesem Betrag 36,31 Euro ausgezahlt wurden. Da meine Kunden Unternehmer waren, machte ich Folgendes. Ich verkaufte den Videokurs Future Sale für 29 Euro, allerdings netto. Das bedeutete, dass dieser Betrag sehr niedrig war und somit vielleicht schneller gekauft wurde. Mir wurden allerdings 25 Euro ausgezahlt. Das heißt, mein Verlust war wesentlich geringer als die optischen 20 Euro für den Käufer. Für den Facebook-Neukundengenerator verlangte ich übrigens 49 Euro netto. Du siehst, ich plaudere zu 100% aus dem Nähkästchen.

Die Mission „Upsellprodukt" konnte starten und ich aktivierte die Facebook-Werbung. Am ersten Tag hatte ich 5 Verkäufe, aber leider kein Upsell. Ok, könnte besser laufen.

10.09. 6 Verkäufe und kein Upsell. Hm. Ich wurde unruhig.

11.09. 9 Verkäufe und 3 Upsells. 359 Euro Umsatz bei 70 Euro Werbeausgaben. Ich machte Luftsprünge und rechnete sofort 30 x 359. Das sind locker über 10.000 Euro. Ich sah schon die Millionen vor mir.

Am Tag danach die Ernüchterung. 3 Verkäufe und 1 Upsell. 119 Euro Umsatz bei 70 Euro Werbeausgaben. Noch im Plus, aber nicht berauschend. Schnell merkte ich, dass ich nicht von Tag zu Tag kalkulieren darf, sondern das System länger laufen lassen muss. Um dann am Ende des Monats einen Schnitt zu machen und zu schauen, was verkauft wurde. Und genau das machen wir jetzt auch.

Es waren 1.758 Euro Umsatz bei zirka 1.000 Euro Werbeausgaben. Noch nicht das Erhoffte, aber es war eine gute Basis, um weiterzumachen. Immerhin war ich erst am 09.09. gestartet und hatte damals die Angewohnheit, übers Wochenende die Werbung auszuschalten (aus heutiger Sicht leider sehr unklug).

Durchhalten lohnt sich

Nicht aufgeben und immer weiter machen. Meine Anstrengung schien sich langsam auszuzahlen, denn im Oktober traute ich meinen Augen nicht.

Verkäufe Videokurs Future Sale: 105
Verkäufe Facebook NeukundenGenerator: 41
Das machte eine Upsellquote von 39%, was sehr gut ist.
Gesamtumsatz: 4.530 Euro
Werbeausgaben: 2.100 Euro
Gewinn: 2.430 Euro

Du wirst mir zustimmen, dass ich mir ein kleines Schmunzeln verdient hatte. Ich war zwar noch nicht an meinem Ziel von 10.000 Euro angelangt, aber auf einem guten Weg dahin, denn der Prozess funktionierte und ich musste diesen nun optimieren und skalieren.

Der November verlief ähnlich mit einem Umsatz von 4.769 Euro und Werbeausgaben von 2.100 Euro. Im Dezember kam ich auf die „glorreiche" Idee, vom 20.12. bis einschließlich

28.12. die Werbung auszuschalten, weil ich mir dachte, dass die Unternehmer dann eh nicht im Internet sind (auch das war sehr unklug) und machte somit nur einen Umsatz von 3.700 Euro. Bei 1.700 Euro Werbeausgaben war der Gewinn noch erträglich.

Somit war 2014 beendet und es war rückblickend ein sehr erfolgreiches und richtungsweisendes Jahr. Was nun im Januar passierte, war unglaublich, und es verschlägt mir heute noch die Sprache, wenn ich daran denke.

Komm mit ins Jahr 2015 – Die Reise auf den Online-Marketing-Olymp

Dass das Jahr 2015 mein absoluter Durchbruch im Online Marketing werden sollte, daran hätte ich nie und nimmer geglaubt. Es war eine unglaubliche Reise mit dutzenden von Aha-Erlebnissen, so dass ich dieses Jahr wohl nie vergessen werde. Doch nun der Reihe nach.

Der Anfang des Jahres war eher bescheiden. Die Werbung ließ ich nur auf kleiner Flamme laufen, weil ich mir wiederum darüber Gedanken machte, dass Unternehmer die erste Januarwoche im Skiurlaub sind und auf Werbung keine Lust haben. Das solltest du unbedingt als Learning mitnehmen. Denke niemals für andere, sondern lass die Zahlen entscheiden, ob etwas geht oder nicht. Denn die Zahlen lügen nicht. Damit meine ich: einfach ausprobieren und wenn es nicht läuft, kannst du deine Werbung immer noch ausschalten.

Wenn ich überlege, dass wir 2019 an Weihnachten von Heiligabend bis durchgängig zum 2. Januar jeden Tag ein neues Produkt an unsere E-Mail-Liste bewarben und selbst am „heiligen" 24.12. bis nachts um 0 Uhr wie verrückt gekauft wurde, dann überrascht mich gar nichts mehr. Die Leute kaufen einfach immer. Mal mehr und mal weniger. Das aber nur am Rande.

Skiurlaub ins Online-Marketing-Glück

Kommen wir zurück ins Jahr 2015. Ich wollte am 09.01. mit meiner Frau für 5 Tage nach Ischgl zum Skifahren. Für mich war klar: Ich schalte die Werbung aus, damit ich mich nicht aufregen muss, wenn keine Umsätze kommen. Doch am 08.01. geschah etwas ganz Interessantes. Mich rief über Skype ein Online-Marketing-Kollege an, den ich ein paar Wochen vorher auf einem Seminar kennengelernt hatte.

Er fragte mich, wie es läuft, und ich klagte ein wenig mein Leid mit meiner Werbung und den Umsätzen und er fragte mich, ob ich über das Facebook-Pixel meine Verkäufe messe. Ich sagte ja.

„Wie viele hast du bis jetzt?" Ich schaute nach. Es waren 371 Kunden, die den Videokurs Future Sale gekauft hatten. Dann sagte er: „Olli, es gibt eine neue Funktion bei Facebook, die prüft, welche Eigenschaften deine Käufer haben und dann im gesamten Netzwerk nach Personen mit ähnlichen Eigenschaften sucht, die dann deine Werbung bekommen.

„Das klingt sehr interessant, aber funktioniert das auch?", fragte ich. Er sagte: „Wir richten das schnell ein und dann schaltest du heute Abend noch die Werbung und lässt es einfach durchlaufen. Nichts anfassen, einfach laufen lassen."

Ich musste sofort widersprechen und wies darauf hin, dass ich das nach dem Skiurlaub mache. Aber er war hartnäckig und ich solle ihm vertrauen. Ok. Dann riskiere ich das. Ich stellte alles ein mit einem Werbebudget von 70 Euro pro Tag. Schlussendlich dachte ich mir: Wenn es schlecht läuft, habe ich 350 Euro aus dem Fenster geworfen, und wenn es gut läuft, habe ich ein wenig etwas verdient.

Ich ging schlafen. Morgens früh um 6 Uhr klingelte der Wecker und ich nahm routinemäßig mein Handy mit ins Bad und schaute total verschlafen in die App des Bezahlanbieters Digistore24. Was stand da? Ich rieb mir die Augen. 70 Euro Umsatz morgens um 6 Uhr. Es wird doch wohl nicht nachts jemand was gekauft haben?

Doch es war wahr. Ich hatte morgens um 6 Uhr meine Werbeausgaben bereits wieder eingespielt. der Tag konnte nur gut werden. Bestens gelaunt stieg ich mit meiner Frau ins Auto und fuhr los. Das Handy vorne in der Ablage mit direktem Blick aufs Display.

Um 10 Uhr kam die nächste Benachrichtigung. Oh, ein Verkauf. Und dann im Stundentakt. Machen wir es kurz. Ich machte an diesem Freitag an einem Tag 566 Euro Umsatz. Wohlgemerkt mit 70 Euro Werbebudget. Und ich arbeitete nicht. Nein im Gegenteil. Ich fuhr in den Urlaub und feierte.

Den Samstag ging es auf die Piste und als ich nachts schlafen ging, hatte ich wieder über 500 Euro Umsatz gemacht. Der

Sonntag war noch besser. 29 Verkäufe mit einem Umsatz von 973 Euro. Was war das nun? Ich konnte es nicht glauben. Der Urlaub selbst kostete insgesamt 1.000 Euro und den hatte ich jetzt schon zweimal bezahlt, während ich feierte.

Montag waren es wieder etwas über 500 Euro und Dienstag auf der Heimfahrt etwas weniger mit 327 Euro. Fassen wir die letzten Tage zusammen, die für mich wie ein positiver Alptraum waren.

Werbeausgaben für die 5 Tage: 350 Euro.

Einnahmen in der gleichen Zeit: 2.906 Euro. Ich machte in dieser Zeit einen Gewinn von 2.556 Euro. Mit Nichtstun, mit Feiern und Leben genießen.

Kannst du dir das vorstellen? Für 2.500 Euro musste ich als Vermessungsingenieur 25 Stunden arbeiten. Und wenn du normaler Angestellter bist, dann arbeitest du einen ganzen Monat dafür, und ich habe Urlaub gemacht. Ich finde es heute immer noch faszinierend, dass so etwas geht.

Januar – der Monat mit den Aha-Momenten

Schauen wir uns den gesamten Januar an, weil hier auch noch neben der Wunderfunktion von Facebook ein zweites Wunder dazu kam. Ich machte im Januar sage und schreibe 421 Verkäufe mit einem wahnsinnigen Gesamtnettoumsatz von 14.427 Euro. Davon sind mir 11.300 Euro ausgezahlt worden. Neben der Gebühr für den Bezahlanbieter sind noch Provisionen für Affiliates abgezogen worden. Dazu jetzt mehr.

Ab dem 21. Januar erlebte ich das angekündigte zweite Wunder im Online Marketing. Jemand anderes hatte meinen Videokurs beworben. Du kannst dir das folgendermaßen vorstellen. Es gibt sehr viele Online Marketer, die Affiliate Marketing betreiben. Das bedeutet, dass sie andere Produkte empfehlen und dafür eine Provision bekommen. So etwas ergibt zum Beispiel sehr viel Sinn, wenn du eine E-Mail-Liste mit vielen Kontakten hast und eine Email mit einer Empfehlung verschickst, dass der Empfänger sich doch mal ein Video ansehen solle.

In dem Fall war es so, dass ich mein Produkt in Digistore auf den sogenannten Marktplatz stellte und ein anderer dieses gefunden und es an seine Liste empfohlen hatte. Im Januar waren auf dem Marktplatz rund 3.000 Produkte aufgelistet und diese waren nach Anzahl der Käufe und Popularität aufgelistet. Ein Affiliate möchte mit einer Empfehlung möglichst viel Geld verdienen. Aus diesem Grund sucht er sich Produkte aus, die sich gut verkaufen.

Ich hatte mit meinem Verkaufsvideo wohl ins Schwarze getroffen. Ein Affiliate schickte am 21. Januar an seine Liste und machte innerhalb von ein paar Tagen satte 65 Verkäufe mit meinem Produkt. So etwas ist extrem lukrativ, da die Provisionen im Bereich von digitalen Produkten im Durchschnitt bei 50% liegen. Du kannst dir sicherlich vorstellen, dass der Januar ein absoluter Ahamoment-Monat war.

Das war aber noch nicht alles, denn es kam noch ein dritter Aha-Moment dazu. Durch die ganzen Verkäufe im Januar war mein Produkt im Digistore-Marktplatz quasi über Nacht auf

Platz 1 der populärsten Produkte aufgestiegen. Er war sozusagen der Bestseller. Und das hatte wiederum zur Folge, dass noch mehr Affiliates darauf aufmerksam wurden. Und somit gerätst du in einen Aufwärtsstrudel, der nicht mehr zu stoppen ist.

Was für ein Monat … und es ging so weiter

Den Februar fassen wir kurz zusammen. 482 Verkäufe mit einem Nettoumsatz von 16.366 Euro und Einnahmen in Höhe von 12.591 Euro auf mein Konto. Die Werbeausgaben bei Facebook lagen bei 2.100 Euro. Also ein wirklich sattes Plus.

Kommen wir zu einem weiteren Meilenstein in meiner Online-Marketing-Karriere. Denn im März geschah etwas noch Faszinierenderes. Stelle dir Folgendes vor. Du hast ein Idol auf einem ganz bestimmten Gebiet. Jemand, zu dem du aufschaust. Jemand, der dein absolutes Vorbild ist. So eine Person war damals für mich Oliver Pott. Ich hatte schon unzählige DVD-Sets von ihm erworben und er hatte zum damaligen Zeitpunkt eine Liste von mindestens 200.000 Kontakten. Also ein richtiges Schwergewicht.

Mein Idol und das Unglaubliche

Es war ein Samstag Morgen, der 14.03.2015 um 10 Uhr. Ich machte es mir nach dem Frühstück auf dem Sofa bequem und schaute auf meinem Smartphone nach meinen E-Mails. Ah – eine E-Mail von Oliver Pott. Bestimmt wieder ein Newsletter mit Werbung. Ich überflog es kurz. Moment, stand da etwas mit „Neukundengewinnung und Oliver Schmuck". Mein Magen fing an zu kribbeln und das Adrenalin schoss durch meinen Körper.

Der Oliver Pott wird doch wohl nicht meinen Videokurs bewerben. Mir stockte der Atem. Alles war ruhig. Es passierte nichts. Ich schaute auf meine Digistore App. Alles beim Alten. 10:30 Uhr. Ich schaute wieder rein. Alles ruhig. Kein Panik. 10:36 Uhr. Stopp. Der erste Verkauf über den Affiliate Oliver Pott. Wahnsinn. Was passiert jetzt?

Das kann ich dir sagen. Jetzt ging die Post ab. Alle 3 Minuten ein Verkauf. Mein Verdienst beim Videokurs Future Sale betrug 12 Euro und beim Facebook NeukundenGenerator waren es 25 Euro. Es war einfach unglaublich. So was hatte ich noch nie erlebt. Ich machte an dem Samstag 141 Verkäufe mit einem Nettoumsatz von 4.934 Euro, Einnahmen für mich 2.539 Euro. An einem einzigen Tag. Es war unglaublich. Am Sonntag kamen auch noch einmal 60 Verkäufe dazu.

Die Aktion von Oliver Pott und meine eigenen Verkäufe führten dazu, dass ich im Monat März einen Nettoumsatz von 25.999 Euro und Einnahmen auf meinem Konto in Höhe von 17.109 Euro erzielte.

Ich war also mittlerweile über mein Ziel hinausgeschossen. Das Ganze war für mich ein einziger Traum, den ich gar nicht so richtig begreifen konnte.

Das Zwischenfazit

An dieser Stelle möchte ich kurz innehalten und dir ein kleines Zwischenfazit geben. Fast zwei Jahre, nachdem ich die Entscheidung im Mai 2013 getroffen hatte, mir ein Online Business aufzubauen, war ich an dem Punkt, an dem ich mein Ziel von 10.000 Euro pro Monat an Einnahmen erreicht hatte.

Doch das Geld, welches allein des Geldes wegen dieses Business so interessant macht, war nicht der einzige Vorteil, den ich hatte. Schauen wir uns einmal meinen Arbeitsalltag an und vor allem, was dieses Business für mich in Zukunft bedeutete.

Ich war mein eigener Chef. Gut, ich war seit 2001 schon immer mein eigener Chef. Aber es ist unglaublich schön, wenn da niemand ist, der dir sagt, was du zu tun hast und für den du arbeitest. Ich weiß nicht, wie deine Situation ist, ob du selbständig bist oder Angestellter. Ich denke aber, dass du mir auf jeden Fall zustimmst.

Ich arbeitete von Zuhause aus. Ganz ehrlich. Das ist ein Punkt, den ich jeden Tag versuche, dankbar aufzunehmen, und gerade jetzt in der Zeit, in der ich das Buch schreibe, die geprägt ist von der Coronakrise, in der es teilweise nur möglich ist, von Zuhause zu arbeiten. Genau jetzt bin ich dankbar.

Aber selbst in Zeiten ohne Krise ist das Arbeiten in den eigenen 4 Wänden wunderschön. In meinem Bekanntenkreis kenne ich so viele Menschen, die am Tag zwischen 2 und 4 Stunden im Auto, im Zug oder einem anderen Beförderungsmittel sitzen. Diese Zeit ist tot. Was könntest du in 4 Stunden am Tag alles erledigen? Ich teile mir meine Zeit komplett eigenständig ein und arbeite, wann ich will und auch wo ich will. Wie oft habe ich einfach meinen Laptop mit in den Urlaub genommen und dort meine Routinearbeiten durchgeführt.

Eines möchte ich an dieser Stelle allerdings erwähnen: Geh bitte nicht davon aus, dass du nicht mehr arbeitest und einfach so in den Tag hineinleben wirst. Das funktioniert nicht und jeder, der dir das erzählt, hat einfach keine Ahnung oder er ist so lange im Business, dass er vielleicht unzählige Systeme oder Unternehmen aufgebaut hat, dass diese alleine laufen. Gehe aber bitte nicht davon aus.

Ich bin sehr diszipliniert und habe meine Routinen jeden Tag. So sitze ich jeden Morgen um 8 Uhr am Schreibtisch. Trainiere jeden Mittag in meinem privaten Fitnessstudio, esse danach und arbeite dann noch einmal bis 17 oder 18 Uhr. Natürlich jederzeit mit der Möglichkeit, etwas zu verschieben, einmal einen Tag nichts zu machen oder aber in der Woche einfach 2 Tage auf meinen kleinen Sohn aufzupassen, der durch die Krise nicht in den Kindergarten gehen kann. Das alles ist nur möglich, weil ich dieses Business habe.

Ich bestimme die Höhe meiner Einnahmen selbst. Aber auch das solltest du nicht falsch verstehen und größenwahnsinnig werden (wobei du immer größer denken solltest). Was ich damit meine: Wenn du Angestellter bist, hast du einen festen Lohn, den du erhältst. Dieser Lohn wird sich vermutlich mit kleinen Zuwächsen in den nächsten Jahren nicht großartig ändern. Wenn du mehr verdienen willst, musst du entweder mehr arbeiten oder aber einen höheren Stundenlohn fordern. Beides ist schwierig. Du bist demnach extrem beschränkt und kannst nicht einmal gerade eben sagen: Ich kaufe mir jetzt ein teures Auto, das ich monatlich mit 1.000 Euro finanziere, wenn du nur 2.000 im Monat verdienst.

Wenn du deine Einnahmen selbst bestimmen kannst, dann siehst du an meinem System, wie das funktionieren kann.

Wie könnte ich jetzt mehr Umsatz im Monat machen? Hier habe ich mehrere Möglichkeiten.

Ich erhöhe meine Werbeausgaben – das ist allerdings nur begrenzt möglich und abhängig von deinem Produkt und der Zielgruppe, für die dein Produkt relevant ist. Wenn dein Produkt nur für 5.000 Personen in Deutschland in Frage kommt, dann bist du beschränkt. Wenn dein Produkt für 30.000.000 Personen in Deutschland in Frage kommt, weil du vielleicht im Abnehmbereich tätig bist, dann kannst du die Werbung aufdrehen.

Ich setze neben meinem funktionierenden ersten System auf ein zweites System, das automatisiert verkauft, auf ein drittes, dann ein viertes. Nur so bist du in der Lage, deine Einnahmen Stück für Stück zu erhöhen.

Weißt du, welches Gefühl das ist, wenn du deine Einnahmen erhöhen kannst und nicht beschränkt bist? Du kannst träumen und kannst dir diese Träume endlich erfüllen, mögen sie im Moment auch noch so weit weg sein. Ich hoffe, ich konnte dir durch mein kleines Zwischenfazit das Geschäftsmodell Online Marketing bis hierhin schon etwas schmackhaft machen.

Doch schauen wir uns nun die nächsten Monate an und das,

was sich bis zum September, meinem Höhepunkt des Jahres 2015, noch alles ereignete.

Mittlerweile erhöhte ich die Ausgaben für Facebook-Werbung und pendelte mich am Tag zwischen 150 und 200 Euro ein. Das hatte zur Folge, dass ich Gesamtausgaben in den folgenden Monaten bis Endes des Jahres in Höhe von 4.500 bis 6.000 von den Einnahmen abziehen musste. Im Monat April wurden 533 Produkte verkauft und damit ein Nettogesamtzumsatz von 17.518 Euro erwirtschaftet. Einnahmen für mich: 12.629 Euro minus die Werbeausgaben. Für mich in diesem Monat aus Gesamtsicht gesehen ein kleiner Rückgang, dennoch Klagen auf hohem Niveau.

Der Aufstieg zum Eliteclub

Kommen wir zu einem weiteren Highlight in meiner Karriere und einem Meilenstein beim Aufstieg auf den Online-Marketing Olymp.

Wie ich dir bereits erklärte, gab es für mich einige Idole in der Szene, zu denen ich aufschaute. Die für mich absolute Vorbilder waren. So hast du mit Sicherheit in jeder Branche oder in dem, was du liebst, ebenfalls deine Idole. Was würde es für dich bedeuten, wenn du diese Idole einmal hautnah treffen könntest? Vielmehr noch, wenn du plötzlich auf einer Stufe mit deinen Idolen stehen würdest, weil du vielleicht annähernd genau so gut bist wie diese? Bei mir waren es die Größen wie Ralf Schmitz, Pascal Feyh, Kris Stelljes, Dirk Kreuter, Thomas Klussmann und viele mehr.

Wir hatten Anfang Mai und Thomas Klussmann schrieb mich per E-Mail an. Thomas ist der Veranstalter der „Contra", dem Branchentreff in der Szene, und der Inititator der Elite-Mastermind "One Idea", in der all die besagten Größen, damals um die 20, sich trafen und austauschten. Er war durch meine Platzierung bei Digistore24 auf mich aufmerksam geworden und wollte mich kennenlernen.

Ich war wieder einmal aus dem Häuschen über diese Ehre. Aber ich sagte ja bereits, dass du Erfolg ab einer gewissen Grenze nicht mehr aufhalten kannst und er zum Selbstläufer wird.

Thomas und ich verstanden uns gleich sehr gut und er wollte, du wirst es nicht glauben, mein Produkt bewerben. Ich wusste, dass mir dies wieder mindestens 3.000 Euro einbringen würde. So langsam gewöhnte ich mich an den Erfolg und auch das ist ein Phänomen, das du für dich entdecken wirst. Was am Anfang noch unerreichbar schön ist, wird irgendwann zur Routine und du willst die nächste Ebene erreichen. Denn Stillstand ist ja bekannterweise Rückschritt.

Was allerdings zu der tollen Nachricht des Bewerbens dazukam, war die Frage von Thomas, ob ich denn bei der diesjährigen „One Idea Mastermind" dabei sein möchte. Ich war Feuer und Flamme und sagte sofort zu. Denn ich wusste, wenn ich in diesen Kreis herein käme, wäre es für mich genau der Schritt auf das nächste Level, den ich anstrebte.

Einen kleinen Schönheitsfehler hatte die Teilnahme an der One Idea Mastermind allerdings. Sie kostete mich 2.000 Euro.

Aber wenn du bei den Großen mitspielen möchtest, dann ist solch eine Investition ein Muss. Es sollte sich im Übrigen um das Vielfache wieder auszahlen … was ich dir zu einem späteren Zeitpunkt verraten werde.

Aufgabe #4

Nachdem du bereits das CMS Wordpress auf deiner Domain installiert und von den Beispielbeiträgen bereinigt hast, wollen wir uns nun um das Theme kümmern.

Das installierte Theme gibt das Grundlayout deiner Webseite bzw. deines Blogs vor und bei den meisten Themes lässt sich dieses dann weiter einstellen und anpassen. Generell solltest du das Theme für dich auswählen, das für dich und dein Business passt. Vorteilhaft – zumindest später – ist ein Pagebuilder, mit dem du auch selbst Seiten per drag and drop erstellen und somit gut konvertierende Landingpages und Salespages erstellen kannst.

Zusätzlich wollen wir ein paar Plugins installieren. Dies sind kleine zusätzliche Tools mit speziellen Funktionen, wie z.B. für die Suchmaschinenoptimierung.

Hier findest du eine kurze Anleitung, wie du ein Theme und Plugins installierst und welche wir dir zu Beginn empfehlen: **digitaleseinkommen.de/aufgabe-4**

Der Aufstieg ging weiter – auch mit kurzfristigen Rückschlägen

Schauen wir uns die Zahlen von Mai 2015 an. 877 Verkäufe mit einem Nettogesamtumsatz von 29.563 Euro und Einnahmen für mich in Höhe von 16.751 Euro. Das war abzüglich Werbeausgaben ein Plus von 10.000 Euro. Ich war im Soll.

Du siehst am Verhältnis zwischen Nettoeinnahmen und meinen Auszahlungen, was fast 50% waren, dass ein Großteil der Verkäufe über die sogenannten Affiliates wie Thomas Klussmann, aber auch zahlreiche andere zustande kam. Immer mehr Affiliates wurden auf mein Produkt aufmerksam und bewarben es.

Im Juni passierte dann etwas, was beim Aufbau eines Business immer wieder vorkommt. Es kommen Einbrüche. Dass es ohne Stolpersteine bergauf geht, ist in den meisten Fällen äußerst selten. Rechne immer damit, dass es Rückschläge gibt. Wichtig ist an dieser Stelle, einfach zu wissen, dass es völlig normal ist, dass es nicht immer steil bergauf geht, sondern, dass es auch einmal nach unten geht, warum auch immer. Es ist vielleicht die Urlaubszeit, das schöne Wetter, bei dem die Leute einfach nicht vor ihrem Rechner sitzen. Es gibt zig Möglichkeiten, die dein Business beeinflussen.

Du solltest dies immer einkalkulieren und vor allem Ruhe bewahren. Werde nicht hektisch und handle nicht voreilig, sondern beobachte eine Zeit lang das Geschehen. Wenn du gut gewirtschaftet hast, überstehst du diese Zeit locker.

Bei mir war es bis jetzt immer so, dass nach einer gewissen

Zeit irgendetwas kam, das mein Business wieder beschleunigte. Wenn du immer daran glaubst, dass es weitergeht, dann ziehst du automatisch Dinge und Personen an, die dazu führen, dass dein Erfolg weitergeht.

Die Ergebnisse im Juni sahen folgendermaßen aus: 417 Verkäufe mit einem Nettogesamtumsatz von 13.647 Euro und Einnahmen für mich in Höhe von 8.413 Euro. Abzgl. Werbekosten machte ich ein dickes Minus im Juni. Aber ich hatte mir ein Polster aufgebaut und konnte dies überbrücken. Und es kam genau, wie ich es gerade schilderte. Die Monate Juli und August waren wieder sensationell gut.

Juli: 892 Verkäufe, Nettogesamtumsatz: 30.558 Euro, Einnahmen 21.807 Euro.
August: 917 Verkäufe, Nettogesamtumsatz: 31.060 Euro, Einnahmen 21.659 Euro.

Die Ankunft auf dem Online-Marketing-Olymp

Der Monat September sollte der mit Abstand beste Monat meines Lebens werden.

Anfang September fand in Düsseldorf die Contra und direkt im Anschluss die One Idea Mastermind statt. Durch die Teilnahme an der One Idea waren wir ebenfalls auf der Contra eingeladen und hatten dort VIP-Plätze abgetrennt vom Rest. Du kannst dir bestimmt vorstellen, dass ich sehr stolz war, neben den ganzen Online-Marketing Stars zu sitzen, denn ich war nun einer davon.

Ein absolutes Phänomen, das du feststellen wirst, wenn du online verkaufst, ist der, dass du persönlich im Prinzip deine Kunden nicht kennst. Wie auch, wenn du mittlerweile tausende Verkäufe gemacht hast.

Umgekehrt ist es natürlich anders. Denn diese Kunden kennen dich alle. Du bist für diese Menschen jetzt das Idol. Dessen war ich mir auf der Contra im Vorfeld nicht bewusst. Erst als viele meiner Kunden, die dort vertreten waren, auf mich zukamen und sagten: Hi Oliver, ich bin dein Kunde, können wir ein Foto zusammen machen. Erst dann realisierte ich, was ich erreicht hatte. Ich war ein kleiner Online-Marketing-„Star" geworden.

Dieses Gefühl musste ich erst einmal sacken lassen, denn es ist neu und es ist ungewohnt. Und das Beste ist, wenn die Kunden zu dir sagen: Wow, dein Kurs ist echt super und er hat mir so viel geholfen, vielen Dank dafür. Das ist dann das I-Tüpfelchen.

Die Contra war vorbei und ging nahtlos in die One Idea Mastermind über. Ich lernte vieler meiner Idole persönlich kennen. Nachts ging es dann in einen Club, wo wir feierten und ich die Leute auch persönlich näher kennenlernte. Was mir vor allem wichtig war: eine besondere Person anzusprechen, um diese für das Promoten meines Produktes zu gewinnen.

Ralf Schmitz hieß diese besondere Person. Mittlerweile ist Ralf ein sehr guter Freund von mir und wir schätzen uns sehr. Ralf war sehr interessiert an der Promotion meines Produktes und sagte mir dies für Ende September zu. Neben Ralf machte ich noch andere, für mich sehr wichtige Kontakte und die One Idea war ein voller Erfolg für mich. Nächste Level erreicht.

Der höchste Umsatz trotz 14 Tagen Urlaub

Mitte September stand mein Jahresurlaub an. 2 Wochen Kreta. Was ich bis dahin noch nicht wusste: Es sollte der Monat mit den höchsten Umsätzen werden.

Es war ein typischer Hotel- und Poolurlaub mit ein paar Ausflügen, um die Insel anzuschauen. Immer wieder nahm ich meinen Laptop mit an den Pool und checkte meine Zahlen. Bis zum 26.09. hatte ich schon gute Umsätze gemacht. Doch am 27.09., als ich wie gewohnt am Pool lag und den Laptop auf meinen Knien hatte, kam die lang ersehnte Promotion von Ralf Schmitz. Es knallte, kann ich nur sagen.

273 Verkäufe mit einem Nettogesamtumsatz von 9.105 Euro und Einnahmen für mich von 3.986 Euro an einem einzigen Tag. Der Urlaub war zweimal bezahlt. Dieses Gefühl, im Urlaub am Pool zu liegen, nichts zu tun und trotzdem extrem viel Geld zu verdienen, war unbeschreiblich und ich möchte dich mit dieser Begeisterung anstecken. Stelle dir dies einfach mal vor, indem du die Augen schließt und genau dieses Szenario in deinem Kopf abspielen lässt.

Somit war der Monat September zu meinem umsatzstärksten Monat geworden mit folgenden Zahlen: 1237 Verkäufe, Nettogesamtumsatz 41.208 Euro, Einnahmen 26.170 Euro. Abzl. Werbeausgaben ein sattes Plus von 20.000 Euro. Ich stand nun oben auf meinem langersehnten Online-Business-Olymp und genoss es in vollen Zügen.

Lass uns der Vollständigkeit halber noch den Rest des Jahres zusammenfassen und dann schauen wir uns das Jahr 2015 in seiner Gesamtheit an und betrachten, was diese Zahlen bedeuten.

Oktober: 797 Verkäufe, Nettogesamtumsatz 26.974 Euro, Einnahmen 15.478 Euro
November: 896 Verkäufe, Nettogesamtumsatz 32.712 Euro, Einnahmen 17.225 Euro
Dezember: 719 Verkäufe, Nettogesamtumsatz 28.884 Euro, Einnahmen 15.254 Euro

Du siehst, dass die Zahlen weitestgehend gleich geblieben sind.

Das Jahr 2015 – Der Durchbruch

Fassen wir das Jahr 2015 zusammen – und ehrlich gesagt bin ich immer noch fasziniert, was damals passiert ist, insbesondere wenn wir uns den direkten Vergleich zum Jahr 2014 anschauen.

Verkäufe: 8945, Nettogesamtumsatz: 308.717 Euro, Einnahmen: 196.000 Euro. Ziehen wir zirka 60.000 Euro an Werbekosten ab, so bleiben wir bei einem Gewinn von 126.000 Euro. Das sind 10.000 pro Monat. Also genau das, was ich wollte.

Natürlich müssen wir diesen Gewinn verstehen. Aber selbst, wenn wir hier die 30% Steuer ansetzen, bleiben immer noch

7.000 Euro pro Monat, die mir ganz alleine gehörten. Davon wurden keine Mitarbeiter bezahlt, denn ich hatte ein System, das für mich arbeitet.

In welchem Angestelltenverhältnis verdienst du dieses Geld? Und wie gesagt, das Geld ist nicht alles, sondern mein Leben ist ein ganz anderes, ohne Chef, ohne Stau und ohne tägliches Pendeln zur Arbeit.

Vergleichen wir diese Zahlen mit denen aus dem Gesamtjahr 2014. Dieses startet mit den Einnahmen erst im Mai. Du wirst trotzdem einen signifikanten Unterschied sehen. Verkäufe: 603, Nettogesamtumsatz: 21.601 Euro, Einnahmen: 18.884 Euro. Ich habe meine Einnahmen nahezu verzehnfacht und das ist wirklich fantastisch.

Wir ziehen ein weiteres Zwischenfazit

Was war eigentlich passiert? Ich habe mich im Mai 2013 dazu entschieden: Ja, ich mache Online Marketing. Ich wage diesen Schritt, weil es für mich die einzige Chance darstellte, meine finanziellen Verpflichtungen zu bedienen und selbst noch gut zu leben.

Es hat fast 12 Monate gedauert, bis ich den perfekten Weg für mich gefunden hatte, ein Produkt zu entwickeln und dieses zu vermarkten. Dann benötigte ich weitere 9 Monate bis zum finanziellen Durchbruch im Januar 2015.

Ich möchte dich an dieser Stelle keineswegs entmutigen, wenn du diesen langen Zeitraum siehst. Zum einen bin ich den harten Weg gegangen und wäre mit dem, was ich heute weiß, um ein Vielfaches schneller. Zum anderen ist es aber auch gut, einen seriösen und langfristigen Weg einzuschlagen.

Und sind wir einmal ehrlich, was ist dir lieber? Das schnelle Geld und kurzfristiger Erfolg oder am Anfang deine Zeit zu investieren, aber die Gewissheit zu haben: Ich baue mir langfristig etwas auf, was mich die nächsten Jahre begleitet. Etwas, das dir ein unheimlich schönes Leben schenken wird, etwas das deine Zukunft sein wird mit all seinen tollen Möglichkeiten, die du im Moment nicht nutzen kannst.

Warum ich dir meine ersten zwei Jahre so detailliert erklärte

Vielleicht fragst du dich, warum ich dir meine zwei ersten Jahre im Detail erklärt und gezeigt habe. Mit all den Zahlen, Daten und Fakten, mit all den Gefühlen, die ich in dieser Zeit hatte. Mit all meinen Höhen und Tiefen. Mit all den Erfolgen, aber auch den Rückschlägen.

Ganz einfach. Damit du merkst, dass ich ein ganz normaler Mensch bin, genau wie du. Damit du weißt, dass ich die gleich Ängste und die gleichen Probleme habe wie du. Dass ich die gleichen Ziele habe wie du.

Wenn du dich da draußen im Markt des sogenannten Online-Geld-Verdienens umsiehst, wirst du auf viele Verlockende Angebote stoßen, die dir vieles versprechen. Du wirst auf Dinge stoßen, die dir innerhalb kürzester Zeit enorme Einnahmen versprechen. Eines kann ich dir hier versprechen: Es gibt keine Abkürzung. Es gibt kein Schnell-Reich-Werden-System, das funktioniert und bei dem du über Nacht das große Geld machen wirst. Sei dir bitte bei allem bewusst, dass du für deinen Erfolg etwas tun musst.

Du siehst, was ich alles umgesetzt habe und wie ich für meinen Erfolg gekämpft habe. Das Schöne daran ist, dass du nicht mehr meine Fehler machen musst, denn das haben René und ich für dich erledigt. Wir können dir einen wesentlich direkteren Weg zum Erfolg geben. Trotzdem ist das Umsetzen und Tun das A und O.

Die Highlights meiner Karriere – Das Jahr 2016

Ich möchte dir jetzt noch ein paar Highlights aus meiner Online-Marketer-Karriere aufzeigen, damit du siehst, was alles möglich ist, wenn du am Ball bleibst.

Ein ganz wichtiger und elementarer Baustein in einem Online Business ist es, eine E-Mail-Liste aufzubauen. Du kannst dir sicher vorstellen, dass ich durch den Verkauf meines Videokurses Future Sale eine große E-Mail-Liste aufgebaut habe. Genau genommen umfasste diese Liste Ende 2015 über 6.000 Kontakte und diese waren extrem hochwertig, denn alle waren Kunden, haben mir ihr Geld gegeben und mir vertraut.

Wenn du dich jetzt fragst, woher die Differenz zu den Gesamtverkäufen von 8.945 des Jahres 2015 kommt … Nun, das ist ganz einfach. Jeder Dritte kaufte den Facebook Neukunden Generator und somit steht am Ende diese Kontakt-Anzahl.

Was du bei einer E-Mail-Liste noch beachten musst, ist die Qualität deiner Kontakte. Mein E-Mail-Liste war durch die Kunden sehr hochwertig. Es kann aber auch sein, dass du eine E-Mail-Liste aufbaust, indem du den Interessenten etwas schenkst, damit diese sich in deine Liste eintragen. Vielleicht kennst du das selbst von verschiedenen Plattformen, die dir gegen die E-Mail-Adresse einen Report oder was ähnliches zur Verfügung stellen.

Die Qualität dieser E-Mail-Kontakte ist bei weitem nicht so gut wie die einer Kundenliste. Oftmals finden sich gerade bei Kontakten, die sich aufgrund einer kostenfreien Sache eingetragen haben, meistens Interessenten, die bei dir nie Geld ausgeben würden. Somit sind diese für dich auf die Dauer nutzlos.

Fazit: Ich hatte eine nicht sehr große, aber doch sehr hochwertige E-Mail-Liste und das war und ist ein wahrer Trumpf in meinem Business.

Du musst dir folgendes Szenario vorstellen: Du entwickelst ein neues Produkt und möchtest dieses in den Markt einführen. Mit einer E-Mail-Liste musst du auf einfachste Art und Weise erklärt nichts weiter machen, als eine E-Mail zu schreiben und deinen Kontakten zu sagen: „Ich habe hier etwas Neues, kauf es." Du drückst auf den Kopf und mit einem Schlag erhalten alle 6.000 Kontakte das neue Angebot und viele von ihnen kaufen.

Ich habe es bewusst ganz einfach dargestellt, damit du das Prinzip nachvollziehen kannst. Der Verkaufsprozess ist eigentlich etwas umfangreicher, da es noch einen Verkaufstext, ein Verkaufsvideo oder ein Webinar benötigt, aber im Grunde genommen ist es so einfach.

Der große Vorteil ist, dass du keine Werbeausgaben hast, weil die Kontakte alle von dir selbst sind. Du kannst besseres Marketing machen und bist nicht durch die Werberichtlinien von Facebook und Co. ausgebremst. Und du kannst an einem Tag so viel verdienen wie in einem gesamten Monat.

Du erinnerst dich sicherlich noch an Oliver Pott, Thomas Klussmann und Ralf Schmitz, von denen ich dir an früherer Stelle erzählt habe. Diese Menschen haben genau das gemacht, was ich dir gerade erzählt habe. Sie haben an ihre E-Mail-Liste eine E-Mail geschickt und mit einem Schlag mehrstellige Umsätze verdient. Und genau das kannst du ebenfalls tun, wenn du über eine E-Mail-Liste verfügst. Ich hoffe, du verstehst die Wichtigkeit solch einer Liste.

Das Jahr 2016 wurde zunehmend dadurch geprägt, dass ich mehr mit meiner E-Mail-Liste arbeitete und diese für mein Marketing einsetzte. Ich betrieb auch weiterhin meine Werbung auf Facebook und baute meine Werbung sogar noch auf neue Werbenetzwerke aus, was sehr gut funktionierte. Wir wollen uns in der nun folgenden Story allerdings einem ganz besonderen Highlight widmen, das mich im Online Marketing von Beginn an fasziniert hat: Die Durchführung eines Launches.

In 30 Tagen 240.944 Euro Nettoumsatz

An dieser Stelle kommen wir zu einer der faszinierendsten und unglaublichsten Möglichkeiten, online Geld zu verdienen. Und nicht nur das, sondern viel Geld zu verdienen und das in einem sehr kurzen Zeitraum. Wie kannst du so etwas hinbekommen? Mit der Durchführung eines sogenannten Launches.

Wenn du dort angekommen bist, dann hast du die Königsdisziplin des Online Marketings erreicht.

Ich möchte dir kurz erläutern, was ein Launch ist und was es für mich bedeutete,solch einen Launch durchzuführen.

Ich möchte dies anhand eines Beispiels erklären. Du kennst Apple und du kennst das iPhone. Mittlerweile ist der Hype nicht mehr so extrem, wenn ein neues Modell erscheint, aber bei den älteren Modelle wurde die Veröffentlichung regelrecht zelebriert.

Tage und Wochen vorher wurden die iPhone-Fans darauf hingewiesen, dass bald ein neues Smartphone erscheint. Es wurden alle neuen Funktionen vorgestellt und die Szene konnte es kaum abwarten, das neue iPhone in den Händen zu halten. Apple wusste genau: Heute ist Zahltag. Der Andrang war teilweise so enorm, dass die Hartgesottenen vor den Geschäften campierten, um als erster am frühen Morgen das neueste iPhone zu ergattern.

Genau so funktioniert ein Launch. Ich hatte mittlerweile schon einige Launches mitbekommen, die die Kollegen gemacht haben. Und teilweise hatte ich mich auch als Affiliate daran beteiligt und begleitete den Launch eines Kollegen. Und selbst in der Situation, wenn du sozusagen nur passiv dabei bist, kannst du recht schöne Umsätze generieren.

Auf jeden Fall war es mein großes Anliegen, selbst solch einen Launch durchzuführen. Ich hatte das große Ziel, solch einen Zahltag selbst zu erleben und wirklich innerhalb kürzester Zeit hohe Summen zu verdienen. Wenn du mit dem Thema Online Marketing noch nicht so vertraut bist, dann kannst du dir diese Summen vielleicht gar nicht vorstellen. Im ersten Moment und von außen betrachtet, sieht es aus, als würde es nicht mit rechten Dingen zugehen.

Aber das tut es. Da ich selbst ein grundehrlicher Mensch bin, wie du es vielleicht jetzt schon gemerkt hast (weil ich dir hier meine ganzen Zahlen offen lege), kann ich dir versichern, dass alles seine Richtigkeit hat und es einzig und alleine einfach ein tolles Marketinginstrument ist.

Schauen wir uns nun an, was ich alles benötigte, um selbst solch einen gigantischen Launch durchzuführen.

Das perfekte Launch-Produkt

Als erstes benötigte ich ein Produkt. Mittlerweile war ich eine Partnerschaft eingegangen und gemeinsam mit meinem Partner entwickelte ich ein wirklich gutes Produkt. Wir analysierten, was der Markt braucht, und uns war schnell klar: Viele Menschen benötigen perfekte Online-Marketing-Strategien. Und so nannten wir das Produkt letztendlich auch: „Die perfekte Online-Marketing-Strategie".

Es war im Prinzip eine Sammlung der besten Online-Strategien fix und fertig vorbereitet. Das Produkt kostete 399 Euro und konnte auch per Raten mit 5 x 99 Euro bezahlt werden.

Wie du aus meiner Vergangenheit bereits erfahren hast, ist es sinnvoll, Upsell-Produkte einzusetzen, und gerade bei einem Launch sorgen diese dafür, den Umsatz nochmal richtig zu steigern. Das perfekte Upsell-Produkt für unsere Online-Strategien war es, das Ganze als Vorlagenset anzubieten. Das hatte den großen Vorteil, dass der Kunde die Strategien nicht eigenständig umsetzen musste, sondern er einfach unsere Landingpage- und E-Mail-Vorlagen nutzen konnte und im Prinzip nur noch seine Texte eintragen musste. Der Preis hierfür lag bei 299 Euro oder per Raten 4 x 99 Euro.

Wir gingen noch einen Schritt weiter und boten sogar ein drittes Produkt an. Dies war eine Academy mit Live-Workshops, in der wir die Kunden, die es nicht alleine schafften, unterstützten. Die Kosten hierfür lagen bei 279 Euro.

Mit dieser Konstellation waren wir perfekt aufgestellt.

Meine „Verkaufsarmee"

Solch ein Launch wird vor allem dann ein großer Erfolg, wenn viele Partner mitmachen, die ihn gleichzeitig bewerben. Durch meine Kontakte, die ich mittlerweile in der Szene geknüpft hatte, konnte ich viele namhafte Online Marketer mit starken Listen gewinnen.

Ich hatte zirka 30 starke Partner für meinen Launch gewonnen und mittlerweile eine große „Armee" mit kleineren Affiliates aufgebaut. Im Laufe der Zeit hatten sich mehrere tausend Affiliates bei mir registriert, um den Videokurs Future Sale zu bewerben. Diese Affiliates konnte ich nun alle anschreiben.

Auch hier siehst du, wie sich ein Baustein nach dem anderen zusammensetzt. Alle wichtigen Elemente für den Erfolg im Online Marketing habe ich im Laufe meiner Karriere installiert und konnte bzw. kann diese für mich nutzen.

Der perfekte Launchablauf

Ich möchte nicht zu sehr ins Detail gehen. Aber ein Launch funktioniert im Großen und Ganzen vom Ablauf her folgendermaßen. Es gibt ein großes Verkaufswebinar zu einem bestimmten Termin. Vor diesem Termin beginnt zirka eine Woche vorher eine 3-teilige Videosequenz, die verkaufspsychologisch aufeinander aufbaut. Im Abstand von 2 Tagen kommt ein neues Video online und alles dient dazu, den Interessenten auf den großen Termin einzuschwören.

Dann startet der große Launchtag und danach findet noch einmal eine rund 2-wöchige Verkaufssequenz statt, in der es weitere Webinare für diejenigen gibt, die am Launchtag nicht teilnehmen konnten. Dann kommt die Aufzeichnung des Webinars und am Ende die Verknappung, die einen enormen Umsatzhebel darstellt.

Demnach dauert so ein Launch gut und gerne schon einmal 30 Tage.

Aufgabe #5

Bevor wir nun beginnen, die ersten Inhalte auf deiner neuen Webseite zu veröffentlichen, müssen wir uns erst einmal um die rechtlichen Dinge kümmern.

Die erste Seite, die du anlegen solltest, ist die Seite mit deinem Impressum.

Hier findest du eine kurze Anleitung, wie du die Inhalte für dein Impressum erstellst und die Seite anlegst: **digitaleseinkommen.de/aufgabe-5**

Der große Crash

Mein großer Launch- bzw. Zahltag sollte der 01.11.2016 sein. Als ich 2 Monate vorher diesen Termin festgelegt hatte, rechnete ich mit allem, aber nicht, dass es so viel Arbeit ist. Das Ganze hatte einen kleinen „Haken", denn am 14.10.2016 war ich Vater geworden und somit konnte ich das Vaterdasein nicht so genießen, wie es sein sollte. Kleiner Tipp von mir am Rande: Solltest du Vater oder Mutter werden, dann plane rund um die Geburt keinen Launch. ;-)

Der Launchtermin stand, es war alles vorbereitet, und ich wollte diesen Termin live durchführen. Hierzu hatten wir extra einen Webinaranbieter gewählt, der für diesen einen Termin in der Lage war, unsere 5.000 Anmeldungen aufzunehmen. Du hast richtig gelesen, wir hatten sage und schreibe 5.000 Anmeldungen. Das ist schon der Hammer.

Ich rechnete mir schon die schönsten Zahlen aus, die an dem Abend über meinen Bezahlanbieter abgewickelt werden sollten. Endlich würde ich auch in den Genuss eines Megalaunches kommen.

Der große Tag war da und ich zitterte meinen Live-Auftritt entgegen. Es war 19 Uhr und als ich das Webinar startete, passierte etwas, was ich keinem Menschen wünsche.

Es ging nichts. Die Software war dem Ansturm nicht gewachsen. Von den 5.000 Anmeldungen kamen gerade einmal 2.000 in den Webinarraum und diese 2.000 konnten mich nicht verstehen und auch nichts sehen. Meine Präsentationsfolien sprangen wild durcheinander.

Mein Magen zog sich zusammen und ich versuchte, 15 Minuten lang irgendwas zu retten. Bis ich irgendwann aufgab und das Webinar einfach abstellte.

Ich war am Boden zerstört. Mein E-Mail-Postfach quoll über und alle wollten wissen, was denn los ist. Von jetzt auf sofort war mein Traum vom schnellen und großen Geld zerstört.

Was nun?

60 Minuten saß ich wie versteinert auf meinem Stuhl und starrte in die Ecke. War denn niemand da, der mich aufwecken und mir sagen konnte: Das war nur ein Traum. Nein, es kam niemand und ich musste realisieren, dass es kein Traum wahr. Es war pure Realität.

Nachdem ich den ersten Schock verdaut hatte, fragte ich meine engsten Online-Marketing-Kollegen um Rat, unter anderem auch René. Und alle rieten mir: Nutze diesen Crash als Marketingwaffe. Setze einen neuen Termin an und schreibe alle an, dass der Ansturm so riesig war, dass der Server crashte (was ja schließlich auch so war).

Endlich der große Zahltag

Genau das tat ich. Neuer Termin war der 03.11.2016, also zwei Tage später. Diesmal war ich schlauer und machte kein Live-Webinar, sondern nahm dieses vorher auf und lies es dann um 19 Uhr abspielen.

Von den 5.000 Anmeldungen kamen immerhin 1.600 ins Webinar. Immer noch eine gigantische Menge. Und als ich um

20:13 Uhr den Preis nannte und den Kaufenbutton einblendete, geschah etwas Magisches. Es begann eine regelrechte Verkaufslawine: pro Minute 4 Verkäufe zu 400 Euro. Wow!

Ich saß als Zuschauer meines eigenen Webinars vor dem Rechner und konnte live mitverfolgen, wie im Minutentakt die Verkäufe hereinkamen.

Ich hatte meinen Zahltag und die Verkäufe entschädigten alle Mühen und Sorgen, die ich hatte. Es war einfach toll.

An diesem Abend machten wir (mein Partner, ich und die Affiliates) innerhalb von 3 Stunden bis Mitternacht sage und schreibe einen Nettoumsatz von 29.312 Euro. Wir wiederholten das Webinar noch sechsmal, bis wir nahezu alle 5.000 Anmeldungen durchgeschleust hatten.

Am Ende des Launches nach 30 Tagen konnten wir einen Nettogesamtumsatz in Höhe von 240.944 Euro verzeichnen.

Schauen wir uns nun an, was das finanziell für mich bedeutet hat. Du kannst dir sicher denken, dass ich nicht die genannte Gesamtsumme komplett bekommen habe. Zum einen war der Betrag die Nettogesamtsumme, zum anderen teilte ich das gesamte Projekt mit meinem damaligen Kollegen.

Von der oben genannten Summe mussten die Anteile für den Bezahlanbieter abgezogen werden. Des Weiteren bekamen die Affiliates 50% Provision und wir hatten viele Verkäufe über unsere Partner.

Machen wir es kurz, es waren 50.149 Euro, die auf meinem Konto eingingen. Hinzu kamen meine normalen Einnahmen durch Verkäufe des Videokurs Future Sale in Höhe von 18.000 Euro, was eine Gesamtsumme in Höhe von 68.000 Euro ergab. Ziehen wir an dieser Stelle die Werbeausgaben in Höhe von 7.249 Euro ab, so bleibt ein zu versteuernder Gewinn in Höhe von 60.751 Euro.

Vielleicht gibst du mir Recht, wenn ich das alles nicht so richtig glauben konnte. Das sind schon gigantische Zahlen.

Ich kann es gar nicht genug sagen. Diese Einnahmen, die auf mein Konto kamen. Das alle mit einer Firma, die aus einer Person besteht und die Ausgaben für Software und Hardware sind verschwindend klein.

Eine Frage: Wie lange musst du in deinem jetzigen Job arbeiten, damit du 60.000 Euro auf dein Konto überwiesen bekommst? Mittlerweile hast du durch meine ganze Story sicherlich erkannt, dass das hier keine „Hexerei" ist, sondern die logische Folge kontinuierlicher Arbeit.

In 2013 hätte ich im Leben nicht an solche Zahlen geglaubt, sicherlich habe ich davon geträumt, aber dass ich es selbst erlebe, war damals doch sehr weit weg.

Das Jahr 2016 im Ergebnis.

Schauen wir uns den Gesamtumsatz des Jahres 2016 an:

Einnahmen: 323.000 Euro (Das ging auf mein Konto).
Werbeausgaben: 120.000 Euro. (Ich zog hier die Schraube sichtlich an und gab im Monat im Schnitt 10.000 Euro für Werbung aus).

Gewinn: 203.000 Euro
Das sind im Monat im Schnitt 16.667 Euro.

Noch ein paar Highlights und Meilensteine

Bevor ich zum Ende meiner Story komme, möchte ich dir noch ein paar Highlights meiner Karriere aufzeigen, denn ich bin ja nicht 2016 stehen geblieben, sondern habe mit meinem Lieblingsjob weitergemacht.

Mein komplettes Future Sale-Projekt hat bis zum Anfang des Jahres 2018 einen Gesamtumsatz von über 1 Million Euro eingespielt. Ich habe damit über 11.000 Kunden gewonnen. Du siehst, dass sich meine Investition in Höhe von 5.000 Euro in das Coaching von René mehrfach ausgezahlt hat.

Und das sollte auch ein sehr wichtiges Learning für dich sein: Achte bei einer Investition nicht primär auf den Preis, sondern darauf, was diese dir bringen wird.

Weitere Launches von mir gemeinsam mit verschiedenen Partnern:

Mai 2017 – Produkt: Future Sale Mobilie – Gesamtumsatz: 101.093 Euro
November 2017 – Produkt: nextlevelBusiness – Gesamtumsatz: 141.252 Euro
Juli 2018 – Produkt: Software zum Generieren von Verkaufstexten – Gesamtumsatz: 237.160 Euro

Mein lang ersehnter Traum wird wahr

Im Oktober 2019 habe ich mir meinen persönlichen Traum erfüllt. Ich gründete mit meinem ersten Mentor und Coach René Renk zusammen eine Firma – die OR Online Marketing UG. Gemeinsam sind wir einfach stärker und ein Ergebnis unserer erfolgreichen Zusammenarbeit ist dieses Buch, das du gerade in den Händen hältst sowie unsere gemeinsame Nominierung zum „Marketer des Jahres 2020" bei den Tiger Awards, dem wichtigsten Preis in der deutschen Online-Marketing-Branche.

Fazit und abschließende Worte

Abschließend möchte ich dir noch ein paar wichtige Dinge mit auf den Weg geben ...

Ich habe diese Geschichte, wie bereits erwähnt, bewusst sehr detailgetreu erzählt – mit allen Einzelheiten in Bezug auf meine Umsätze und auf meine Gefühle, die ich in der Zeit durchlebt habe.

Du hast in meiner Story viele Dinge gelernt, denn all das, was ich durchlebt habe, war eine Aneinanderreihung von elementaren Bausteinen des Online Marketings. Dieses Business ist im Prinzip wie jedes Business ein tägliches Fortbilden und Sammeln von Erfahrungen.

Auch du wirst jeden Tag lernen, egal ob geschäftlich oder privat. Leider sind aber viele Menschen in ihrem Potential, etwas Neues zu lernen, durch ihren Job sehr eingeschränkt, weil sie jeden Tag das Gleiche machen. Wenn dies bei dir auch so ist, dann denke unbedingt darüber, etwas zu ändern. Dein Leben spannender zu machen.

Eines kann ich dir versichern: Wenn du dich auf diese Reise Online Marketing einlässt, dann wird dein Leben von Spannung nur so sprudeln. Es wird kein Tag sein wie der andere. Du wirst gute Tage haben und auch weniger gute Tage.

Ich persönlich bin unendlich dankbar, diese Chance bekommen zu haben. Und ich persönlich musste genau diesen einen Weg gehen. Viele Menschen fragen mich oft: „Oliver, wenn du nicht diese Schulden gemacht hättest, dann würdest du doch mit deinen ganzen Umsätzen noch ganz woanders stehen?"

Das ist theoretisch richtig. Aber sehr wahrscheinlich wäre ich nie zum Online Marketing gekommen, wenn ich nicht diese Schulden gemacht hätte. So wie es war und so wie es ist, ist es genau richtig.

In meiner Karriere habe ich sehr viele Entscheidungen getroffen und glaube mir, es waren viele dabei, die falsch waren. Aber genau diese Entscheidungen haben mir auch gezeigt, wie der richtige Weg ist. Jeder Fehler, den ich gemacht habe, hat mich zu dem geformt, der ich jetzt bin.

Lasse dich einfach inspirieren durch meine Geschichte und schreibe du deine eigene Erfolgsgeschichte. Ich würde mich wahnsinnig darüber freuen, wenn ich bzw. wir dazu beitragen können, deine Geschichte positiv zu unterstützen.

Glaube stets an dich. Glaube an das, was du kannst. Vertraue dir und deinem Handeln. Sei mutig. Sei beharrlich. Die größte Tugend auf dem Weg nach oben ist die gute alte Beharrlichkeit. Sei dir dessen bewusst. Gebe nicht zu früh auf, denn dein Erfolg könnte direkt hinter der nächsten Ecke auf dich warten.

Ich möchte dir am Ende meiner persönlichen Geschichte noch etwas ganz Wichtiges von mir mitgeben. Es handelt sich dabei um meine persönlichen Glaubenssätze, die bei mir im Bad neben dem Spiegel hängen und die ich mir vor langer Zeit erarbeitet habe. Diese schaue ich mir morgens und abends an und spreche sie laut. Vielleicht passen sie ja auch in dein Leben:

1. Ich bin sehr wertvoll.
2. Durch mein intelligentes Handeln fließt mir viel Geld zu.
3. Ich komme der Tiefe meiner inneren Entspannung immer näher.
4. Ich gebe aus vollem Herzen und vollem Vertrauen.
5. Geld steht mir immer zur Verfügung.
6. Ich komme jeden Tag meinem Glück ein Stückchen näher.
7. Ich entwickle mich von Tag zu Tag zu einer selbstbewussten Person.
8. Ich komme meinem Ziel mit Spaß Schritt für Schritt näher.
9. Ich bin das Beste, was mir je passiert ist und ich liebe mich.
10. Mein Wort ist wichtig für mich.

Betrachte dieses Buch als Arbeitsbuch. Du wirst das, was ich dir in meiner Geschichte erzählt habe, in den 7 Schritten detailliert erklärt bekommen. Du kannst dir durch Renés und meine Geschichte auf der einen Seite die nötige Motivation und Kraft holen und auf der anderen Seite die konkrete Umsetzung in den jeweiligen Kapiteln der 7 Schritte nachlesen und erlernen.

Ich wünsche dir nun viel Spaß beim Weiterlesen und vor allem beim UMSETZEN!

Dein Oliver Schmuck

Aufgabe #6

Nachdem du bereits deine Impressum-Seite erstellt hast, müssen wir uns nun um den Datenschutz kümmern, der gerade nach Inkrafttreten der DSGVO im Jahr 2018 besonders wichtig geworden ist.

Hier findest du eine kurze Anleitung, wie du einen sogenannten Cookie-Banner in deine Seite integrierst und deine Datenschutzseite erstellst: **digitaleseinkommen.de/aufgabe-6**

René Renk - Die Story: Vom Immobilienmakler zu einem der besten Online Marketer

Einleitung

Ich war seit jeher schon immer sehr zielstrebig und wenn ich mir etwas in den Kopf gesetzt hatte, dann wollte ich dies auch erreichen (Ja, ich bin von Sternzeichen Schütze. ☺). So hatte ich zum Beispiel bereits mit 14 Jahren eine eigene kleine Kampfsportschule für Jugendliche, womit meine Selbstständigkeit zum ersten Mal begann. Diese führte ich aber nur rund ein Jahr, bis ich mich mehr auf die Schule fokussieren musste.

Beginnen möchte ich meine Geschichte aber eigentlich nach meiner schulischen Laufbahn, die ich mit meiner Fachhochschulreife nach der 12. Klasse des Gymnasiums beendete.

Früher strebte ich danach, einmal eine Kampfsportschule zu haben, beim SEK zu sein oder Ähnliches. Aber nach einem sportlichen Unfall beim American Football mit 17 Jahren und den darauffolgenden 3 Operationen am Knie konnte ich diese berufliche Ausrichtung leider nicht verfolgen.

Da ich aber auch schon immer ein gewisses Interesse an Zahlen hatte (keine Panik, nicht zu viel … nur der Grundstoff bis zur 10. Klasse), dachte ich an einen kaufmännischen Beruf.

Da ich mir aber auch nicht vorstellen konnte, nur im Büro zu sitzen, und auch Zeit draußen und mit Menschen verbringen wollte, kamen viele Berufe für mich nicht in Frage. Ich kann nicht mehr sagen, woran es lag. Ob es das generelle Interesse an Immobilien war oder die Investmentmöglichkeiten, die einem Immobilien boten … letztendlich entschied ich mich zu dem Beruf des Immobilienkaufmanns und begann im Sommer 2007 meine kaufmännische Ausbildung.

Ich war bereits während meiner Ausbildung sehr engagiert, arbeitete teilweise 6 oder 7 Tage in der Woche und versuchte, so viel wie möglich in meinem Beruf aufzusaugen. Das ermöglichte es mir, meine Ausbildung nach nur 2 Jahren statt der angesetzten 3 Jahre abzuschließen. Ich beendete meine Ausbildung also im Sommer 2009 (erfolgreich).

Meine erste Tochter

Während ich mich auf den Abschluss meiner Ausbildung Anfang des Jahres 2009 vorbereitete, erhielt ich von meiner Frau – damals noch Freundin – eine der wohl einschneidendsten, schönsten und aufregendsten Nachrichten meines Lebens: Sie war schwanger mit unserer ersten Tochter!

Kurze Zeit danach machte ich meiner damaligen Freundin einen Heiratsantrag und im September 2009 heirateten wir dann standesamtlich, die kirchliche Trauung folgte ein Jahr später.

Der Beginn meiner Selbstständigkeit

Wie du dir vorstellen kannst, hat sich bereits vor Ende meiner Ausbildung im Jahr 2009 alles für mich geändert mit der Nachricht, dass ich Vater werde, und ich war umso erleichterter, als ich die Nachricht erhielt, dass ich meine Abschlussprüfung bestanden hatte.

Direkt nach bestandener Ausbildung wollte ich natürlich keine Zeit verlieren und machte mich direkt als Immobilienmakler selbstständig. Um allerdings nicht ganz alleine dazustehen und etwas Sicherheit zu haben, habe ich mich damals dazu entschlossen, als selbstständiger Immobilienmakler in dem Unternehmen weiterzuarbeiten, in dem ich meine Ausbildung gemacht hatte.

Alle Makler arbeiteten sozusagen im Team, bekommen Unterstützung durch das Unternehmen in der Akquise und der Vermarktung und erhalten immer eine Provision bei einer erfolgreich akquirierten, vermieteten oder verkauften Immobilie.

Als ich in dem Unternehmen als selbstständiger Makler arbeitete, hatte ich einen ganz großen Vorteil: Durch Zufall ergab es sich, dass in den Wochen zuvor die anderen drei Makler gegangen waren (entweder, weil sie nicht mehr ins Team gepasst hatten oder abgeworben wurden). Dadurch hatte ich einen relativ großen Immobilienpool, den ich vermarkten konnte, und konnte dadurch innerhalb der ersten sechs Monate viele Immobilien vermitteln und dadurch auch gute Provisionen verdienen.

Da ich während meiner Ausbildung bereits sehr viel Energie

in die Firma investiert hatte und danach dem Unternehmen in jeglichen Belangen geholfen habe, egal ob ich daran etwas verdient habe oder nicht, erhielt ich dann im Oktober 2009 von meinem damaligen Ausbilder und Chef das Angebot, gleichberechtigter Partner und Gesellschafter der Firma zu werden.

Zu dem Zeitpunkt war ich selbst natürlich noch recht unerfahren (auch wenn ich das damals nicht glaubte) und dachte, dass ein großes Unternehmen mit 30 Mitarbeitern sehr viel mehr Sicherheit und Erfolgschancen bietet, als ich als alleiniger Makler habe.

Zusätzlich war unsere Tochter auf dem Weg und ich wollte meiner Frau und meiner Tochter ein gesichertes Einkommen und eine schöne Zukunft bieten.

Daher nahm ich das Angebot an und erwarb 50% der Unternehmensanteile. Ich freute mich auf den Notartermin und feierte meinen Einstieg ins Unternehmertum.

Kurze Zeit später war es dann soweit und an Heiligabend 2009 begannen die Wehen meiner Frau und wir fuhren ins Krankenhaus. Einige Stunden später – es wurde noch der 25.12. – kam meine erste Tochter zur Welt und mein Leben änderte sich nicht nur privat, sondern auch beruflich grundlegend …

Der Anfang des Abstiegs

Nach dem Jahreswechsel von 2009 auf 2010 wandelte sich aber auch der Markt, weniger Eigentümer haben ihre Immobilien verkauft und der Markt wurde im allgemeinen rarer.

Zudem hatte ich in den Monaten davor sehr viele unserer Bestandsimmobilien vermarktet, sodass wir im Unternehmen nun wenig Immobilien zu vermieten oder zu verkaufen hatten, und unseren Fokus erst einmal auf die Akquise neuer Immobilien legen mussten.

Unser Unternehmen hatte drei verschiedene Bereiche – rund um die Immobilie – mit verschiedenen Dienstleistungen. Von der Vermarktung, über die Verwaltung als auch bis hin zur Sanierung von Immobilien. Dies hatte zum einen den Vorteil, dass wir rund um die Immobilie alles aus einer Hand anbieten konnten, zudem waren wir mit unseren Dienstleistungen breiter aufgestellt, sodass das Risiko dadurch gestreuter war. Dachte ich!

Nachdem die ersten beiden Monate im Jahr 2010 vom Umsatz leider sehr gering waren und wir mit den gesamten Mitarbeiterkosten sogar Verluste machten, machte ich danach einmal eine Aufstellung über die verschiedenen Bereiche im Unternehmen und deren Profitabilität. Und hier kam bereits die erste traurige Tatsache für mich: Zwei der drei Bereiche liefen bereits seit langer Zeit unprofitabel und lediglich ein Bereich – die Maklerei, die ich leitete – machte Gewinne. Dies bedeutete, dass ich (mit meinen Mitarbeitern) in der Maklerei immer mehr Gewinne erwirtschaften musste, um die anderen Mitarbeiter bzw. Bereiche mit zu tragen, für die mein Partner zuständig war.

Als ich dann das Unternehmen umstrukturieren und mich auf die profitablen Tätigkeiten fokussieren und die anderen abstoßen wollte, argumentierte mein Partner damit, dass auch die anderen Bereiche der Maklerei Aufträge bringen und es Hand in Hand greift. Nur mit allen Bereichen könne das Unternehmen funktionieren und genügend Empfehlungen für neue Immobilien generieren. Für mich klang es damals plausibel und ich suchte nach anderen Möglichkeiten voranzukommen ….

Meine erste Berührung mit Online Marketing

Ich suchte zu dem Zeitpunkt nach verschiedenen Möglichkeiten, um das Unternehmen voranzubringen, denn mir war klar: Wenn sich nicht in wenigen Wochen etwas ändert, dann kann das Unternehmen dies nicht mehr lange ohne Veränderungen überleben. Jeden Monat stand ich im engen Kontakt mit unserer Buchhalterin, machte ständig Kalkulationen und suchte nach Möglichkeiten, um zumindest am Ende des Monats mit einer schwarzen 0 auf dem Konto dazustehen.

Ich hatte das Gefühl, im Hamsterrad zu rennen, etliche Stunden am Tag, bekam kaum Schlaf und hatte das Gefühl, alleine genügend Geld verdienen zu müssen, um die gesamte Firma zu finanzieren …

Einen Vorteil hatte aber auch diese Situation für mich – rückblickend: Ich war gezwungen, mich mit Marketing-Strategien auseinanderzusetzen und nach neuen Möglichkeiten zu suchen, wie wir neue Aufträge generieren und das Unternehmen wirtschaftlicher aufbauen konnten.

Ich erinnere mich noch heute genau daran, wie ich an einem Tag eine Recherche bei unserer Konkurrenz machte und sehen wollte, wie diese ihre neuen Kunden gewinnen. Bis ich über etwas stolperte, das für mich keinen Sinn ergab: Ein anderer Makler – der eigentlich Immobilien-Eigentümer davon überzeugen möchte, dass sie ihre Immobilie über ihn verkaufen – bat ein kostenloses E-Book zum Download an „Wie Sie Ihre Immobilien bestmöglich selbst verkaufen“.

Zu dem Zeitpunkt dachte ich, dass das doch nicht wahr sein kann. Wie dumm kann ein Unternehmer sein, dass er seine potenziellen Kunden davon überzeugt, nicht seine Dienstleistung in Anspruch zu nehmen, sondern es selbst zu machen? Absolut unverständlich …

Irgendwie ließ mich der Gedanke aber nicht los und am nächsten Tag habe ich mir dann doch noch das E-Book heruntergeladen, da ich mir einfach nicht vorstellen konnte, dass der Makler dies ernst meinte ….

Und siehe da:

Es begann ein Prozess, der mich automatisiert – ohne Zutun einer Person – dazu brachte, darüber nachzudenken, eine Immobilie über diesen Makler zu verkaufen und nicht selbst privat anzubieten. Dieser sah so aus:

- Der Report zeigte, was man beim privaten Verkauf alles falsch machen kann und warum ein Makler sehr viel sicherer ist und einem wahrscheinlich sogar mehr Einnahmen einbringen wird.
- Es startete ein automatisierter E-Mail-Prozess, der mich – mit einer E-Mail täglich – immer mehr dazu brachte, dem Makler und seinem Fachwissen zu vertrauen.

- Bis irgendwann nach zirka 1-2 Wochen die ersten E-Mails mit der Aufforderung zu einer Terminvereinbarung kamen, um die Immobilie professionell einschätzen zu lassen.
- Finalisiert wurde der Prozess durch einen Anruf des Maklers, dass ich mich ja vor einiger Zeit eingetragen hätte und ob ich nicht Interesse an einer unverbindlichen Beratung hätte ...

WOW! Jetzt hatte es bei mir „Klick* gemacht und ich hatte das erste Mal das Potenzial von Online Marketing erkannt.

Leider konnte ich aber meinen damaligen Partner nicht von Online Marketing überzeugen. Er baute lieber weiterhin auf Empfehlungsmarketing, Printmedien und andere veraltete Marketing-Maßnahmen.

Der gesundheitliche Zusammenbruch

Die gesamten Marketing-Maßnahmen, die wir unternahmen, führten dazu, dass das Unternehmen überlebte und wir uns von Monat zu Monat durchhangeln konnten.

Allerdings zehrte dies sehr an meiner Psyche und Gesundheit, denn ich habe ein sehr hohes Pflichtbewusstsein und sah mich zu jederzeit verantwortlich für mein Unternehmen, meine Mitarbeiter und deren Familien. Daher arbeitete ich jeden Monat fast bis zum Umfallen, um immer sicherzugehen, dass alle Gehälter gezahlt werden konnten.

Leider führte dieser gesamte Stress dazu, dass ich gesundheitliche Schwierigkeiten bekam …

Eines Tages am Anfang des Sommers 2010 wachte ich morgens in meinem Bett auf und fühlte so ein komisches Kribbeln in meiner Hand. Im ersten Moment dachte ich mir nicht viel dabei, sondern dass ich auf meinem Arm geschlafen habe, dieser eingeschlafen oder ein Nerv eingeklemmt ist.

Als dieses Kribbeln aber nach ein paar Tagen nicht wegging, sondern sich sogar noch etwas mehr im rechten Arm verteilte, machte ich mir langsam Sorgen und suchte meinen Arzt auf. Dieser konnte die Symptome nicht richtig deuten und es begann eine Serie von Arztbesuchen, bei der ich jeden möglichen Facharzt abgearbeitet habe.

Es dauerte einige Wochen und zig Untersuchungen, bis endlich mein Neurologe ein Befund ausstellen konnte: Er diagnostizierte mir Multiple Sklerose. Die Autoimmunkrankheit mit den tausend Gesichtern und zig verschiedenen Arten, wie die Krankheit verlaufen kann. Eine genaue Ursache für diese Krankheit ist auch nicht bekannt und mein Neurologe sagte mir, dass diese auch auf Stress zurückzuführen ist.

Im ersten Moment dachte ich nur: „Das glaub ich nicht. Ich war immer sportlich und fit. Ich kann keine Krankheit haben, die zu Lähmungen oder sogar langfristig zum Tod führen kann … Was soll ich jetzt machen?“

Mein Neurologe sagte mir zu dem Zeitpunkt, dass man offiziell noch nicht von der Diagnose spricht, da sie erst ab dem zweiten Schub – also der zweiten Welle mit Beschwerden – offiziell diagnostiziert wird. Ich bekam eine starke Kortisonbehandlung und nach ein paar Tagen waren die Beschwerden wieder weg und ich konnte meinem Alltag wieder nachgehen.

Der Beginn des Neuanfangs

Natürlich ließ mich diese „Diagnose" nicht kalt und ich machte mir in den nächsten Wochen und Monaten viele Gedanken über mein Leben, meine Gesundheit und vor allem meine junge Familie.

Ich versuchte in der darauffolgenden Zeit, mein Leben und meine Arbeit „gelassener" anzugehen und im Allgemeinen gesünder zu leben. Allerdings kannst du dir sicher vorstellen, dass dies nicht so einfach ist, besonders wenn dich der Alltag wieder eingeholt hat.

Mich musste mein Alltag gar nicht erst wieder einholen, denn aufgrund der Situation im Unternehmen und meinem Pflichtbewusstsein habe ich die gesamte Zeit versucht, weitestgehend weiterzuarbeiten und das Unternehmen weiter zu führen. Dadurch war es nur sehr schwer, überhaupt aus diesem Druck und dem dadurch entstehenden negativen Stress herauszukommen.

Es gab allerdings auch etwas, was in mir in den letzten Wochen immer wieder positive Gefühle ausgelöst hat: Online Marketing.

Nachdem es bei mir das erste Mal „Klick" gemacht hatte, als ich den ersten Funnel (aufeinander aufbauende Marketing-Sequenz, um einen Besucher in einen Interessenten und schließlich in einen Kunden zu verwandeln) von dem anderen Immobilien-Makler verstanden hatte, ließ mich das Online Marketing nicht mehr los.

Der „perfekte“ Plan

Ich beschäftigte mich in jeder freien Minute mit Online Marketing, kaufte E-Books, DVDs und ein paar Kurse (die wenigen, die zum damaligen Zeitpunkt schon zu finden waren, viele auf englisch) und versuchte, die gesamte Materie zu verstehen und mir ein großes Bild davon zu machen. Ein „Fehler“, der mich damals viel Zeit gekostet hat, da ich versucht habe, Online Marketing wie einen Studiengang zu sehen, ich habe Etliches an Wissen zusammengetragen und wollte „den großen perfekten Plan“ erstellen.

Dadurch lernte ich zwar einiges in verschiedensten Bereichen des Online Marketing, aber nur in der Theorie. Ich hatte bereits Wochen an Zeit – neben der Arbeit, die gerne 8 bis 12 Stunden an 5 bis 7 Tagen in der Woche eingenommen hat – in Online Marketing investiert und verstand, dass es da draußen wirklich Menschen gab, die „online Geld verdienen“ und das in den verschiedensten Bereichen. Aber ich selbst hatte nichts umgesetzt und bis dato keinen Cent verdient.

Das musste sich ändern, denn solange ich mir nicht bewiesen hatte, dass man damit Geld verdienen kann, war es nur blanke Theorie. Also wollte ich beginnen, meinen perfekten Plan umzusetzen.

Aber wo sollte ich jetzt beginnen?

Ich hatte einen Plan aufgestellt, der alles Mögliche umfasste: Blog, diverse Funnel-Strategien, unterschiedliche Produkt-Arten, Social Media Marketing Strategien, SEO-Strategien, Advertising, Affiliate-Marketing usw.

Aber ich hatte keine Ahnung, wie man diesen Plan umsetzt … Ich hatte eine Situation erreicht, die man „Information Overload" nennt: einen Informationsüberfluss, der einen in der Umsetzung ausbremst.

Also tat ich das einzig Richtige, was ich dir von Anfang an empfehlen würde: Ich wählte eine Strategie und setzte sie Schritt für Schritt um.

Ich versuchte, mir keine Gedanken darüber zu machen, dass dies ja nur 1% von dem ist, was ich alles schon notiert hatte und ich noch so viel vor mir hatte. Ich versuchte, auch nicht darüber nachzudenken, welche Probleme wohl noch alle bei den nächsten Schritten auf mich zukommen könnten. Denn dies sind genau die Gedanken, die dich im Hier und Jetzt ausbremsen und deine Umsetzung verlangsamen. Dann bist du nicht auf den Moment und deine eigentliche Aufgabe fokussiert. Ich konzentrierte mich also nur auf eine Aufgabe, setze sie um und danach sah ich mir den nächsten Schritt bzw. die nächste Aufgabe an.

Und siehe da, ich hatte tatsächlich die ersten Erfolge zu verzeichnen: Ich erstellte meinen ersten Blog, den ersten YouTube-Kanal, die erste Facebook-Fanpage usw. Allerdings „spielte" ich nur herum und probierte mich in der Praxis aus, denn eine wirkliche Strategie verfolgte ich dabei erst einmal nicht und generierte auch noch keine Umsätze. Aber ich hatte die ersten Erfolgserlebnisse, die mir zeigten, dass ich auch die technischen Dinge schaffen würde.

Und meine Leidenschaft für das Online Marketing entfachte noch mehr.

Hinzu kam, dass sich meine berufliche Situation nicht wirklich änderte und ich mehr und mehr das Gefühl hatte, mich bereits in jungen Jahren kaputt zu arbeiten. Ich hatte zusätzlich im Hinterkopf die ganze Zeit diese Stimme, die vor dem nächsten Schub der Multiplen Sklerose warnte.

Ich war im Online Marketing bereits tief eingetaucht, ich sah darin tatsächlich eine Chance, ein neues finanzielles Standbein „nebenbei“ aufzubauen. Umso mehr wollte ich nun die ersten Ergebnisse in Form von Einnahmen erzielen.

Die ersten Umsätze mussten her

Es brauchte nun also eine Strategie, um die ersten Einnahmen zu erzielen.

Da ich mir zu dem damaligen Zeitpunkt noch nicht zutraute, ein eigenes digitales Infoprodukt zu erstellen und zu vermarkten, setzte ich zu Beginn auf Affiliate Marketing. Ich vermarktete also Produkte oder Dienstleistungen anderer und bekam eine Provision, wenn ein Interessent über meinen Link etwas kaufte.

Ich wollte meine Strategie damals so einfach wie möglich halten und wollte vor allem SEO, YouTube und Facebook nutzen, um meine ersten Einnahmen zu erzielen.

Da ich mich damals nicht auf eine Nische festlegen konnte, setzte ich die Strategie direkt für zwei bzw. drei Nischen um und erstellte jeweils einen Blog, einen YouTube-Kanal und eine Facebook-Fanpage.

Danach suchte ich nach Keywords (Suchbegriffe, die in Suchmaschinen eingegeben werden), die von potenziellen Interessenten oder Käufern in den Nischen gesucht wurden.

Dann fing ich an, zu den meistgesuchten Keywords Videos aufzunehmen und auf YouTube hochzuladen. Diese Videos musste ich bei YouTube nach einer bestimmten SEO-Strategie optimieren (ja, auch YouTube ist eine Suchmaschine), habe danach das Video mit einem Transkript auf meinem Blog veröffentlicht – hier natürlich auch mit einer bestimmten SEO-Strategie –, über Facebook Posts zu dem Video und dem Blogartikel veröffentlicht, und einige Backlinks auf die YouTube-Videos direkt eingekauft. In der Beschreibung meines YouTube-Videos und auf meinem Blog habe ich dann Affiliate-Links zu passenden Produkten integriert. (Sollte dir davon etwas nichts sagen, mache dir keine Sorgen. Später werden wir dir alle notwendigen Dinge genau erklären.)

Es war eine Strategie, die zwar ein wenig Einsatz und Aufwand erforderte, dafür aber auch eine Strategie, die – meines Wissens – so im deutschsprachigen Raum noch nicht umgesetzt wurde. Und das war der Grund, weswegen sie recht gut funktionierte. Und: Sie ließ sich ohne großes finanzielles Investment umsetzen (ca. 20-25 Euro pro Video)

Das Ergebnis?

Meine YouTube-Videos haben innerhalb von 2-7 Tagen ein so gutes Ranking bekommen, dass ich selbst bei stark umkämpften Keywords unter den ersten drei Suchergebnissen zu finden war. Und das nicht nur bei YouTube, sondern auch bei Google!

Das bedeutete, ich hatte einen Weg gefunden, um mit recht wenig Aufwand innerhalb sehr kurzer Zeit Besucher generieren zu können. Und zwar sehr targetierte Besucher. d.h. ich konnte ihnen genau das anbieten, was sie suchten.

Das führte dann auch zu meinen ersten Affiliate-Einnahmen, was für mich persönlich der wichtigste Moment in meiner Online Marketing-Laufbahn war. Denn ich wusste: Es funktioniert tatsächlich und ich kann mit Online Marketing – in dem Fall Affiliate Marketing – Geld verdienen.

Aufgabe #7

Da wir uns in den letzten beiden Schritten um die rechtlichen Dinge gekümmert haben, ist deine Webseite nun bereit, um mit den ersten Inhalten gefüllt zu werden.

Bevor wir allerdings nun damit beginnen, die ersten Blogartikel zu erstellen, wollen wir erst einmal deine „Über mich“ Seite erstellen, damit die Leser deiner Artikel auch wissen, wer diese geschrieben hat. Da Menschen von Grund auf neugierig sind, ist dies eine Seite, die häufig von Besuchern angeklickt wird und sich somit später perfekt eignet, um Besucher zielgerichtet auf ein Angebot oder Ähnliches aufmerksam zu machen.

Hier findest du eine kurze Anleitung, wie du deine „Über mich“-Seite erstellst und welche Inhalte diese haben sollte: **digitaleseinkommen.de/aufgabe-7**

Eine Entscheidung, die alles änderte!

Während ich meine ersten Einnahmen im Online Marketing generierte, war ich natürlich noch immer als Immobilienmakler tätig und führte gemeinsam mit meinem damaligen Partner das Unternehmen.

Dies bedeutete damals für mich, pro Tag ca. 8-12 Stunden an 5-6 Tagen pro Woche in meinem Hauptberuf tätig zu sein. Dadurch blieben mir relativ wenig Zeitfenster, um an meinem digitalen Einkommen zu arbeiten. Vor allem wollte ich auch noch etwas Zeit für meine Frau und meine Tochter haben.

Mein Alltag sah dann über einige Monate so aus, dass ich über den Tag meinem Hauptberuf nachging, abends mit meine Tochter zu Bett brachte, etwas Zeit mit meiner Frau verbracht habe und dann im Schnitt jede zweite Nacht fast durchgearbeitet habe, um aus meinen ersten Einnahmen ein richtiges Business zu machen. Zusätzlich habe ich natürlich jede freie Minute am Wochenende genutzt, um an meinem Business zu arbeiten.

Du kannst dir vorstellen, dass dies keine einfache Zeit war ...

Während ich an meinen Affiliate-Einnahmen arbeitete, bildete ich mich natürlich genauso im Online Marketing weiter. Ich hatte mittlerweile ein paar deutsche Online Marketer im Netz gefunden, die im deutschsprachigen Raum nun Coachings anboten, wie man sich ein Online Business aufbaut. Unter anderem auch Kris Stelljes mit einem seiner ersten Abo-Coaching-Produkte, welches ich erwarb.

Ich war begeistert von dem Coaching und dem systematischen Aufbau und habe auch die Inhalte aus dem Coaching umgesetzt, um mich weiterzubilden. Leider gab es dann ein paar Probleme mit dem damaligen Zahlungsanbieter, weswegen mein Zugang zu dem Coaching dann nach den ersten 4 Wochen gesperrt war ...

Ich schrieb also dem Support von Kris und bat um eine Lösung, denn ich war bereit zu zahlen und wollte das Coaching fortsetzen. Nach etwas Hin und Her und keiner Lösung in Sicht bat ich Kris darum, ob ich nicht einfach ein Jahr im Voraus zahlen könnte statt jeden Monat. Ich würde das Geld auch direkt überweisen. Problem gelöst und ich konnte weiter daran arbeiten.

– Kleine Anekdote an dieser Stelle: meine Bitte um die Vorauszahlung der Jahresgebühr hat zu dem Zeitpunkt bereits auch die Ansicht von Kris geändert, was man an Preisen verlangen kann –

Ich arbeitete einige Zeit weiter an dem Coaching und war von dessen Aufbau, Struktur etc. begeistert und dachte schon zu dem Zeitpunkt: So etwas musst du auch einmal machen. Du musst noch mehr über Online Marketing lernen ...

Witzigerweise erhielt ich kurze Zeit später eine E-Mail in mein Postfach von Kris Stelljes, in der er schrieb, dass er neue Mitarbeiter und Partner sucht. Wie ich so bin, habe ich natürlich nicht lange gewartet und ihm noch an dem Tag eine ausführliche E-Mail mit Lebenslauf und weiteren Informationen über mich geschrieben.

Nach wenigen Tagen rief mich einer der Mitarbeiter von Kris an und nach den ersten zwei Telefonaten stand fest, wir versuchen zusammenzuarbeiten.

Über ein paar Monate lernte ich einige Dinge und setzte viele Aufgaben bei Kris im Business um. Nebenbei zu meinem „noch"-Hauptberuf und meinen Affiliate-Einnahmen. Es zahlte sich jedoch für mich aus, denn nach knapp drei Monaten verließ ein Mitarbeiter das Team und ich übernahm einen Großteil der Aufgaben, wodurch ich immens viel lernte.

Ich merkte, dass sich mein Wissen festigte und dass ich genügend Know How hatte, um auch ein eigenes Infoprodukt zu erstellen. Allerdings erforderte dies noch einmal einen großen zeitlichen Aufwand (so wie viele dachte ich dies zumindest zu Beginn). Und da ich darin auch nicht viel Erfahrung hatte, dauerte es auch einige Wochen.

Allerdings passierte zuvor noch etwas anderes:

Obwohl es für mich im Online Marketing voran ging, war ich noch viel negativem Stress in meinem Hauptberuf ausgesetzt, was letztendlich im Frühjahr 2011 dazu führte, dass ich meinen zweiten Multiple Sklerose-Schub erlitt ...

Und diesmal war er heftig ... Ich erinnere mich noch genau. Es begann damit, dass wir bei meinen Schwiegereltern auf der Terrasse saßen und mit Freunden von ihnen Kaffee tranken. Während wir dort waren, fiel mir schon zwei- oder dreimal etwas aus der rechten Hand, was mich noch nicht wirklich stutzig machte. Als ich dann auf dem Rückweg allerdings zweimal über den Bordstein stolperte und sich mein rechtes

Bein so schlapp anfühlte, wurde mir bereits mulmig ...

Der nächste Morgen ... ich wachte auf und hatte ein Kribbeln im rechten Arm und im Bein. Im ersten Moment hoffte ich noch, dass es weggehen würde und ich nur falsch gelegen hatte.

Aber dem war nicht so ... Es wurde sogar so schlimm, dass fast meine gesamte rechte Körperhälfte taub war und gekribbelt hat und ich erste Lähmungen in meinem rechten Arm und rechten Bein hatte. Ich kann noch heute spüren, wie sich dieses Gefühl vom kleinen rechten Zeh bis ins rechte Augenlied zog und wie hilflos und frustriert man sich irgendwann fühlt, wenn man das Bein, den Fuß, den Arm oder die Hand einfach nicht so bewegt bekommt, wie man es möchte. Man fühlt sich gefangen im eigenen Körper ...

Auch die ersten Kortison-Behandlungen zeigten keine Erfolge und ich wurde wieder von etlichen Ärzten untersucht, bis im Universitätsklinikum Hamburg-Eppendorf dann sogar von einer Dialyse die Rede war.

Zu dem Zeitpunkt hätte ich am Boden zerstört sein können und ich denke, das hätte auch jeder nachvollziehen können. Aber ich war es nicht. Ich wollte es nicht. Ich wollte einfach nicht, dass mein Leben in so jungen Jahren bereits bergab gehen sollte. Das durfte nicht sein. Das konnte nicht wahr sein und es war nicht das, was ich mir für mein Leben vorgestellt hatte.

Gott sei Dank hatte ich mich zu diesem Zeitpunkt in meinem Leben schon häufiger mit positiven Denken, Affirmationen und dem Mindset im Allgemeinen beschäftigt, wenn auch nur ein wenig.

Aber ich wusste: Wenn einer etwas an dem Verlauf meines Lebens ändern kann, dann bin das ich! Niemand sonst!

Es war nicht der Zeitpunkt, sich in eine Ecke zu setzen und sich zu bemitleiden. Es war der Zeitpunkt aufzustehen, alle Kraftreserven zu mobilisieren und einen Kampf zu gewinnen! Ich musste mein Leben in die Hand nehmen und so positiv verändern, wie ich es mir immer gewünscht hatte. Gesund und glücklich, während ich meine Kinder und Enkelkinder aufwachsen sehe.

Die große Veränderung

Wie ich bereits schrieb, wusste ich, dass nur ich mein Leben ändern kann. Und es war mir verdammt ernst damit.

Zu dem Zeitpunkt war ich sehr froh darum, dass ich bereits meine ersten digitalen Einnahmen generierte und wusste, dass ich online Geld verdienen kann. Zudem hatte ich bereits eine Option auf eine Partnerschaft bzw. eine Mitarbeit bei Kris.

Ich musste den negativen Stress aus meinem Leben verbannen!

Und das bedeutete, dass ich eigentlich alles aufgeben musste, was ich mir bis zu diesem Zeitpunkt aufgebaut hatte.

Ich war bereits mit 22 Jahren Geschäftsführender Gesellschafter eines mittelständischen Unternehmens, welches seit

15 Jahren existierte. Und das wollte ich nun alles aufgeben und versuchen, „im Internet Geld zu verdienen“.

Du kannst dir sicherlich vorstellen, dass diese Entscheidung nicht bei allen auf Zuspruch stieß und einige Bekannte und Freunde mehrfach nachfragten, ob ich mir wirklich sicher sei, und auch an die Zukunft meiner Familie denken sollte. Aber das tat ich und ich war mir sicher, dem Ganzen eine Chance zu geben.

1 Jahr Deadline

Ich wollte mir genau ein Jahr Zeit geben, um im Online Marketing ein Einkommen aufzubauen, von dem meine Familie und ich gut leben konnten.

Ich sprach mit meinem damaligen Partner und konnte ihm die Gesellschaftsanteile zurückverkaufen und musste keinen externen Käufer finden. Dadurch hatte ich genügend Kapital, um die monatlichen Kosten für die nächsten Monate zu zahlen.

Ich begann damit, mit Kris Stelljes intensiver zusammenzuarbeiten und schließlich auch mein erstes eigenes digitales Video-Coaching zu erstellen. Den „YouTube-Code“, in dem ich meinen Kunden genau die Strategie zeigte, mit der ich es geschafft hatte, meine ersten Affiliate-Einnahmen zu generieren und Videos auf den ersten Plätzen bei Google zu listen.

Ich plante gemeinsam mit Kris das erste Webinar, in dem ich mein erstes Produkt zu einem Preis von 199 Euro oder 4 Raten à 79 Euro verkaufen wollte. Wir luden seine E-Mail-Liste zu diesem Webinar ein und hatten ein paar hundert Anmeldungen.

Ich erinnere mich noch heute genau an den Tag des erstes Webinars, in dem ich live vor hunderten Menschen eine Präsentation halten und mein Produkt verkaufen wollte. Wir grillten bei Kris auf der Terrasse und ich bekam vor dem Webinar keinen einzigen Bissen herunter. Mein ganzer Bauch zog sich vor Aufregung zusammen und meine Arme zitterten. Aber es war ein positives Gefühl, welches sich ins reines Adrenalin verwandelte mit Beginn des Webinars ...

Das Webinar dauerte 1,5 Stunden und am Ende gab es eine Live-FAQ- Runde. Ich musste mich also am Ende ins Kreuzverhör begeben und alle Fragen beantworten. Ich war mir sicher, dies würde mir den Verkauf versauen. Da sind bestimmt Profis dabei, die mehr Wissen haben als ich und mich auseinandernehmen. Aber ich war überrascht, dass ich alle Fragen ohne Probleme beantworten konnte und tatsächlich bereits ein sehr gutes Fachwissen hatte.

Dies spiegelte sich auch in den Zahlen wider. Ich machte mehrere Dutzend Verkäufe mit meinem ersten Webinar und hatte damit bereits mehr eingenommen, als ich bräuchte, um alle Kosten für 3 Monate zu tragen.

Ich war begeistert und hatte Blut geleckt ...

Da Kris zu dem Zeitpunkt schon Kontakt zu anderen Online Marketern hatte und selbst von der Conversion Rate begeistert war, schlug er mir vor, auch den anderen Online Marketern Partnerwebinare anzubieten.

Du kannst dir vorstellen, was das bedeutete ...

Die nächsten Wochen waren vollgestopft mit der Absprache von Webinarpartnern, technischer Vorbereitung und Umsetzung (und ja, als ich mit Online Marketing anfing, gab es noch nicht für alles die einfachsten Tools ;-)), Kundensupport und natürlich Durchführen von Webinaren.

Auch ich durfte hier mehrmals die Erfahrung machen, dass Server zusammenbrechen können, gerade, da die Webinar-Tools damals auch noch am Anfang standen, und komplette Webinare zusammenbrechen können. Und du kannst mir glauben, es ist sehr frustrierend, in einem Webinar mit mehreren hunderten oder sogar tausenden Teilnehmern zu sitzen und es funktioniert nichts oder Teilnehmer können nichts hören oder sehen. Du weißt, du hättest eigentlich dutzende Verkäufe generieren können, aber bist in dem Moment einfach machtlos.

Nichtsdestotrotz waren diese Wochen sehr erfolgreich für mich, was sich auch finanziell ausgezahlt hat. Und ich hatte vor allem mein Ziel erreicht, gut vom Online Marketing leben zu können, und das in nur wenigen Monaten.

Die Zusammenarbeit mit Kris Stelljes

In der Zeit haben Kris und ich aber auch weiter gemeinsam zusammengearbeitet und die ersten gemeinsamen Dinge geplant, weswegen irgendwann der Entschluss kam, komplett zusammenzuarbeiten. Er im Vordergrund, ich im Hintergrund.

Die nachfolgenden vier Jahre, die ich mit Kris gemeinsam gearbeitet habe, vergingen wie im Flug.

Wir haben gemeinsam seinen persönlichen Brand stark ausgebaut und zu einem der bekanntesten Brands in der Branche gemacht. Zusätzlich haben wir diverse weitere Businesse aufgebaut, wie z.B. im Abnehmen- oder im Dating-Markt sowie diverse weitere Partnerprojekte. Bis zum Jahr 2014 haben wir hierfür eigentlich so gut wie alles komplett selbst umgesetzt, ohne wirklich auf Mitarbeiter oder Ähnliches zu setzen, wodurch ich mir in jeglichem Bereich ein großes Fachwissen und praktische Erfahrungen aufbauen konnte. Egal, ob es um Technik, Funnel, Marketing-Texte, Telefonverkauf, Advertising, Social Media Marketing, SEO oder irgendetwas anderes ging.

Wir setzten in den gemeinsamen Jahren viele Strategien um, bildeten uns weiter und bauten die Businesse immer weiter aus.

Zu Beginn haben wir noch viel auf Social Media Marketing, SEO etc. gesetzt, bis wir irgendwann dahin übergegangen sind, Advertising zu betreiben, also bezahlte Werbung zu schalten. Wir haben spezifische Funnel für die jeweiligen Businesse erstellt und diese über verschiedene Kanäle beworben, wie z.B. Facebook Ads, Google Ads, Native Ads usw. Zusammengefasst sind wir immer mehr auf PPC-Marketing („pay per click“) übergegangen und haben hierfür sogenannte Performance- Kampagnen aufgebaut. Natürlich haben wir aber die anderen Kanäle weiter betrieben und systematisch ausgebaut.

Bis heute ist das PPC-Advertising mit Performance-Kampagnen ein großes Kernelement aller meiner Unternehmen. Und wenn du dieses beherrschst (natürlich in Verbindung mit den richtigen Funneln und den richtigen Marketing-Texten), dann wirst du immer wieder ein Business aus dem Boden stampfen können, auch wenn du komplett bei Null wieder beginnen solltest. Dies wirst du auch im Laufe meiner weiteren Geschichte mehrmals sehen.

Nachdem wir uns aber eine Expertise im Bereich PPC-Advertising aufgebaut hatten – und dies in verschiedensten Businessen – entwickelten wir nun gemeinsam unser erstes Highprice-Coaching, den PPC-Masterplan. Hiermit waren wir Vorreiter im deutschsprachigen Raum und damit die ersten – zumindest soweit mir bekannt ist – die ein digitales Coaching im deutschsprachigen Raum für 5.000 Euro angeboten hatten. Aber das Wissen dieses Kurses war es allemal wert.

Kris und ich entwickelten in unserer gemeinsamen Zeit diverse Coachings zusammen. Warum gehe ich nun explizit auf den PPC-Masterplan genauer ein? Weil er die Brücke ist, wie ich Oliver Schmuck kennenlernte.

Der PPC-Masterplan war zu dem Zeitpunkt eines unserer erfolgreichsten Produkte, aus dem auch die meisten Erfolgsstories hervorgingen. Mit vielen Kunden bin ich heute noch regelmäßig im Kontakt und wir tauschen uns auf gleicher Augenhöhe aus. Mit Oliver und einem anderen Kunden führe ich sogar gemeinsame Projekte.

Ich erinnere mich noch genau an das erste Telefonat mit Oliver im Februar 2014, als er sich auf den PPC-Masterplan beworben hatte. Er hatte damals bereits sein erstes E-Book geschrieben und war zu dem Zeitpunkt bei einem anderen Coach im Coaching. Aber: Er hatte keine oder kaum Ergebnisse und machte eigentlich nur Verluste.

Im ersten Telefonat war Olli allerdings noch nicht bereit, die 5.000 Euro in die Hand zu nehmen und in das Coaching zu investieren. Ich hatte aber bereits während des Telefonates das Vertrauen von Olli gewonnen und sagte ihm, dass er doch einfach noch ein paar Wochen mit dem Coach weiterarbeiten und sich melden sollte, wenn er nicht die gewünschten Resultate erzielt.

Nach kurzer Zeit sprachen wir wieder und Olli war bereit, mit dem Coaching zu beginnen, worüber ich selbst auch sehr dankbar bin.

Zum Einen, weil es nichts Schöneres für einen Coach gibt, als dass er sieht, wie seine Kunden erfolgreich werden. Zum Anderen, weil ich seitdem immer im regelmäßigen Kontakt mit Olli war und er mittlerweile zu einem geschätzten Geschäftspartner von mir geworden ist.

Im Mai 2014 trafen Kris und ich dann eine Entscheidung, die mich ebenfalls bis heute begleitet:

Wir stellten unsere erste Copywriterin ein: Désirée Meuthen.

Wir bildeten Désirée in den ersten Wochen intensivst im Online Marketing, der Psychologie von Funneln etc. weiter, sodass sie bereits nach kurzer Zeit einen immensen Wert eingebracht hat und wir unsere Businesse sehr viel effektiver führen und sehr viel schneller alles umsetzen konnten, was sich natürlich genauso in den Zahlen ausgewirkt hat.

Seit 2014 unterstützt Désirée mich bereits in unterschiedlichsten Projekten und Businessen und ist ein fester Bestandteil meines Teams, der nicht wegzudenken ist. Auch dafür bin ich sehr dankbar und schätze sowohl Désirée als Person als auch ihre Arbeit sehr.

Désirée ist aber nicht nur Bestandteil meines Teams und unterstützt mich im Copywriting in diversen Projekten. Seit 2020 ist sie genauso eine Geschäftspartnerin von Olli und mir, denn wir haben gemeinsam die Software ClickCopy herausgebracht, die es jedem ermöglicht, in nur wenigen Minuten perfekte Marketing- und Verkaufstexte zu erstellen.

Meine zweite Tochter kam zur Welt

Ende Mai 2014 erblickte dann meine zweite Tochter das Licht der Welt.

Und dies war auch der Grundstein, der dazu geführt hat, mein Leben erneut zu überdenken …

War ich auf dem richtigen Weg? Sah mein Leben so aus, wie ich es mir vorgestellt hatte? Lebe ich gesünder? Habe ich mehr Zeit mit meiner Familie?

Die wahre Antwort darauf war „Nein“, auch wenn es manchmal sehr schwer ist, sich das einzugestehen.

Ja, ich war erfolgreicher als zuvor und wir führten einige erfolgreiche Businesse. Aber wie sah es mit den anderen Punkten aus?

Lebte ich gesünder? Nein. Im Alltagsstress der Arbeit – auch wenn es positiver Stress war und Spaß machte – blieb die Gesundheit auf der Strecke. Wenig Ruhe, unregelmäßige Mahlzeiten …

Hatte ich mehr Zeit mit meiner Familie? Nein. Ich arbeitete rund um die Uhr, auch wenn es sich nicht wie Arbeit anfühlte, da ich meiner Leidenschaft nachging.

Sah mein Leben so aus, wie ich es mir vorgestellt hatte, als ich mit Online Marketing anfing? Nein. Ich war zwar jetzt weiter im Online Marketing gekommen, als ich es mir zu Beginn hätte vorstellen können, aber mein Privatleben entsprach überhaupt nicht dem, was ich mir vorgestellt hatte.

Parallel hatten wir zu dem Zeitpunkt mehr Projekte gleichzeitig als jemals zuvor, suchten nach weiteren Mitarbeitern und wollten eigentlich alles an der Stelle weiter ausbauen. Ich war die Schlüsselposition und dementsprechend hing viel von mir ab.

Dies war aber eine Situation, die mich an die Zeit meiner ersten MS- Schübe erinnerte, und eine Situation, ich die ich nie wieder kommen wollte. Dies hatte ich mir geschworen.

Und als mir das bewusst wurde, war dies der Grundstein, dass erneut eine Veränderung her musste.

Aufgabe #8

Jetzt bist du soweit, deinen ersten Blogartikel auf deiner Webseite zu veröffentlichen. Ziel ist es, mit dem Artikel deine ersten Affiliate-Provisionen zu verdienen. Daher sollte dieser Artikel am besten ein Erfahrungsbericht oder Ähnliches zu einem Produkt sein.

Wir werden dies anhand dieses Buches machen und dir im nächsten Schritt die Möglichkeit geben, unser Partner zu werden und mit dem Buch „Digitales Einkommen“ als Affiliate Provisionen zu verdienen.

Hier findest du eine kurze Erklärung, wie du deinen ersten Blogartikel erstellst sowie einen Beispiel-Artikel: **digitales-einkommen.de/aufgabe-8**

Neuanfang Nr. 2

Ich sprach damals mit Kris und wir fanden eine Regelung, bei der ich ihn noch dabei unterstützte, alle Prozesse zu übergeben, sodass die Unternehmen alle weiterliefen.

Ich stand allerdings wieder vor einem Neuanfang.

Ich musste mir überlegen, was genau ich aufbauen wollte und wie mein Business und auch damit der Alltag aussehen sollten.

Da ich bereits einiges an Erfahrungen gesammelt hatte, war es kein Neuanfang wie ganz zu Beginn meiner Online Marketing-Laufbahn. Ich wusste genau, wie ich ein Business aufzuziehen habe, welche Schritte notwendig sind etc. Zusammengefasst: Ich wusste, wie ich online targetierte Besucherströme aufbauen kann und diese in zahlende Kunden konvertiert bekam.

Zusätzlich hatte ich ein Allgemeinwissen und Verständnis im Online Marketing, was es mir ermöglichte, Consulting im Online Marketing für fast jedes Unternehmen anzubieten.

Und genau so sollte für mich mein Business aussehen:

Zwei bis drei Märkte mit Performance-Kampagnen, die nach und nach durch E-Mail-Listen-Aufbau, Optimierung, Skalierung, Folgeprodukte etc. wachsen sollten und nebenbei ein paar ausgewählte Consulting-Kunden im Highprice-Bereich (Consulting ab 10.000 Euro aufwärts).

Ich hielt den Plan noch einmal schriftlich fest und zerlegte den

Aufbau der Performance-Kampagnen mit allem Drum und Dran in kleinste Aufgaben und strukturierte sie. Ich entschied mich für 2 große Probleme (meine 2 Märkte) von Menschen im Gesundheitsbereich, entwickelte digitale Informationsprodukte, Upsellprodukte, erstellte Funnel, das Marketing und letztendlich die Advertising-Kampagnen.

Nach nicht einmal 3 Wochen waren die Projekte mit den ersten Produkten online und die ersten Werbeanzeigen liefen.

In den darauffolgenden zwei Wochen habe ich die Kampagnen erst einmal laufen lassen, um hier Statistiken zu sammeln, auf deren Grundlage ich später die Kampagnen optimieren konnte.

Diese Zeit nutzte ich dann, um Folgeprodukte zu entwickeln, die ich entweder als Upsell-Produkte einsetzte oder als neue Produkte über meine E-Mail-Liste an bereits bestehende Kunden vermarktete, um meinen CLV (Costumer Lifetime Value) auszubauen und damit meinen Gewinn.

Nachdem nun die ersten beiden Wochen die Advertising-Kampagnen liefen, konnte ich nun ein Fazit ziehen.

Durchschnittlich gab ich am Tag zirka 500 Euro für Anzeigen aus und nahm durchschnittlich bereits 450 Euro pro Tag ein. Also zu dem Zeitpunkt ein Verlust von rund 50 Euro pro Tag … Mag man im ersten Moment vielleicht denken. Für mich war es da schon der Durchbruch, dass ich im nächsten Monat die Kampagnen skalieren konnte. Wieso?

Ich hatte zu dem Zeitpunkt in beiden Märkten nur jeweils ein

Frontend-Produkt mit jeweils einem Upsell. In den zwei Wochen habe ich aber bereits jeweils einen weiteren Upsell und ein weiteres Folgeprodukt entwickelt. Diese sollten meinen CLV anheben und damit sollte ich bereits in die Profitabilität kommen.

Gleichzeitig habe ich aber auch Statistiken durch meine Kampagnen gesammelt, sodass ich diese optimieren konnte. Ich konnte meine Kampagnen mehr auf die Zielgruppen ausrichten, die Gewinne einbrachten, und die Zielgruppen deaktivieren, die keine Gewinne eingebracht haben. Zusätzlich konnte ich erkennen, dass manche Anzeigenplätze vielleicht besser funktionierten als andere, sodass ich mich auch auf diese fokussieren konnte.

Parallel hatte ich in den zwei Wochen einen Splittest meiner Verkaufsseiten laufen (hier habe ich also zwei verschiedene Seiten gegeneinander getestet, um zu sehen, welche eine höhere Conversion Rate hat). Auch hier hatte sich ein Gewinner herausgestellt, der in einem Markt um ca. 18% besser konvertierte und in dem anderen sogar um 23% besser.

Du siehst also, dass ich mit dem richtigen Plan und der richtigen Vorgehensweise in kürzester Zeit zwei neue Businesse angeschoben habe und während der Fertigstellung bereits genügend Daten gesammelt hatte, um dieses nun ins Profitable zu drehen.

Ich optimierte also diese Stellschrauben und fing gleichzeitig damit an, die Advertising-Kampagnen leicht zu skalieren.

Das Ergebnis im Folgemonat?

In einem Markt gab ich im Durchschnitt 800 Euro pro Tag für Werbeanzeigen aus und nahm durchschnittlich pro Tag 1.550 Euro ein. Hier hatte ich also bereits einen täglichen Gewinn von ca. 750 Euro.

In dem anderen Markt gab ich im Durchschnitt 600 Euro pro Tag für Werbeanzeigen aus und nahm durchschnittlich pro Tag 1.300 Euro ein. Hier hatte ich also bereits einen täglichen Gewinn von ca. 700 Euro.

Zusammen hatte ich bereits einen täglichen Gewinn von ca. 1.450 Euro (abzgl. Steuer und Kosten für ein paar Tools) und zusätzlich wuchsen die Businesse und Einnahmen mit jedem Tag, da ich auch täglich neue Interessenten und Kunden gewann.

Im darauffolgenden Monat verdoppelte ich ungefähr die Werbeausgaben und auch die Einnahmen wurden in etwa verdoppelt.

Ungefähr zu diesem Zeitpunkt wandte sich dann Olli erneut an mich, dass es mit seinem Business – gemeinsam mit seinem damaligen Partner – nicht so richtig weitergeht und er auch nicht genau wisse, wie er weiter vorgehen solle.

Wir trafen uns gemeinsam in Hamburg zum Essen und ich gab ihm einige Einblicke in die Dinge, die ich gemacht hatte und auch für die Zukunft plante.

Da ich Olli bereits zu dem Zeitpunkt als Kunde und auch Kollege sehr schätzte, bot ich ihm Consulting mit Betreuung über einen längeren Zeitraum an.

Olli war sehr froh darüber und nur wenige Tage später trafen wir uns bereits zum Consulting-Start in seinem Office und analysierten sein Business. Wir entwickelten gemeinsamen einen Schlachtplan, um mit seinem Business auf das nächste Level zu kommen, und er setzte diesen Plan dann unter meiner Anleitung und Kontrolle penibel um.

Das Ergebnis? Verdreifachung der Umsätze und Gewinne innerhalb weniger Wochen.

Parallel zu Olli habe ich noch weitere Consultings für andere Unternehmen, aber auch Coaches und sogar andere Online Marketer gegeben.

Insgesamt sah mein Leben nun so aus, wie ich es eigentlich wollte:

Ich führte mit relativ wenig Aufwand ein paar Performance-Kampagnen, machte damit gute fünfstellige Gewinne und führte nebenbei ein paar Consultings, bei denen meine Kunden unglaubliche Ergebnisse erzielten und ich genauso gut bezahlt wurde. ☺

Meine Auswanderung nach Dubai

Einer meiner Consulting-Kunden, dem ich verhalf, sein Coaching-Business innerhalb von wenigen Wochen von mittleren fünfstelligen Umsätzen zu vervielfachen, war nach Dubai ausgewandert, so dass ich Anfang 2016 teilweise für das Consulting in seinem Unternehmen nach Dubai geflogen bin und dort jeweils ein paar Tage verbracht habe.

Es war schon immer ein Traum von mir, in einem sonnigen Land am Strand unter Palmen zu leben, und meine Frau und ich hatten bereits ein paar mal darüber gesprochen.

Ich persönlich fühlte mich in Dubai sofort wohl, hatte bereits einen bestehenden Kunden dort, auch wenn das Consulting bald auslief, und konnte während meiner Aufenthalte in Dubai auch bereits weitere Kontakte knüpfen. Zusätzlich kann Dubai auch für Unternehmen steuerlich sehr interessant sein.

Dies führte dazu, dass ich über eine Auswanderung nach Dubai nachdachte, und nachdem ich meiner Frau davon erzählte, ließ auch sie der Gedanke nicht mehr los. Also haben wir kurzerhand einen Flug nach Dubai gebucht und es uns vor Ort gemeinsam angesehen und genauso bereits nach Immobilien, Schule für unsere große Tochter etc. gesucht.

Nach dieser Woche stand der Entschluss fest: Wir wandern nach Dubai aus.

Neuanfang 3.0 in Dubai

Also brachen wir unsere Zelte in Deutschland komplett ab, verkauften Immobilie, Autos etc., verschifften in einem Container all unsere Gegenstände nach Dubai und wanderten letztendlich im Sommer 2016 nach Dubai aus.

Dort angekommen lebten wir erst einmal knapp 6 Wochen in einer komplett leeren 600 Quadratmeter großen Villa, da all unsere Gegenstände noch im Container auf dem Ozean waren, und lösten in den ersten Wochen all die kleinen und großen

Schwierigkeiten, die eine Auswanderung mitbrachte.

Der erste große Meilenstein war, als wir dann endlich unsere Gegenstände erhielten und das ganze Haus heimischer wurde. Der zweite, als ich endlich nach drei Monaten (!) einen funktionierenden Internet-Anschluss hatte und nicht mehr nur noch über HotSpot arbeiten musste ... ☺

In Dubai selbst habe ich ein neues Unternehmen gegründet und dieses von Grund neu aufgebaut. Auch hier habe ich ein paar Consulting-Kunden gehabt, unter anderem andere Coaches oder auch lokale Unternehmen, wie z.B. eine Fitnessstudio-Kette. Zusätzlich habe ich zwei neue Brands aufgebaut: einen wieder rein über Performance-Kampagnen mit einem nicht personenbezogenen Brand und das zweite sollte nun mein eigener persönlicher Brand sein, in dem ich unter meinem Namen nun öffentlich Coachings anbiete, so wie damals mit Kris zusammen.

Ich plante also auch hier meinen persönlichen Coaching-Brand und entwickelte die ersten Coachings, in denen ich zeigte, wie man sich ein eigenes Online Business aufbaut, unter anderem das Online Startup System und die E-Mail-Marketing Formel, die qualitativ sehr hochwertig waren und zu zwei meiner Hauptprodukte wurden, die ich auch später weiter verkaufte.

Hierzu baute ich nun alles rund um meinen Brand auf und begann, die ersten Advertising-Kampagnen aufzubauen, bei denen ich eine kostenlose Online-Schulung anbot (sog. Webinar), in der ich dann am Ende das Online Startup System für 299 Euro oder per Ratenzahlung für 4 Raten à 79 Euro anbot.

Die E-Mail-Marketing-Formel war hier das Upsell-Produkt, welches ich wiederum im Upsell für 299 Euro und im Downsell (also wenn sich der Kunde gegen dieses Angebot entschieden hat) für 4 Raten à 79 Euro anbot.

Auch hier griffen die Advertising-Kampagnen und ich konnte mir nach und nach meine Interessenten- und Kunden-E-Mail-Liste ausbauen.

Nebenbei kontaktierte ich bekannte Online Marketer aus meinem Netzwerk und lud sie ein, meine Kampagnen als Affiliate zu bewerben, bei denen auch zum Beispiel Olli wieder mit dabei war.

So konnte ich meine Reichweite und damit auch meine Umsätze schnell vergrößern.

Der Ausbau des Netzwerks in der Online Marketing Szene

Nachdem ich nun persönlich in die Öffentlichkeit getreten war und auch gewisse Ergebnisse vorzuweisen hatten, wurde ich eingeladen, an der „One Idea Mastermind“ teilzunehmen, einer Zusammenkunft der besten Online Marketer im deutschsprachigen Raum.

Diese Einladung nahm ich natürlich direkt an und freute mich bereits, alte Bekannte wiederzusehen und mein Netzwerk auszubauen.

Parallel begann und entwickelte ich damit mein neues Coaching: Das Passive Einkommen System.

Damit verbunden habe ich natürlich einen neuen Funnel zur Vermarktung geplant mit insgesamt drei Produkten, in denen ich meine vorherigen Produkte perfekt wieder unterbringen konnte, da ich das Marketing so gestalten konnte, dass es direkt aufeinander aufbaute:

1. Das passive Einkommen System (Wie man durch Affiliate-Marketing ein Einkommen aufbauen kann)
2. Das Online Startup System (Wie man mit einem eigenen digitalen Infoprodukt ein Business aufbaut)
3. Die E-Mail-Marketing Formel (Wie man seine Gewinne durch effektives E-Mail-Marketing vervielfacht)

Alle drei Kurse waren sehr umfangreich mit jeweils 70-90 Videos und jeweils 5-30 Minuten Länge, die wirklich jedes kleinste Detail in der Praxis Schritt für Schritt aufzeigen und auch einem Anfänger ermöglichen, online ein Business aufzubauen. Ich hatte also auch hier einen immens hohen Qualitätsanspruch an mich und auch meine Coachings – so wie in allem, was ich angehe.

Ich plante einen Launch dieser Produkte, in dem im Frontend (also als Einstiegsprodukt, welches der Interessent zu Beginn sieht) das Passive Einkommen System für 69 Euro netto über einen VSL (Video Sales Letter) verkauft wurde. Als erstes Upsell-Produkt wurde dem Kunden nach dem Kauf dann das Online Startup System für 299 Euro angeboten und daraufhin die E-Mail-Marketing-Formel für 299 Euro. Wenn sich der Kunde bei einem der angebotenen Upsells gegen das Angebot entschieden hat, wurde es ihm noch einmal in einem Downsell für 4 Raten à 79 Euro angeboten.

Ich entwickelte all diese Inhalte und das Marketing dazu innerhalb von 4 Wochen und plante bereits während der Entwicklung die Vermarktung der Produkte und wollte hierzu viele Affiliates gewinnen, die bei dem Launch der Kampagne dabei waren. Und hierzu hatte ich mit der One Idea Mastermind die beste Möglichkeit.

Auf der One Idea Mastermind tauschte ich mich mit so vielen Teilnehmern wie möglich persönlich aus und tauschte die Kontaktdaten. Auch einige ältere Kontakte konnte ich wieder auffrischen und so insgesamt mein Netzwerk deutlich ausbauen. Und ein gutes Netzwerk ist immens wertvoll. Ein Tipp also für dich an dieser Stelle: Wenn du ein Business in einem bestimmten Markt aufbauen möchtest und die Chance hast, dir hier ein Netzwerk mit guten Kontakten aufzubauen, zum Beispiel durch Seminare oder Ähnliches, dann tue dies unbedingt. Wenn du es einsetzt, wird es sich immer auszahlen!

Also plante ich den Launch des beschriebenen Funnels und kontaktierte alle Marketer und Coaches, die ich in der Szene kannte, und lud sie ein, bei meinem Launch dabei zu sein. Dies machte ich für meine Partner besonders attraktiv, in dem ich auf das Frontend-Produkt nicht 50% Provision gab, wie es im Markt bei digitalen Infoprodukten üblich ist, sondern satte 75% plus jeweils 50% auf die Upsell-Produkte.

Dadurch konnte ich einige große Affiliates dazu bewegen, bei dem Launch dabei zu sein. Um ein noch besseres Ergebnis zu erzielen und noch mehr Partner dabei zu haben, richtete ich eine Second-Level-Affiliate-Provision ein. Dies bedeutete, dass meine bereits gewonnenen Partner auch noch einmal weitere Partner zu dem Launch einladen konnten und dann nochmals an deren Provision beteiligt wurden. Dies schmälerte natürlich meinen Gewinn pro verkauftem Produkt, aber vergrößerte meine Reichweite während dem Launch enorm.

Der Launch selbst ging dann über 10 Tage und während dieser 10 Tage generierten wir einen Gesamt-Umsatz von knapp 290.000 Euro und meine E-Mail-Liste wuchs um tausende Kunden.

Dies war der Grundstein dafür, um aus meinem persönlichen Brand ein stabiles Business zu machen, mit dem ich auch in den folgenden Monaten und auch heute noch einen guten Umsatz generiere.

Die Entscheidung über die Rückwanderung nach Deutschland

Parallel zu der beruflichen Entwicklung war es aber leider so, dass meine Familie zwar das Leben in Dubai genoss, nach und nach aber doch bei meinen Töchtern Heimweh aufkam, was dann auch meine Frau und letztendlich auch mich belastete.

Im Frühjahr 2017 flogen wir in den Osterferien nach Deutschland, um die Familie zu besuchen. Wir kamen bei schönstem Wetter mit unserem Mietwagen bei dem gemieteten Haus an, bei dem es ein Klettergerüst im Garten gab. Die Türen des Wagens flogen auf und meine Töchter schossen in den Garten und auf das Klettergerüst, wo sie dann jede mögliche Minute in der Ferien – neben der Besuche der Familie und Ausflüge – verbrachten, in denen sie vollkommen aufblühten.

Und im Laufe dieser Ferien fiel bei meiner Frau und mir die Entscheidung, nach Deutschland zurückzuziehen.

Neuanfang 4.0 in Deutschland – Der Aufbau von CopeCart

Während der Planung unseres Rückzuges nach Deutschland, der dann im Sommer 2017 stattfand, ergab sich noch etwas anderes.

Kris Stelljes, mit dem ich früher viele Jahre zusammengearbeitet und dann auf der One Idea Mastermind wieder getroffen hatte, fragte mich, ob ich Interesse an einem großen gemeinsamen Projekt hätte.

Er plante mit jemand anderem, dessen Namen ich in diesem Buch nicht nennen möchte, die Entwicklung eines eigenen Online- Zahlungsanbieters.

Du kannst dir dies wie eine Software vorstellen, die es jedem ermöglicht, online Produkte zu verkaufen, mit allen möglichen Zahlungsarten und Funktionen wie automatisches Rechnungs- und Steuerwesen, Integrationen zu verschiedensten Tools zur automatisierten Auslieferung von Produkten (physisch und online), Integrationen für E-Mail-Marketing- Software und CRMs, Features zur Kundenwertsteigerung, wie z.B. Upsell- und Downsellprozesse, Addon-Produkte, Affiliate-Marketing System, automatischer Auszahlung usw. Es war also ein wirklich sehr großes Projekt.

Kris erzählte mir, dass sie mit der Planung bereits begonnen hatten, aber nicht so wirklich vorankommen, weil sie selbst nicht genügend Zeit hätten. Und er hätte mich gerne als Partner und Geschäftsführer dabei, da er aufgrund unserer vorherigen Zusammenarbeit wusste, dass ich dieses Projekt stemmen könnte und Dinge möglich mache.

Nach ein paar Tagen Überlegung und einigen Absprachen, unter welchen Konditionen ich als Gesellschafter und Geschäftsführer bei dem Projekt dabei bin und den Aufbau der Firma und Software übernehme, waren wir uns einig, und ich begann, an unserem neuen Projekt zu arbeiten: Unserem eigenen Online-Zahlungsanbieter.

Während der nächsten Monate führte ich meine anderen Businesse noch weiter und begann mit der Planung unseres Zahlungsanbieters, bei dem wir uns nach einiger Zeit für den Namen „CopeCart“ entschieden.

Unser Ziel war es, so schnell wie möglich ein MVP (Minimum Viable Product – in dem Fall die Software mit den nötigsten Funktionen, um an den Markt zu gehen) zu entwickeln, welches wir für unsere eigenen Businesse einsetzen konnten, welches aber auch für andere Vendoren interessant ist, damit sie ihre eigenen Produkte darüber verkaufen können.

Das Projekt begann damit, dass erst einmal Unstimmigkeiten mit dem angedachten Entwicklungsteam aufkamen, was mich zu dem Entschluss brachte, dass es nicht das richtige Team für einen solchen Aufbau war.

Ich begann daraufhin international eine Recherche, holte verschiedene Angebote ein und lernte mit den anderen beiden Gesellschaftern einige Entwickler persönlich kennen, bis wir unser Entwicklerteam gefunden hatten, welches mit der Zeit der Entwicklung immer größer wurde.

Start der Entwicklung der Software war im Oktober 2017.

Und ab hier begann eine extreme Zeit für mich, in der ich dutzende neue Sachen lernen und mir neue Dinge oder Wissen aneignen musste. Denn ich hatte zwar aus dem Online Marketing das Wissen, was wir alles an Features in dem System benötigen, wie sie funktionieren und wie man sie ggfs. noch verbessern kann, aber ich war vollkommen neu in der Software-Entwicklung, im internationalen Steuer-Recht usw.

Es war eine Zeit voller neuer Herausforderungen, die es zu meistern gab, weswegen ich während der Zeit auch meine anderen Businesse herunterfuhr, um mich voll und ganz auf CopeCart zu fokussieren, denn es war mein neues berufliches Baby geworden und ich hatte eine große Vision dafür.

Dementsprechend gab ich jederzeit 200% und arbeitete teilweise Tag und Nacht, damit wir unsere Ziele erreichten, und kümmerte mich um jegliche Bereiche des Unternehmens, natürlich mit einem starken Support-Team, Entwicklungs-Team und meinen technischen Mitarbeitern sowie meiner Copywriterin.

In sage und schreibe nicht einmal 8 Monaten schafften wir

es, ein markttaugliches MVP zu entwickeln, mit den ersten Zahlungsmöglichkeiten, Features wie Upsell-Prozesse, Statistiken, Integrationen zu Mitgliederbereichen und E-Mail-Marketing Anbietern etc. und natürlich dem gesamten internationalen Steuerrecht und automatischen Rechnungswesen und launchten dieses dann im Mai 2018.

Während dem Launch des MVP kündigten wir bereits die Roadmap mit den weiteren Features an, die wir noch für 2018 planten.

Die Entwicklung von CopeCart führte ich Monat für Monat mit vollem Elan weiter, kümmerte mich um das gesamte Marketing und auch die Roadmap mit den angekündigten Features hielten wir im Großen und Ganzen mit kleinen Verzögerungen ein.

Wir hatten in rasantem Tempo (andere Entwickler, mit denen ich zu Beginn sprach, hatten immer 2 bis 3 Jahre für ein marktfähiges und getestetes System für realistisch gehalten) ein MVP entwickelt und bauten dieses Monat für Monat mit neuen Features aus.

Aufgabe #9

Damit du mit deinen Seiten und Blogartikeln über Suchmaschinen gefunden wirst und damit Besucher aufbauen kannst, musst du einige Optimierungen an deinen Texten vornehmen.

Alleine zum Thema Suchmaschinen-Optimierung könnte man ein ganzes Buch verfassen. Wir wollen dir in diesem Buch aber die wichtigsten Optimierungen mit auf den Weg geben und dir ein Grundverständnis für die Suchmaschinen-Optimierung vermitteln.

Hier findest du eine kurze Anleitung, wie du deine Texte für Suchmaschinen optimierst: **digitaleseinkommen.de/aufgabe-9**

Mein persönliches Ende bei CopeCart

Bis es leider im Oktober 2018 – genau ein Jahr nach Beginn der Entwicklung – einen Umbruch gab.

Es wurden anfängliche Absprachen in Frage gestellt oder nicht eingehalten, was zu einem Vertrauensbruch von und zu einem Gesellschafter zerstörte und bedeutete, dass es für mich bei CopeCart so In der Form nicht mehr weiterging …

Ich hatte in unglaublichem Tempo etwas aufgebaut, mit durchgehend zweihundert Prozent meiner Energie, und hatte meine eigenen Businesse heruntergefahren. Ich hatte eine Vision, die ich unerbittlich über ein Jahr verfolgt hatte, die ich unter den Voraussetzungen komplett in Frage stellen musste und nicht weiterführen konnte.

Da ich aber kein Mensch bin, der verbrannte Asche hinterlässt und immer zu seinem Wort steht und ein hohes Pflichtbewusstsein hat, auf keinen Fall sein Baby sterben sehen wollte und auch nicht wollte, dass einer der Bestandskunden unzufrieden ist oder eine seiner versprochenen Leistungen nicht erhält, trafen wir die Einigung, dass ich CopeCart bis zum 31.12.2018 weiterführe und bis dahin von den anderen beiden Gesellschaftern ein neuer Geschäftsführer gestellt wird.

Realität war leider, dass auch am 31.12.2018 noch kein neuer Geschäftsführer in Sicht war und ich – unentgeltlich aus Pflichtbewusstsein gegenüber den Kunden, Mitarbeitern etc. – das Unternehmen bis zum April 2019 weiter führte, bis endlich ein neuer Geschäftsführer gestellt wurde, nachdem ich ankündigte, es zeitlich nach dem April 2019 nicht mehr weiterführen zu können.

Neuanfang 5.0

Dies bedeutete für mich natürlich, dass ich wieder vor einem Neuanfang stand, da ich alle meine Businesse heruntergefahren hatte, um mich auf CopeCart konzentrieren zu können und es mit CopeCart – zumindest für mich – nun auch nicht mehr weiterging.

Also startete ich bereits im November 2018 meine nächsten Businesse und fuhr meinen Personenbrand nach und nach wieder hoch.

Bei den zwei neuen Businessen handelte es sich zum einen wiederum um digitale Produkte und zum anderen auch um physische Produkte, wie Nahrungsergänzungsmittel, etc., die allesamt die großen Probleme der Menschen lösen, die mit den Bedürfnissen der Maslow'schen Bedürfnispyramide übereinstimmen.

Bis zum Ende des Jahres 2018 skalierte ich diese wiederum auf gute fünfstellige Umsätze und in den Folgemonaten bis zum Sommer 2019 auf sechsstellige Umsätze mit einem ROI von 50-300%, je nach Kampagnen ausbeute.

Zusätzlich dazu entwickelte ich neue Coachings im Online Marketing, die ich vermarktete, und gründete dann im Sommer 2019 den neuen Brand online-marketer.com.

Dass ich mit meinem Coaching-Brand auch auf dem richtigen Weg war, bewies mir auch noch einmal meine Nominierung für den Tiger Award als „Unternehmer des Jahres 2019“, den ich dann auf der Contra gewann und vor fast 2.000 Teilnehmern überreicht bekam!

Da ich aber durch CopeCart auch immens viele Erfahrungen im Software- Bereich sammelte, startete ich auch parallel neue Software-Projekte mit einem eigenen Entwicklungsteam. Diese Software-Projekte werden im Jahr 2020 und 2021 live gehen.

In den Monaten waren meine Businesse allerdings so sehr gewachsen, dass ich eine neue Management-Struktur einführen musste, da ich nicht mehr alle Unternehmen alleine koordinieren und managen konnte.

Daher suchte ich für die Projekte, bei denen ich nicht mit Partnern arbeitete oder schon Manager oder ähnliches hatte, die richtigen Personen, um die Unternehmen weiter auszubauen. Und dies war der Grundstein, dass Olli und ich uns zusammensetzten und dann im September 2019 beschlossen, den Brand im Online Marketing gemeinsam weiter fortzuführen, sodass er ab diesem Zeitpunkt das Management und die Organisation übernahm.

Und seit dem Zeitpunkt haben wir unseren Online Marketing Brand Online-Marketer.com weiter ausgebaut, sodass wir z.B. auch für den Tiger Award für den „Marketer des Jahres 2020“ nominiert wurden.

Auch meine weiteren Businesse sind seitdem gewachsen und bauen wir kontinuierlich weiter aus. So habe ich mittlerweile eine Vielzahl von Unternehmen und Projekten, wie z.B.: Online-Marketer.com, DigitalesEinkommen.de, CopeCart.com, ClickCopy.net, zwei Software-Projekte in Entwicklung sowie weitere Projekte mit Performance-Kampagnen mit digitalen als auch physischen Produkten und laufend ergeben sich neue Ideen, Partnerschaften, etc..

Seit 2019 war nun also kein „Neuanfang" mehr nötig und ich konnte mich auf meine Businesse fokussieren.

Du siehst aber: Obwohl ich während meiner Online Marketing-Laufbahn häufiger „von Vorne starten" musste, war es für mich nie eine große Hürde, dies auch zu schaffen. Natürlich war es immer mit Arbeit und Engagement verbunden. Aber ich folgte einem System, welches sich bereits zigfach bewährt hat. Sowohl bei meinen Kunden als auch bei mir und meinen eigenen Businessen.

Und egal, wo ich in meinem Leben einmal stehen werde: Mit diesem Wissen wird es mir immer wieder möglich sein, erfolgreiche Businesse sprichwörtlich aus dem Boden zu stampfen und ein „Digitales Einkommen" für mich zu erschaffen.

Dieses Wissen möchten Olli und ich dir in den folgenden Kapiteln vermitteln ... damit auch du in der Lage bist, dein Leben selbst in die Hand zu nehmen und zu bestimmen, wie dein Leben, dein Business und dein „Digitales Einkommen" genau aussehen sollen.

Ich wünsche dir viel Spaß und vor allem Erfolg bei der Umsetzung!

Dein René

Wie Online Marketing funktioniert und warum es so interessant für dich ist

Bevor wir uns intensiv mit dem Thema „Digitales Einkommen" beschäftigen und dir zeigen, welche einzelnen Schritte du für dich umsetzen musst, um ein digitales Einkommen aufzubauen, wollen wir dir zunächst einmal einen Einblick geben, wie Online Marketing funktioniert und welche Möglichkeiten sich hier für dich ergeben.

Dass Online Marketing im digitalen Zeitalter nicht mehr wegzudenken ist, darüber müssen wir unseres Erachtens nicht sprechen. Die Zeiten von Facebook, Google und Amazon haben längst Einzug in unseren Alltag gehalten und sind nicht mehr wegzudenken.

Wir setzen voraus, dass du selbst im Internet schon einmal etwas bestellt und die Vorzüge des Online-Handels genutzt hast. In diesem Moment befindest du dich bereits mitten im Online Marketing. Online Marketing ist stets dein Begleiter, nur nimmst du es bisher vielleicht nicht bewusst wahr, da du dich bis jetzt auf der Käuferseite befunden hast.

Öffne dein E-Mail-Postfach und du erhältst tagtäglich Werbe-E-Mails. In der Regel wird dies als Spam eingestuft. Aber es ist im Grunde genommen Online Marketing (wenn auch gerade im Bereich Spam die negative Seite von Online Marketing zu spüren ist). Darauf werden wir aber gleich noch einmal eingehen.

Kennst du die folgende Situation: Du warst auf Amazon und hast dir zum Beispiel einen Grill angesehen. Danach gehst du auf Facebook oder surfst weiter im Netz und was wird dir angezeigt? Werbeanzeigen für Grille. Ist das Magie? Nein. Das ist Online Marketing … und übrigens auch sehr leicht einzurichten.

Böses Online-Marketing – Gutes Online-Marketing

Wir möchten an dieser Stelle auf eine sehr wichtige Sache hinweisen, weil diese oft dazu führt, dass Online Marketing bzw. das Verkaufen über das Internet auch negativ angesehen wird.

Leider ist es so, dass es viele schwarze Schafe in diesem Bereich gibt, die die Möglichkeiten des Internets für sich ausnutzen und regelrecht Schindluder betreiben. Hier werden wahllos E-Mail-Kontakte angeschrieben, ohne dass eine Einwilligung vorliegt, und der Betroffene fragt sich oft, woher der Versender denn die Kontaktdaten hat.

Ganz zu schweigen von irgendwelchen Viren, Trojanern oder sonstigen dubiosen und gesetzwidrigen Aktionen, die leider durchs Netz geistern.

Wir möchten an dieser Stelle nicht tiefer in diese Thematik einsteigen.

Aber eines möchten wir hier ganz klar festhalten und klarstellen: Das ist nicht das Online Marketing, welches wir nutzen. Wir nutzen Online Marketing mit all seinen tollen Möglichkeiten und Chancen, um sowohl der Käufer- als auch der Verkäuferseite ein positives Erlebnis zu bieten.

Wenn du das Instrument Online Marketing so nutzt, wie wir es dir in diesem Buch zeigen, wirst du Dinge erreichen, an die du in deinen kühnsten Träumen nicht denken würdest. Gehe demnach absolut positiv an dieses hochgradig spannende Thema heran und lasse dich mitnehmen auf unsere gemeinsame Erfolgsreise.

Wie funktioniert Online Marketing?

Das Prinzip ist recht simpel. Wir haben auf der einen Seite einen Verkäufer, der seine Ware oder seine Dienstleistung anbietet, und auf der anderen Seite den Käufer, der diese Waren oder Dienstleistungen kauft.

Im Grunde genommen funktioniert dies genauso wie in der altbekannten offline-Welt. Nehmen wir als Beispiel ein Sportgeschäft, das Turnschuhe verkauft. Der Käufer geht in den Laden und kauft die Schuhe. Doch worin liegt nun der große Unterschied zum herkömmlichen Verkaufen?

Automation

Automation ist aus unserer Sicht einer der wichtigsten Vorteile, da viele Prozesse komplett automatisiert ablaufen können. Nehmen wir den gesamten Bezahlprozess als Beispiel: Du wählst online deine Schuhe, gibst deine Daten ein und der Kaufprozess mit Versand wird automatisch ausgelöst.

Dies hat enorme Vorteile, denn man benötigt nahezu kein Personal, das sozusagen an der Kasse steht und jeden Kunden einzeln abrechnet. Der Bezahlprozess ist nur ein kleines Beispiel von vielen Möglichkeiten, bei denen Automation enorme Vorteile bietet.

Skalierung

Skalierung ist im Grunde genommen die Folge von Automation, denn wenn man Dinge automatisieren kann, ist man in der Lage zu skalieren. Das heißt, man kann mehrere Prozesse gleichzeitig starten ... egal ob 10, 100 oder 1.000 Verkäufe abgewickelt werden müssen. Dies alles funktioniert mit dem gleichen Aufwand, als wäre es ein einziger Prozess. Wenn du unsere Geschichten aufmerksam verfolgt hast, dann kannst du die Parallelen erkennen. Nur durch Automation und Skalierung ist es möglich, derart hohe Umsätze mit einer einzigen Person zu erwirtschaften.

Örtliche Unabhängigkeit

Nehmen wir wieder das Beispiel des Sportgeschäftes. Während dieses Geschäft nur Kunden aus dem näheren Umkreis ansprechen kann und somit in seinen Verkäufen eingeschränkt ist, weil es nur eine bestimmte Menge an potentiellen Kunden in der Region gibt, hat ein Onlinehändler im Prinzip das 100-,

1.000- oder gar 10.000-fache Potential an möglichen Kunden. Dies ist natürlich abhängig von dem Produkt, welches er anbietet.

Wie wird online verkauft?

In der Offline-Welt muss das Geschäft versuchen, den Kunden in der Regel mit Angeboten in das Geschäft zu locken oder einfach schon sehr bekannt sein, dass ein gewisser Kundenstamm immer wieder kauft. Du hast bestimmt schon einmal den ein oder anderen Prospekt in der Hand gehabt und bist aufgrund eines tollen Angebotes zum nächsten Möbelhändler marschiert.

Das Verkaufen online funktioniert komplett anders und wir wollen dir aufzeigen, wie der Prozess aussieht. Der Verkäufer nutzt statt eines Geschäftes seine Webseite zum Verkaufen. Das heißt, dort findet der eigentliche Verkaufsprozess statt.

Traffic

Die große Kunst und auch die größte Herausforderung besteht nun darin, auf die eigene Webseite genügend zielgerichtete Besucher zu bekommen. Alleine an diesem Punkt scheitert ein Großteil von Unternehmen, die versuchen, ihr Offline-Geschäft parallel im Internet aufzubauen.

Es gibt unzählige Möglichkeiten, an Besucher heranzukommen, und wir möchten hier die wichtigsten Quellen kurz nennen:

- Facebook (hat alleine in Deutschland über 30 Millionen Nutzer)
- Google (die größte Suchmaschine der Welt)
- YouTube
- Advertising
- Affiliate-Marketing
- Instagram
- Xing
- Linkedin
- Twitter
- u.v.m.

Es gibt sehr viele Möglichkeiten, um Besucher für deine Webseite zu gewinnen, auf die wir zum Teil später noch detaillierter eingehen.

Die große Frage, die du dir immer stellen musst, wenn du versuchst, Traffic (Besucher) zu generieren, ist die: Wo befindet sich deine Zielgruppe? Kannst du über die gewählte Trafficquelle deinen potentiellen neuen Kunden ansprechen?

Beispiel: Du möchtest einen Onlinekurs zum Thema Hundeerziehung vermarkten. Ist Facebook dazu geeignet? Wir sagen hier ganz klar: ja. Auf Facebook tummelt sich nahezu die Hälfte der deutschen Bevölkerung und du kannst zusätzlich noch nach Interessen (zum Beispiel Hund) filtern. Das heißt, du kannst diese Zielgruppe sehr gut ansprechen.

(Kleiner Hinweis am Rande. Facebook ist ohnehin eine der ersten und besten Quellen, um Besucher zu generieren und es spielte in der Vergangenheit für uns beide eine große Rolle in der Gewinnung von neuen Kunden.)

Ansonsten solltest du dich immer fragen, wo deine Zielgruppe sich aufhält und wie du sie online am besten erreichen kannst, um sie auf dein Angebot aufmerksam zu machen.

Deine Webseite muss verkaufen

Der zweite wichtige Punkt im Online Marketing ist deine Webseite. Und du wirst es ahnen. Hier scheitert ein Großteil der Unternehmen, die versuchen, ihr Geschäft ins Internet zu verlagern, bzw. die online etwas verkaufen wollen. Du musst in der Lage sein, den Besucher, der auf deine Seite kommt, zu verarbeiten. Und damit meinen wir, ihn zum Handeln zu bewegen. Entweder er kauft dein Produkt oder er hinterlässt seine Kontaktdaten, damit du ihn später vom Interessenten zum Kunden verwandeln kannst.

Wie du auf deiner Webseite Besucher zu Kunden machst, ist ein sehr umfangreiches und komplexes Thema, dem wir in diesem Buch einen großen Teil widmen. Ebenso beschäftigen wir uns umfangreich mit dem Thema Traffic.

Was du an dieser Stelle für dich schon einmal mitnehmen kannst, sind die zwei wichtigsten Elemente: Traffic und Webseite (die verkauft).

Aufgabe #10

Als nächstes wollen wir deinen Affiliate-Link erstellen, sodass du Provisionen verdienst, wenn jemand über diesen Link zu unserer Verkaufsseite gelangt und unser Buch kauft.

Hierfür musst du dich vorerst als Affiliate bei unserem Partnerprogramm anmelden und kannst daraufhin deinen Affiliate-Link erstellen.

Hier findest du eine kurze Anleitung, wie du dich zu unserem Partnerprogramm anmeldest und deinen persönlichen Affiliate-Link erstellst: **digitaleseinkommen.de/aufgabe-10**

Erfolgreich online verkaufen

Auf was kommt es nun an, wenn du online erfolgreich verkaufen möchtest?

Die Rechnung ist sehr simpel: Du musst mehr einnehmen, als du ausgibst. Mehr ist es nicht. Doch so simpel dies ist, so schwierig ist es auch gleichzeitig.

Du hast in unseren Storys gelesen, wie bei uns die Prozesse und Zahlen waren. Wir haben Besucher eingekauft und der Prozess musste aus den Besuchern zahlende Kunden machen. Das große Ziel: Mehr einnehmen als ausgeben.

Wir haben in unseren Prozessen überwiegend mit bezahltem Traffic gearbeitet, das heißt, wir haben zum Beispiel bei Facebook Anzeigen geschaltet und Geld investiert, damit wir Besucher bekommen.

Wenn du jetzt sagst: Ich möchte das aber nicht, sondern ich möchte mit kostenfreiem Traffic arbeiten, dann müssen wir an dieser Stelle trotzdem Ausgaben für Traffic einkalkulieren, denn deine Arbeitszeit ist wertvoll und somit ein teures Gut.

Dies ist übrigens ein großer Fehler, den die meisten Anfänger machen. Sie berechnen ihre Arbeitszeit nicht ein und freuen sich, dass sie nach 3 Monaten Arbeit 300 Euro verdient haben, aber gleichzeitig in dieser Zeit 120 Stunden gearbeitet haben. Das ist ein Stundenlohn von gerade einmal 2,50 Euro. Für dieses Geld willst du nicht wirklich arbeiten, oder?

Machen wir es kurz und verwenden ab sofort den Begriff „bezahlten Traffic" für unsere Kalkulation, denn dies macht es einfacher. Und noch einmal: Wenn du mit unbezahltem Traffic arbeiten möchtest, dann setze bitte einen Stundenlohn für deine Zeit ein, der dir angemessen erscheint.

Die große Kunst in allem, was wir online verkaufen, egal was es ist, besteht nun darin, uns zwei Zahlen anzuschauen und aufeinander abzustimmen:

Was zahlen wir pro Besucher? (CPC - cost per click)
Was verdienen wir pro Besucher? (EPC - earnings per click)

Das ist alles. Nur auf diese zwei Zahlen schauen wir langfristig.

Wir schauen dies später im Buch alles separat und ausführlich in den entsprechenden Kapiteln an.

Was kannst du online verkaufen?

Im Prinzip ist diese Frage sehr einfach beantwortet. Eigentlich alles.

Und weil es eigentlich alles ist, schauen wir uns die wichtigsten Dinge an, die online verkauft werden. Und wir starten mit dem meines Erachtens größten Markt der Zukunft. Dazu jetzt mehr ...

Digitale Produkte

Der neue Markt der Zukunft: digitale Produkte. In der altbekannten Offline-Welt auch als Buch bekannt oder als CD oder

DVD erhältlich. In der Online-Welt als E-Book, Video-Coaching oder Hörbuch. Das mit Abstand größte Verkaufsobjekt ist „Wissen". Wissen in Form von Online-Kursen, Videos und E-Books.

Ein faszinierender Milliarden-Markt, der unsere Zukunft beherrschen wird. Ein riesengroßer Kuchen, von dem du dir ein Stück abschneiden solltest.

Nach wie vor gibt es zu tausenden von Themen Bücher und Zeitschriften und das sogenannte Buch ist immer heiß begehrt. Du siehst es an dem Buch, dass du gerade in den Händen hältst. Allerdings wird dies zunehmend abgelöst durch eine kostengünstigere Variante (und für die obendrein auch keine Bäume gefällt werden müssen).

Ein weiterer gravierender Vorteil von digitalen Produkten in Form von E-Books und Online-Kursen ist, dass du diese sofort nach dem Erwerb abrufen kannst. Du musst nicht erst ein paar Tage warten, bis der Paketdienst dir die Lieferung bringt, sondern es steht dir sofort zur Verfügung. Das Gleiche gilt für deine Käufer. Zudem ist dieses digitale Wissen jederzeit abrufbar: Du kannst es immer bei dir haben und bequem mit deinem Smartphone oder Tablet konsumieren.

Und die Themen sind so vielfältig wie das Leben selbst: Von Produkten im Datingbereich über Finanzkurse und Schminktipps bis hin zur Hundeerziehung findest du nahezu alles. Das Spektrum ist enorm und der Fantasie sind keine Grenzen gesetzt.

Schlussendlich benötigst du für eine erfolgreiche Vermarktung nur zwei Dinge.

1. eine ausreichend große Zielgruppe, damit es sich für dich lohnt
2. dein Produkt als Lösung des Problems für diese Zielgruppe

Ist beides vorhanden, stehen deine Chancen für ein zukunftssicheres Online Business schon einmal recht gut. Es kommen natürlich noch weitere sehr wichtige Bausteine für deinen Erfolg hinzu. Dazu kommen wir aber später im Buch.

Vorteile:

- hohe Margen
- keine Produktionskosten für physische Dinge
- sofortige Auslieferung
- skalierbar
- komplett automatisierbar

Physische Produkte – eCommerce

Darunter verstehen wir den klassischen Onlineshop. Der absolute Vorreiter in der Szene ist Amazon, dessen Gründer Jeff Bezos mit einem Vermögen in Höhe von 124,7 Milliarden USD (Stand 2020) der reichste Mensch der Welt ist. Allein diese Tatsache zeigt, wo die Reise hingeht und dass die Zukunft Online Marketing heißt.

Im Grunde genommen kannst du alle Artikel, die du dir irgendwo im Laden um die Ecke kaufen kannst, jetzt und in der

Zukunft online kaufen und noch vieles mehr.

In diesem Bereich gibt es unzählige Möglichkeiten, Geld zu verdienen:

- eigener Onlineshop
- Produkte über Amazon vermarkten
- Dropshipping (Produkte vermarkten, die ein Dritter verschickt)
- Performance-Kampagnen für spezifische Produkte
- u.v.m.

In unserem Buch wird dieses Kapitel nur kurz angerissen und erwähnt, weil wir einen komplett anderen Schwerpunkt gewählt haben, nämlich den, den wir über all die Jahre hinweg perfektioniert haben.

Wir möchten in diesem Bereich fairerweise auch die Nachteile von eCommerce auflisten, wobei es viele Unternehmen gibt, die ihre Produkte sehr gewinnbringend online vermarkten. Im Grunde genommen zählt hier auch wieder nur die wichtigste Regel:

Du musst mehr einnehmen, als du ausgibst.

Nachteile:

- Startkapital zu Beginn notwendig
- Produktionskosten
- Versand- und Lieferkosten
- Auslieferungszeitraum
- Produktions-/Lieferengpässe
- Höhere Stornokosten

Dienstleistungen online vermarkten

Sämtliche Dienstleistungen kannst du online vermarkten.

Nehmen wir hier als Beispiel das Thema von Coaches, Beratern oder Trainern. Sie können ihre Dienstleistung online anbieten und die Auslieferung bzw. Abwicklung für den Kunden findet dann wie gewohnt statt in Form von Seminaren oder persönlichen Coachings.

Aber auch herkömmliche Dienstleistungen können problemlos online angeboten werden. Von der Vergabe von Handwerksleistungen bis hin zum hochbezahlten Beraterauftrag ist alles möglich.

Bei vielen Dienstleistungen solltest du prüfen, ob auch die Erbringung der Dienstleistung online und eventuell auch automatisiert oder in Gruppen geleistet werden kann, was eine größere Skalierung ermöglicht.

So ist zum Beispiel denkbar, dass 1:1-Coachings bequem online stattfinden können. Oder aber Teile des Coachings, die wiederkehrend sind, können per Video aufgenommen und dann bequem vom Kunden in seiner Geschwindigkeit und zu seinen Zeiten konsumiert werden.

Dies bietet für viele Dienstleister einen enormen Fortschritt, da somit ihr Zielgebiet von regional auf überregional ausgeweitet werden kann und vor allem auch mehrere Kunden gleichzeitig betreut werden können, wodurch komplett neue Möglichkeiten entstehen.

Für die klassische Dienstleistung, die vor Ort vom Anbieter

erbracht wird, ist solch ein Prozess nicht möglich, aber dieser sollte sich die Vorteile der automatisierten Kundengewinnung und -betreuung ebenfalls zunutze machen.

Ein weiterer, sehr wichtiger Aspekt beim Anbieten einer Dienstleistung ist die Höhe des Auftrags. Während es bei digitalen Produkten in der Regel um klein- bis mittelpreisige Beträge geht und du dadurch mit deinen Ausgaben pro neuem Kunden beschränkt bist, können durch den hohen Kundenwert im Dienstleistungsbereich oft wesentlich höhere Beträge für einen neuen Kunden ausgegeben werden. Allerdings müssen auch gegebenenfalls anfallende Kosten und der Zeitaufwand mit berücksichtigt werden.

Nehmen wir das Beispiel eines Beraterauftrages in Höhe von 20.000 Euro. In solch einem Auftrag stecken oft sehr hohe Margen für den Dienstleister und dieser ist dadurch in der Lage, für einen neuen Kunden durchaus 1.000 Euro an Werbung auszugeben, während es bei einem digitalen Produkt vielleicht nur 100 Euro sind.

Vorteile:

- hohe Margen mit hohem Kundenwert
- Nutzung von bezahltem Traffic problemlos möglich
- überregionale Nutzung
- Umsatzsteigerung möglich
- (Teil-)Automation möglich

Nachteile:

- Skalierung begrenzt (abhängig von der Art der Dienstleistung)

- anfallender Zeitaufwand
- ggfs. weitere anfallende Kosten

Affiliate Marketing

Eine absolute Sonderform, sich online ein eigenes Business aufzubauen, ist Affiliate Marketing. Wir werden auf dieses wichtige Thema noch tiefer eingehen. In diesem Abschnitt allerdings schon einmal die wichtigsten Erklärungen dazu.

Im Grunde genommen kannst du Affiliate Marketing mit allen vorher genannten Möglichkeiten verwenden. Das heißt, es ist egal, ob du Affiliate Marketing mit digitalen Produkten, physischen Produkten oder aber im Dienstleistungsbereich betreibst.

Auch hier gilt die einfache Rechnung: Du musst mehr einnehmen, als du ausgibst.

Und genau in dieser Rechnung liegt der Nachteil von Affiliate Marketing, denn du verdienst nur einen gewissen Prozentsatz vom eigentlichen Gesamtverdienst. Auf der anderen Seite kannst du Zeit und Kosten sparen bei der Produkterstellung oder dem Kundensupport. Schauen wir uns kurz an, was Affiliate Marketing bedeutet:

Affiliate Marketing ist im Grunde genommen nichts anderes, als dass du jemand anderem ein Produkt oder eine Dienstleistung empfiehlst und dafür eine Provision bekommst. Die Höhen der Provisionen fallen je nach Produkt und Anbieter sehr unterschiedlich aus. Sie reichen von niedrigen Prozentzahlen von unter einem Prozent bis hin zu sage und schreibe 100%. Auch das ist möglich, wenn der Verkäufer ein bestimmtes Marketing-Modell fährt. Welches Affiliate Programm für dich nun das richtige ist, hängt von verschiedenen Faktoren ab.

Zusammenfassung

Wir können abschließend sagen, dass es beim Online Marketing auf zwei wesentliche Dinge ankommt:

Bei allem, was du verkaufst, musst du stets darauf achten, dass du mehr einnimmst, als du ausgibst. Im Grunde genommen ist dies die Basis eines jeden Unternehmens, doch im Online Marketing projiziert sich das direkt auf das Einkaufen von Besuchern und dem Verdienst durch den Verkauf auf den entsprechenden Webseiten.

Was dich der Klick kostet = CPC (Cost per Click)
Was du pro Klick verdienst = EPC (Earnings per Click)

Merke dir diese beiden Begriffe ab sofort und programmiere diese in dein Unterbewusstsein. Sie werden dich nicht nur durch dieses Buch begleiten, sondern sind die Basis für den erfolgreichen Aufbau deines eigenen Online-Geschäftes.

Wo stehst du gerade … und wo willst du hin?

Das Wichtigste, um dein Business aufbauen zu können und auch Hindernisse und Rückschläge hinzunehmen, ist, dass du dein persönliches Warum kennst. Ein Warum, das dich antreibt und das deine persönliche Motivation ist. Ein Warum, das dir jederzeit dabei hilft, deinen inneren Schweinehund zu überwinden.

Deswegen gehen wir ganz bewusst auf dieses Thema vor den Schritten zum Aufbau deines digitalen Einkommens ein. Denn dein persönliches Warum ist die Basis für die spätere Umsetzung der Schritte.

Nachdem du jetzt unsere Geschichten kennst und weißt, worauf es im Online Marketing ankommt und welche Möglichkeiten es gibt, sollte dir bewusst geworden sein, dass wir beide eine wahnsinnige Transformation durchgemacht haben. Das heißt, wir standen am Anfang unserer Online-Marketing-Karriere an dem Punkt, an dem du jetzt vermutlich stehst, vorausgesetzt, du bist nicht schon „ein alter Hase" in diesem Bereich.

Für uns beide war damals auf keinen Fall klar, das wir ein paar Jahre später an dem Punkt sein werden, an dem wir jetzt sind. Was wir allerdings wussten, das war, immer die nächsten Ziele zu erreichen, und wir träumten tief in unserem Inneren von der finanziellen, zeitlichen und örtlichen Freiheit.

In diesem Abschnitt geht es darum zu ermitteln, wo du jetzt stehst und wo du hin möchtest. Es ist essentiell, dass du dich mit dir und deinen Zielen beschäftigst. Wir wissen, wie es ist, wenn du dich im Alltag befindest, der dich einspannt und dir keine Zeit zum Atmen lässt.

Da ist deine Arbeit, die dich in Anspruch nimmt. Wenn du von deiner täglichen Routine nach Hause kommst, wartet deine Familie, dein Partner, deine Kinder. Ach ja, und ein Hobby hast du ja auch noch und Sport sollte es im besten Fall auch noch sein.

Machen wir uns nichts vor. Du hetzt von A nach B und irgendwann möchtest du es auch einmal gut sein lassen, die Füße hochlegen und den Tag bzw. Abend genussvoll vor einem schönen Film mit Bier und Chips genießen.

Wir können dich zu 100% verstehen. Das Problem an dieser Sache ist nur, dass du da nie und nimmer herauskommst, wenn du nicht irgendwann den Stecker ziehst und dir klar wird, wo deine Reise hingehen soll.

Im Hier und Jetzt fällt der Alltag nicht auf, denn er ist die pure Gewohnheit, er ist deine Komfortzone, aus der du nicht heraus möchtest. Doch wenn du ehrlich zu dir bist, möchtest du da wohl heraus.

Irgendwas in deinem Inneren sagt zu dir: Das kann es doch nicht gewesen sein. Soll das jetzt noch 30, 40 oder gar 50 Jahre so weitergehen? Dafür habe ich meine Ausbildung gemacht, dafür habe ich gebuckelt. Ist das jetzt mein Endziel? Wo sind meine Träume hin? Wo sind all die schönen Dinge hin, die ich noch erleben möchte?

Dein Gewissen meldet sich in immer kürzeren Abständen bei dir und lässt dich über deine Zukunft nachdenken. Vermutlich schläfst du auch nicht mehr so wie früher, als es noch spannend in deinem Leben war, als es noch Highlights gab.

Selbst die ungeliebten Prüfungen waren spannender als der Alltag heute, weil du wusstest, du landest nachher auf der nächsten Ebene.

Aber die Ebenen in deinem Leben werden immer weniger und im schlimmsten Falle lebst du auf irgendeiner Seenplatte ohne jegliche Erhebungen und die Langeweile wird immer mehr dein stetiger Begleiter sein.

Was wir dir verdeutlichen möchten, ist, dass bei dir die Uhr auf 5 vor 12 steht. Es ist an der Zeit, dass du an deiner Zukunft arbeitest. Dass du an deiner Zukunft etwas änderst.

Aus diesem Grund ist es essentiell, dass du dich mit diesem Thema beschäftigst. Und das funktioniert nur, wenn du dir ein Zeitfenster blockst, das heißt mit dir selbst diesen extrem wichtigen Termin vereinbarst, dich zum entsprechenden Zeitpunkt hinsetzt, absolut ehrlich über dich und deine Situation nachdenkst und dir auch im Klaren darüber bist, was du in deinem Leben noch erreichen möchtest.

Du wirst diesen Termin finden, denn er ist wichtiger als alles andere, was in deinem Terminplan steht. Denn es geht um nichts Geringeres als dein Leben. Und da du davon nur eines hast, sollte es für dich so schön sein, wie es nur geht.

Du musst glücklich sein. Alles andere spielt keine Rolle.

Wenn es dir hilft, führe diesen Termin gerne zu zweit mit deinem Partner durch, denn oftmals geht es deinem Partner ähnlich wie dir und ihr beide seid mit der Situation unzufrieden. Sprich deinen Partner an, macht gemeinsam eine Situationsanalyse und definiert eure Ziele. Wenn du das mit deinem Partner noch nicht getan hast, wirst du erstaunt sein, was du über diesen noch alles erfahren wirst. Sei gespannt.

Deine finanzielle Situation

Zufriedenheit und Glück werden oftmals mit Reichtum in Verbindung gebracht. Dies solltest du auf keinen Fall miteinander koppeln oder voneinander abhängig machen. Grundsätzlich gilt: Sei dankbar und glücklich und genauso wird es kommen.

Versteh uns nicht falsch. Denn schließlich sind wir angetreten mit der Kernaussage in unserem Buch, ein digitales Einkommen aufzubauen und dadurch geografische und finanzielle Freiheit zu erlangen. Und genau das wollen wir dir zeigen.

Sage aber bitte niemals: Wenn ich reich bin und Geld habe, dann bin ich glücklich.

Sage stattdessen: Ich bin glücklich und deswegen werde ich reich.

Wenn du dies verstehst, dann bist du deinem persönlichen Reichtum – der sich für jeden anders definiert – schon riesengroße Schritte entgegen gelaufen.

Steigen wir etwas tiefer in das Thema des Geldverdienens ein. Stagnation in deinem Leben und dem Leben der Großteil der Bevölkerung liegt oft daran, dass sich die Einkommenssituation ab einem gewissen Alter im Grunde genommen nicht mehr signifikant ändert. Vielleicht wirst du in Zukunft noch die ein oder andere Gehaltserhöhung bekommen, aber es wird mit Sicherheit nicht das sein, was du dir tief in deinem Inneren wünschst.

Solange du in dieser finanziellen Zwickmühle gefangen bist, wirst du in deinem Leben, egal welcher Bereich es ist, nahezu nichts ändern können. Denn an dieser Stelle ist die finanzielle Situation gekoppelt mit vielen anderen Dingen in deinem Leben.

Du bist einfach nicht in der Lage, andere Dinge in deinem Leben zu tun, weil die finanzielle Situation es nicht zulässt.

So wirst du nicht mehr als vorher in den Urlaub fahren können, weil das Geld fehlt. Du wirst auch nicht weniger arbeiten können, um mehr Freizeit für dich und deine Familie zu haben, weil das Geld fehlt. Du bist einfach durch das finanzielle Hamsterrad auf all deinen Ebenen beschränkt.

So unglaubhaft es sich auch anhört, aber du musst in Zukunft in der Lage sein, die Höhe deines Einkommens selbst zu bestimmen.

Wenn du unsere Geschichten intensiv mitverfolgt hast, dann hast du genau das wahrnehmen können. Wir haben die Höhe unserer Einnahmen selbst bestimmt. Natürlich unterliegen wir verschiedenen Beschränkungen, sonst könnten wir unsere

Einnahmen ja ins Unendliche schrauben, aber du weißt sicher, was wir meinen.

Fakt ist auf jeden Fall, dass unsere Einnahmen niemals in Stein gemeißelt sein werden und es Monate geben wird, in denen wir vielleicht nicht die Umsätze erwirtschaften, wie wir es wollen. Dafür wird es Monate geben, die unsere Planungen und Ziele übertreffen. Aber selbst die schlechten Monate sind meilenweit oberhalb der Einnahmen eines Normalverdienenden angesiedelt.

Ganz wichtig: Wir wollen damit nicht angeben. Im Gegenteil, wir wollen dich motivieren, dein finanzielles Glück selbst in die Hand zu nehmen.

Wir haben dich jetzt von deinem Wissen auf eine bestimmte Ebene gehoben, in der du verstehst, was für dich in Zukunft finanziell möglich sein wird.

Deine Aufgaben

Was sind jetzt deine Aufgaben?

Das Erste, was du jetzt tun solltest, ist es, eine Bestandsaufnahme deiner Ist-Situation zu machen. Das ist im Grunde genommen nicht schwer. Du schreibst einfach alles auf, was deine momentane Lage ausmacht.

- Was verdienst du gerade?
- Welches Auto fährst du?
- Wie wohnst du?
- Wie lange arbeitest du jeden Tag?

- Was arbeitest du?
- Wie lange fährst du zur Arbeit?
- Wie oft fährst du in den Urlaub und was kosten deine Urlaube?
- Wie ist deine Wohnung oder dein Haus ausgestattet?
- Welchen Hobbys gehst du nach?
- Wie sehen deine Ersparnisse aus?

Schreibe alles auf, was dir einfällt.

Die zweite Aufgabe ist etwas schwieriger, denn hier musst du anfangen zu träumen und das ist bekannterweise, seitdem du erwachsen bist, immer schwieriger geworden. Zu oft hast du bestimmt schon von deinen Eltern oder Mitmenschen gehört: Bleib auf dem Teppich, bleib realistisch, sei kein Spinner, schau den Tatsachen ins Gesicht. Du weißt, was wir meinen.

Dennoch solltest du jetzt wieder in die Tage deiner Kindheit zurückfallen und du darfst anfangen zu träumen.

Schreibe für jeden Bereich deines Lebens auf, was du in deinem Erdendasein noch erleben und machen willst.

- Was du dir kaufen möchtest
- In welche Länder du noch reisen möchtest
- Welches Auto du fahren willst
- Wie möchtest du wohnen
- Wo möchtest du wohnen
- Wie möchtest du dich gesundheitlich fühlen
- Wie willst du aussehen
- Welche Kleider möchtest du tragen
- Wie viel möchtest du verdienen

und vieles mehr.

Schreibe einfach alles auf, was dir einfällt, egal wie irrsinnig oder weit weg es dir auch erscheinen mag. Das spielt im Moment keine Rolle.

Dein Visionboard

Was dir hier sehr helfen wird, ist die Erstellung eines Visionboards. Dies kannst du dir entweder digital am Computer erstellen oder auf die herkömmliche Art und Weise, indem du dir aus Zeitschriften Bilder ausschneidest und diese auf einem Karton oder einer Pinnwand befestigst. Du kannst aber auch im Internet zum Beispiel mit Hilfe von Google nach verschiedenen Begriffen suchen und stellst dann in der Suchmaske „Bilder" als Ergebnis ein. Für private Zwecke ist es überhaupt kein Problem, dir diese Bilder zu speichern, auszudrucken und dann auf deinem Visionboard einzufügen.

Dein Visionboard muss nicht in Stein gemeißelt sein, du kannst jederzeit Dinge ergänzen oder aber Erreichtes entfernen und durch neue Ziele ersetzen.

Vielleicht fragst du dich jetzt, warum wir dir diese Ratschläge in Sachen Zielefindung, Mindset und Glaubenssätze geben. Du wirst im Laufe dieses Buches immer wieder auf solche Themen treffen. Das Ganze hat einen sehr wichtigen Grund: Dein Erfolg im Online Marketing hängt essentiell von deiner inneren Einstellung ab, also von all den Dingen, die wir hier erwähnen. Das betrifft übrigens jeglichen Erfolg, egal in welchem Bereich. Du musst dein „Warum" kennen, das dich antreibt, dich motiviert und dir hilft, auch den größten Schweinehund zu überwinden.

Sicherlich gibt es zu diesen Themen viel bessere und tiefgründigere Literatur und wir raten dir auch, dich auf diesem Gebiet weiterzubilden. Und genau, weil diese Themen so extrem wichtig sind, haben wir dir in diesem Buch die elementaren Bausteine für deinen Erfolg mit aufgeführt.

Du magst jetzt an spirituelle Gesetze glauben oder nicht, bei uns beiden sind diese aus unserem Alltag nicht mehr wegzudenken. Sich jeden Tag ein paar Minuten Zeit zu nehmen, in sich zu gehen, den Erfolg vor seinen Augen schon einmal so zu sehen, als ob er schon eingetreten ist, wirkt wahrhaftig Wunder.

Wir können dir nur raten: Beschäftige dich damit. Egal, ob du dich dafür entscheidest, im Online Marketing dein Business aufzubauen oder ob du es nicht tust, beherzige die Dinge, die wir dir hier in Bezug auf dein Denken und Handeln mitgeben.

Denke immer daran: Du hast nur ein Leben und dieses Leben solltest du so schön wie möglich für dich gestalten. Wir geben dir mit diesem Buch eine unglaubliche Möglichkeit an in die Hand.

Dein Mindset

„Dein Körper folgt deinem Geist". (Bruce Lee)

Mit diesem wichtigen Zitat möchten wir in dieses Unterkapitel starten, weil es wichtig ist, dass du von Anfang an das

Richtige denkst und die richtige Einstellung zu dem hast, was du dir aufbauen möchtest.

Oliver persönlich:

Bevor ich mit Online Marketing startete, hatte ich ein 2.000-er Mindset. Ich nenne dies so, weil es das war, was ich mir vorstellen konnte, im Monat zu verdienen. Ich wusste, dass mehr geht, aber mein Unterbewusstsein war blockiert und ich konnte im Grunde genommen machen, was ich wollte. Ich hing jahrelang an dieser Einkommensgrenze fest.

Dann kam Online Marketing in mein Leben und ich sah, was andere verdienten und was möglich war. Ich bombardierte sozusagen jeden Tag mein Gehirn gnadenlos mit diesem Thema und ließ mich inspirieren durch all die erfolgreichen Online Marketer im Markt. Mein Denken war immer mehr auf größere Summen programmiert und Stück für Stück ging dieses Denken in mein Unterbewusstsein über.

Der Prozess ist langwierig, denn du kannst dir vorstellen, dass ein Unterbewusstsein, das 40 Jahre von einem 2.000-er Mindset gesteuert wurde, sehr hartnäckig im Umprogrammieren ist. Aber es funktionierte und plötzlich sprang ich von einem 2.000-er Mindset auf ein 15.000-er Mindset.

Ein Mindset in dieser Größenordnung ist gnadenlos genial und du wirst mit solch einem Mindset sehr viel erleben und dir leisten können. Du wirst andere Urlaube machen, du wirst ein größeres Auto fahren. Du wirst wesentlich selbstbewusster sein.

Aber auch ein solches Mindset ist beschränkt auf 15.000 Euro pro Monat und es geht mehr, viel mehr. Was wäre, wenn es 30K oder 50K wären. Interessanterweise spreche ich jetzt nicht mehr von 30.000 oder 50.000, sondern von 30K oder 50K. Das liegt am Mindset, denn in unserer Branche und im Sprachgebrauch der Szene würde es viel zu lange brauchen, um die Tausend auszusprechen. Und bei der Häufigkeit, in der diese Zahlen auftreten, hat man sich auf diese Sprechweise geeinigt. Auch das ist die Folge eines anderen Mindsets.

Du sprichst dann von den Zahlen in dieser Größenordnung, als wären diese selbstverständlich, was sie ja auch wieder sind.

Auch hier geht es nicht darum, anzugeben, sondern dir aufzuzeigen, was möglich ist, wenn du mit einem felsenfesten Mindset deine Zukunft bestimmst.

Du bist jetzt schon erfolgreich

Wir möchten dir an dieser Stelle wichtige Tipps geben, wie du in deiner jetzigen Situation dein Mindset auf Erfolg programmierst und somit das Gesetz „Dein Körper folgt deinem Geist" sofort erfolgreich anwendest.

Die eigene Zukunft selbst in die Hand zu nehmen und nicht Spielball anderer zu sein, war und ist ein wichtiger Bestandteil unseres täglichen Handelns. Wir sind uns seit Jahren darüber bewusst, dass wir uns unseren Erfolg selbst programmieren können. Selbst wenn du nicht an diese Dinge glaubst, so solltest du es auf jeden Fall probieren und durchführen, denn eines ist klar: Schaden kann es dir nicht.

Wir können und wollen in diesem Buch nicht zu lange über dieses spirituelle Thema reden, allerdings ist es ein großer Hebel zu deinem Erfolg. Beschäftige dich bitte mit diesen Erfolgskonzepten, denn sie werden dir auf eine wunderbare Weise helfen, deine Ziele zu erreichen.

Aus diesem Grund wollen wir dir die wichtigsten Elemente des Erfolgs mit auf den Weg geben. Es gibt da draußen im Markt richtungsweisende Literatur, die du bequem als Hörbuch konsumieren kannst. Sie wird dein Leben ebenso wie das unsrige auf ein neues Level heben.

Aufgabe #11

Nachdem wir im letzten Schritt deinen Affiliate-Link erstellt haben, wollen wir nun deine „Über mich“-Seite und deinen Blogartikel mit ein paar Bildern und deinem Affiliate-Link versehen.

Am besten solltest du hierfür persönliche Bilder verwenden, um darüber direkt Vertrauen bei deinem Leser aufzubauen. Für den Blogartikel kannst du z.B. auch ein Foto mit dem Buch in der Hand machen und dieses in den Artikel integrieren.

Hier findest du eine kurze Anleitung, welche Bilder du verwenden solltest und wie du diese und deinen Affiliate-Link auf deiner Webseite integrierst: **digitaleseinkommen.de/aufgabe-11**

Das Gesetz der Resonanz

Ein nachgewiesenes Gesetz ist das Gesetz der Resonanz, sprich das Gesetz der Anziehung. Dies sagt nichts anderes aus als: Das, was du denkst und was du fühlst, ziehst du an.

Wenn du ständig daran denkst, wie wenig Geld du hast, dann wirst du auch ständig wenig Geld haben. Du wirst diesbezüglich das Pech des Nicht-Geldhabens anziehen. Wenn du hingegen denkst und fühlst, wie viel Geld du hast, dann wird dieses zu dir kommen.

Glaube es oder nicht, wir haben es am eigenen Körper und Geist erlebt und dieses Gesetz ist millionenfach in Stein gemeißelt.

Jetzt wirst du vielleicht sagen: Aber ich denke ständig an Geld. Das ist allerdings nicht das Gleiche. Du musst dich fühlen, als ob du Geld hast. Tue einfach so, als würdest du bereits jeden Monat 10.000 Euro verdienen. Tue dies rein aus deinen Gefühlen heraus. Stelle es dir vor. Schließe deine Augen und stelle es dir bildlich vor. Was genau würde es bedeuten, wenn du jeden Monat 10K machst. Wie würdest du gehen, was würdest du tun, wie würdest du handeln?

Probiere es aus. Jeden Tag 5 Minuten und du wirst sehen, es wird etwas passieren. Vielleicht nicht sofort, aber es kommt. Schreibe dir deine zukünftigen Wunscheinkommenszahlen auf die Nachkommastelle auf und halte sie jeden Tag vor dein Gesicht.

Du begünstigst diesen gesamten Vorgang, indem du dir jeden Abend vor dem zu Bett gehen eine Dankbarkeitsliste schreibst. Schreibe 10 Dinge von diesem Tag auf, für die du bewusst dankbar bist.

Merke dir eines: Es ist nicht selbstverständlich, dass dir dieses wundervolle Leben mit deinem wundervollen Körper geschenkt wurde. Es ist nicht selbstverständlich, dass dich deine Füße von A nach B tragen. Dass du einen liebevollen Partner hast. Kinder, die du liebst und die dich lieben. Dass das Essen an diesem Tag einfach wieder köstlich war. Dass du eine Wohnung hast und du nicht frieren musst.

Gerade in Zeiten der Krise wird einem bewusst, was man hat, wenn man es nicht bewusst wahrnimmt.

Nimm dir Zeit dafür. Denn es passiert etwas nachweislich Schönes in deinem Körper, wenn du dankbar bist. Dein Gehirn, dein Geist, dein Körper wechseln in eine andere Frequenz. Und in dieser Frequenz bist du in der Lage, Dinge anzuziehen, die du möchtest. Dies geschieht komplett im Unterbewusstsein und du merkst es nicht und plötzlich ist es da.

Du hast bestimmt schon einmal die ein oder andere Situation gehabt, in der du an eine Person gedacht hast und plötzlich ruft dich diese an, obwohl vielleicht jahrelang kein Kontakt zwischen euch war. Denkst du wirklich, das ist Zufall?

Eine wichtige Ergänzung zur Dankbarkeitsliste möchten wir dir noch mitgeben: Nutze die letzten beiden Punkte dazu, dich für etwas zu bedanken, was du noch nicht hast, was du aber gerne hättest.

Der Trick dabei ist nun, dass du diesen Punkt der Dankbarkeit so formulierst, als hättest du ihn bereits erreicht. Das Gehirn kann nicht unterscheiden, ob es wirklich wahr ist oder nicht. Wenn du es aufschreibst, als ob es schon da wäre, dann fühlst du besser, du schwingst anders. Und du wirst schlussendlich dieses Ereignis und diesen Wunsch anziehen.

Wie gesagt, es ist wichtig, dass du dies regelmäßig machst und nicht nach dem ersten Mal aufgibst, weil du am nächsten Tag keine 10K auf dem Konto hast.

Die tägliche Dankbarkeitsliste ist bei uns ein Ritual, ohne das wir nicht ins Bett gehen.

Du bist der Durchschnitt der 5 Personen, die dir am nächsten sind

Diese Erkenntnis war eine unglaubliche Entdeckung in unserem Leben. Beispiel: Wenn du einen von uns fragst, ob wir einen Hartz4-Empfänger kennen, dann werden wir dir keinen Namen nennen können (ohne dass wir diesen Menschen zu nahe treten wollen). Wir haben einfach niemanden in unserem Umfeld.

Wenn du uns fragst, ob wir dir 50 Leute nennen können, die im Monat mindestens 20K verdienen, dann werden wir dir 100 aufzählen können. Das liegt ganz einfach daran, dass wir uns nur im Kreise dieser erfolgreichen Menschen aufhalten und uns geistig damit beschäftigen. In Folge dessen sind wir selbst im Kreise dieser Menschen.

Was bedeutet das nun für dich? Schaue dich um, mit wem du dich tagtäglich umgibst. Was sind dies für Menschen?

Wenn du dein Leben in eine bessere Richtung ausrichten möchtest, dann orientiere dich an den Menschen, die deinem Wunschziel am meisten ähneln. Suche ihre Nähe. Du wirst mit der Zeit so denken, so fühlen und so handeln wie diese Menschen. Folglich wirst du selbst zu solch einem Menschen.

Wie schaffst du es nun, dass du nicht von heute auf morgen alle Zelte zu deinen Mitmenschen abbrechen musst? Oftmals ist es ja auch so, dass man sich in seinem Freundeskreis recht wohl fühlt und diesen auch nicht unbedingt verlassen möchte.

Hier bietet sich folgende Vorgehensweise an. Wenn du dich nicht zwingend persönlich mit den Erfolgsmenschen treffen kannst, dann gehe hier schrittweise vor:

Im ersten Schritt beschäftigst du dich intensiv mit deinem Erfolgsthema. Kaufe dir Bücher, Hörbücher, höre Podcasts, schaue dir auf YouTube Videos von Erfolgsmenschen an. Bombardiere dich und deinen Geist damit.

Im zweiten Schritt stelle Kontakt zu diesen Personen her und tausche dich mit diesen aus. Tritt entsprechenden Facebookgruppen bei, in denen du Gleichgesinnte findest, die deine Sprache sprechen.

Wir beide leben in einer normalen Umgebung und haben auch unseren normalen Freundeskreis, aber wir sind jeden Tag online miteinander vernetzt und tauschen uns mit anderen Marketern aus. Dadurch sind wir in einem eigenen Erfolgssystem, ohne dass wir zwingend nach Dubai ziehen müssen, um bei den Schönen und Reichen zu sein. Unser Leben geht normal weiter, und hin und wieder treffen wir uns persönlich zu entsprechenden Masterminds, Veranstaltungen oder Seminaren. Aber der Großteil findet wirklich von Zuhause aus statt und dadurch genießen wir eine absolute Freiheit.

Lasse dich nicht beeinflussen

Wenn du dich intensiver mit dem Thema Online Marketing und den daraus für dich entstehenden Möglichkeiten befasst, wirst du zunehmend euphorischer, was dieses Thema betrifft. Mit diesen rosigen Aussichten und einem Schuss Adrenalin in deinem Blut bist du gewillt, dein Umfeld darüber zu informieren und deine 5-stelligen Absichten lauthals zu verkünden.

Unser Rat an dieser Stelle: Tue dies bitte nicht. Wir möchten dir auch die Gründe dafür nennen. Das, was du jetzt weißt, wissen deine Mitmenschen nicht. Sie haben vielleicht Vorurteile gegenüber Online Marketing und somit sind ihre Glaubenssätze völlig anders als deine.

Stelle dir vor, du posaunst in irgendeiner Runde hinaus, dass du im Monat bald 5-stellig verdienen wirst. Die Leute nehmen dich nicht ernst und werden dir Dinge sagen, wie: Bleib mal auf dem Boden. Das schaffst du eh nicht. Das ist nicht legal.

Ein weiterer wichtiger Punkt, den du unbedingt beachten musst: Wenn du dich mit deiner Zukunft beschäftigst und auf ein anderes Level willst, dann wird die Luft derer, die das auch machen würden, dünner.

Genau genommen bist du dann einer von 100, die diesen Weg für sich wählen. Der Großteil ist in seinem Alltagstrott gefangen und ist mit dem zufrieden, was er hat. Etwas anderes zu tun, mehr zu machen, auch mehr haben zu wollen, passt nicht in das gewohnte Bild und passt nicht zur Komfortzone der meisten.

Kurz und knapp: Die Leute werden dich nicht verstehen und dir davon abraten. Hier merkst du besonders den Einfluss deiner engsten Kontakte.

Sie wollen auch nicht, dass du auf einmal etwas vermeintlich Besseres bist und vielleicht sogar mehr verdienst oder ein Leben auf einem anderen Level führst. Glaube uns, der Neid spielt hier eine große Rolle. Das Mindset vieler ist einfach nicht mehr mit deinem Mindset kompatibel.

Wie ist es bei dir, wenn dein Nachbar auf einmal einen Sportwagen von 100.000 Euro vor der Tür stehen hat? Freust du dich von ganzem Herzen für ihn? Oder denkst du dir: Der Blödmann. Mit welchen illegalen Geschäften hat er sich dass denn ergaunert?

Aus diesem Grund: Sei ein stiller Genießer. Mache dein Ding. Setze um und liefere. Bescheidenheit ist die Devise. Bei uns beiden war dies stets so. Du siehst, dass wir beide in vielerlei Hinsicht sehr ähnlich sind. Im stillen Kämmerlein haben wir unser Ding gemacht. Und natürlich haben wir mehr gearbeitet als die anderen, die um 17 Uhr nach Hause kommen und Feierabend machen.

Dafür haben wir aber auch die entsprechenden Ergebnisse

eingefahren.

Stelle dir einmal vor, du hast nach 6 Monaten regelmäßige monatliche Einnahmen von 5K. Und du gönnst dir dann einfach mal etwas. Vielleicht kaufst du dir auch ein schickes Auto. Wie würden deine Freunde schauen, wenn du sagst, das bezahlt dein neues System für dich?

Wir wollen dich an dieser Stelle nicht animieren, das Geld einfach so zu verschwenden. Du solltest alles ordentlich abwägen, bevor du solche Dinge tust, aber es ist machbar und ganz ehrlich: Gönne dir etwas im Leben, denn du lebst nur einmal!

Wir beide lieben schnelle Autos und diesen Luxus gönnen wir uns auch.

Fassen wir noch einmal zusammen

Du musst ein felsenfestes Mindset in deinem Kopf langfristig integrieren. Dein Unterbewusstsein muss es als festgesetzt wahrnehmen. Dies funktioniert nur, wenn du dich regelmäßig mit deinen Zielen konfrontierst und diese als bereits gegeben festlegst. Du musst im Grunde genommen fühlen, als wärst du bereits erfolgreich und würdest 5-stellig verdienen.

Mach dein Ding und präsentiere dann zu gegebener Zeit deine Resultate. So wird keiner vorher sagen: Das schaffst du eh nicht. Und du bist niemandem Rechenschaft schuldig.

Deine Glaubenssätze

Stark verbunden mit deinem Mindset sind deine Glaubenssätze. Glaubenssätze sind die Dinge, die du dir immer wieder selbst sagst und die dir dein Unterbewusstsein mitteilt.

Diese Glaubenssätze sind Bestandteil deines Lebens und werden dir von außen insbesondere in den jungen Jahren durch deine Eltern und dein enges Umfeld mitgegeben.

Wir möchten dir ein paar Beispiele geben:

„Geld macht nicht glücklich" – Ein spannender Glaubenssatz, der vor allem von Menschen benutzt wird, die kein Geld haben und darin eine Entschuldigung für ihre Situation sehen. Dies ist auch nicht verwerflich, denn diese Glaubenssätze wurden ihnen wahrscheinlich auch von ihren Eltern weitergegeben.

„Reiche sind keine guten Menschen" – Schaue dir einfach einmal an, wie du selbst darüber denkst, wenn du jemandem begegnest, der viel Geld hat. Schwingt nicht immer der negative Gedanke mit: Der hat andere ausgenutzt, um an das Geld zu kommen. Er hat andere über den Tisch gezogen. Er ist ein Betrüger.

Nehmen wir Glaubenssätze, die dich selbst betreffen:

„Das schaffst du nicht" – Das hast du vielleicht selbst schon oft von deinen Eltern gehört. Junge, lass das lieber, du schaffst das nicht. Da bist du nicht der Typ dafür.

Wenn du so etwas regelmäßig bei allem, was du vorhast, mitgeteilt bekommst, dann glaubst du irgendwann selbst daran.

Was ist die bittere Folge? Du hast überhaupt kein Selbstwertgefühl und traust dir nichts mehr zu. Es bleibt demnach alles, wie es ist, und nichts ändert sich. Willkommen Alltagstrott und Hamsterrad.

Wir könnten dir noch Dutzende von Glaubenssätzen aufführen. Uns geht es darum, dass du verstehst, was bis jetzt mit dir passiert ist und warum du das bist, was du bist. Deine Glaubenssätze haben dich und dein Leben geformt.

Wie du bist und was du bist, wissen wir nicht. Vielleicht bist du ja grundlegend zufrieden mit dem, was du machst und wie du bist, aber wenn du es nicht bist, dann kehre in dich und ändere deine Glaubenssätze.

Dies geht nicht von heute auf morgen, denn wie beim Thema Mindset bereits erwähnt, werden deine Glaubenssätze von deinem Unterbewusstsein gesteuert und dies zu ändern, ist ein langwieriger Prozess.

Was wir dir als Anleitung mitgeben können: Schreibe dir 10 Glaubenssätze auf, bei denen du weißt, dass diese dich beschränken. Wandle diese Glaubenssätze dann in deine neuen, positiven Glaubenssätze um.

Als Beispiel kannst du dir Olivers Glaubenssätze ansehen, die er am Ende seiner Story aufgeführt hat. Diese 10 Glaubenssätze waren vorher genau das Gegenteil. Wenn du zum Beispiel den Satz nimmst: „Geld steht mir immer zur Verfügung.“, dann war demnach der alte Glaubenssatz: „Ich habe nie genügend Geld“.

Die Glaubenssätze von Oliver sind sehr gut und passen für viele Menschen. Sollte dir nichts einfallen, übernimm diese erst einmal für dich.

Übung: Stelle dich morgens vor den Spiegel und lies deine Glaubenssätze laut vor. Am besten abends vor dem Schlafengehen ein weiteres Mal. Je öfter und intensiver du dies tust, desto schneller werden die neuen Glaubenssätze deine alten ablösen.

Unterschätze bitte das Thema Mindset und Glaubenssätze nicht, denn das ist die Basis zum Erfolg. Dein Mindset wird dich zum Erfolg treiben, nicht dein Business oder dein Business-Modell. Ein starkes Mindset macht dich stark gegenüber Rückschlägen. Und glaube uns, du wirst Rückschläge erleben. Wieder aufzustehen und es ein zweites, ein drittes oder gar viertes Mal zu versuchen, macht den wahren Champion aus.

Es ist uns sehr wichtig, dass wir dich, so gut es geht, auf die Umsetzung deines eigenen Geschäftes vorbereiten. Wir könnten auch direkt mit den 7 Schritten anfangen, aber dann könnten wir es auch gleich lassen, denn die meisten Leser würden niemals mit der Umsetzung beginnen oder bereits bei den ersten Rückschlägen aufgeben.

Wenn du nicht unsere Storys im Detail kennen würdest, wüsstest du nicht, welchen steinigen Weg wir gelaufen sind und welche Rückschläge wir einstecken mussten. Wir stellen uns auf eine Stufe mit dir. Wir sind am Anfang deiner Story und wir möchten dich bestmöglich begleiten und unterstützen.

Aufgabe #12

Ein weiterer wichtiger Bereich deines Blogs ist die Sidebar, also der Bereich links oder rechts neben deinem Blogartikel bzw. der Blogartikel-Übersicht.

Diesen Bereich kannst du sehr gut nutzen, um deine Leser auf bestimmte Dinge aufmerksam zu machen. Hier können wir z.B. automatisch ähnliche Blogartikel anzeigen lassen oder auch auf bestimmte Produkte durch einen Call-to-Action (Handlungsaufforderung) z.B. mithilfe eines Banners aufmerksam machen.

Hier findest du eine kurze Anleitung, wie du deine Sidebar einrichtest und einen CTA mit deinem Affiliate-Link integrierst: **digitaleseinkommen.de/aufgabe-12**

Wichtige Tipps vor dem Start

Bevor du mit der Umsetzung beginnst, wollen wir dir sehr wichtige Tipps geben, die dir den Weg zu deinem Erfolg erleichtern werden. Sie werden dich davor bewahren, dass du deinen Weg mehrfach gehen musst, dass du wieder von vorne beginnst.

Wir wollen dir damit viel Zeit und persönlichen Frust ersparen. Der schnellste Weg zum Ziel ist in der Regel der direkte Weg. Aus diesem Grund setzen wir dich direkt auf die Autobahn. Du musst manchmal abbremsen und einem Hindernis ausweichen. Aber das Wichtigste ist, dass du in eine einzige Richtung fährst. Und wenn du das beherzigst, was wir dir raten, dann bist du nicht nur auf der Autobahn, sondern obendrein noch auf der linken Spur. Linke Spur bedeutet Überholen. Du wirst viele, die vor dir gestartet sind, überholen und du wirst wesentlich schneller am Ziel sein als andere.

Allerdings müssen wir hier auch eine Warnung aussprechen, denn die Verlockungen, eine Abkürzung auf einem direkten Weg zu finden, sind groß. Aber glaube uns: Es geht nicht schneller. Es gibt auf dem Weg zum Erfolg keine Abkürzung. Es gibt keinen Knopf, den du drückst und der dich von heute auf morgen zum Millionär macht, auch wenn andere dir genau das verkaufen wollen.

Wir selbst sind das ein oder andere Mal solchen Verlockungen aufgesessen und haben uns blenden lassen.

Wieder ein neues System, das noch schneller funktioniert und noch besser ist. Das Einzige, was diese Verlockung uns gekostet hat, war Zeit, weil wir nämlich die Zeit, in der wir diese Verlockung ausprobiert haben, auf unserem normalen Weg verloren hatten.

Es ist, als ob du in den Urlaub von Hamburg nach Italien fährst und einen kurzen Abstecher nach Paris machst. Extrem unvernünftig, wenn dein wahres Ziel Italien ist.

Daher hier unsere wichtigsten Tipps:

Tipp #1: Fokussiere dich

Mit einer der wichtigsten Erfolgsbausteine ist Fokus. Am Anfang deines Vorhabens stehst du vor dem Problem, dir erst einmal aus der Reihe der Möglichkeiten das Richtige herauszusuchen. Wir geben zu, dass dieser Findungsprozess schwierig ist und dass du vielleicht auch in das ein oder andere Thema erst einmal hereinschnuppern musst, um festzustellen, ob du dieses Thema überhaupt bearbeiten möchtest oder ob es dir liegt. Hast du Spaß an dem, was du machst, oder machst du es widerwillig?

Nimm dir für diesen Prozess ausgiebig Zeit und prüfe alle für dich relevanten Dinge. Eines können wir dir hier mitgeben: Auf jeden Fall sollte es dir Spaß machen. Wenn das nicht gegeben ist und du tust es nur wegen dem Geld, dann lass es am besten, denn es wird nicht funktionieren. Auch das haben wir für dich getestet und etliche Menschen bewiesen.

Wie du dein Thema findest und wie der Prozess funktioniert, erfährst du in den Umsetzungsschritten.

An dieser Stelle kommt unsere glasklare Empfehlung: Wenn du dich für dein Thema entschieden hast, dann bleibe dabei. Arbeite an diesem einzigen Thema. Schau nicht nach links und nicht nach rechts.

Du wirst ohnehin Ablenkungen haben, denn dein Business besteht im Weiteren aus „Nebenkriegsschauplätzen". Wir sprechen hier von Buchhaltung und allem, was so rund um ein eigenes Geschäft noch alles erledigt werden muss. Hinzu kommt die private Ablenkung aus dem Familien- und Freundeskreis, die oft mit der Bitte kommen: „Kannst du mal schnell…"

Lerne, in vielen Belangen „Nein" zu sagen. Wird dir eine tolle Geschäftsidee angeboten und du hast dich bereits für deinen Weg entschieden und bist auch schon ein paar Meter gegangen, dann sage „Nein". Wird dir eine Kooperation angeboten oder Ähnliches, dann zieh dein Ding durch. Jede Ablenkung, der du zustimmst, wird dich ausbremsen.

Blocke dir feste Zeiten, in denen du an genau einer Aufgabe in deinem Projekt arbeitest. Und wenn es nur zwei Stunden sind. Schalte alles aus, was dich ablenkt, und mache nur diese eine Aufgabe. Arbeite zu 100% fokussiert.

Wenn du das machst, passiert etwas Wunderbares. Du wirst jeden Tag deinem Ziel einen Schritt näher kommen. Du wirst mit einem tollen Gefühl des „Ich habe etwas erreicht" deinen Tag beenden.

Arbeitest du nicht fokussiert, wirst du dich am Ende des Tages in der Regel fragen: Habe ich heute überhaupt irgendetwas gemacht?

Wir sind selbst auch nur Menschen und haben Tage, an denen wir nicht so recht weiterkommen und dann auch entsprechend unzufrieden sind.

Allerdings haben wir festgestellt, das wir am schnellsten und effektivsten arbeiten, wenn wir uns eine konkrete Deadline gesetzt haben, zu der ein Projekt fertig sein muss. Und es muss dann wirklich fertig sein, weil es zum Beispiel ein Webinartermin oder ähnliches ist. Dann kann man sich Ausreden und „Rumeiern" nicht leisten.

Von daher: Setze dir feste Deadlines mit Terminen, an denen du liefern musst. Du kannst uns glauben, dass dies Wunder wirkt.

Tipp #2: Pareto-Prinzip anwenden

Du kennst mit Sicherheit das gute alte Pareto-Prinzip. Wenn ja, wendest du es (hoffentlich) in deinem Leben an. Wenn nicht, so solltest du dies ab sofort tun, denn es wird dein Leben in allen Belangen erleichtern und verbessern.

Wir möchten dir jedoch kurz erklären, was dieses magische Prinzip bedeutet:

Das Pareto-Prinzip sagt aus, dass 20% deiner Arbeit für 80% deiner Ergebnisse verantwortlich sind. Die anderen 80% deiner Tätigkeit sind für 20% deiner Ergebnisse verantwortlich.

Was bedeutet das nun?

Nehmen wir ein ganz einfaches Beispiel. Du wäscht dein Auto mit einer schnellen Handwäsche, kurz absprühen, dann schnell mit dem Schwamm die großen Flächen sauber gemacht und wieder absprühen. Fertig. Dauer: 5 Minuten.

Wenn du jetzt 10 Meter weg gehst, sieht dein Auto super aus. Wenn du auf der Straße fährst und dir die Autos entgegen kommen, dann werden alle sehen: Es kommt ein sauberes Auto entgegen.

Aber du bist natürlich akribisch. Die Felgen müssen glänzen, die Einstiegsleisten müssen sauber sein. Die Fensterscheiben müssen streifenfrei sein. Kurzum: Du brauchst mindestens 1 Stunde, um das Auto auf Hochglanz zu polieren. Es sieht jetzt natürlich atemberaubend aus. Aber die Autos, die dir entgegenkommen, nehmen keinen Unterschied wahr.

Das heißt also, du hättest es theoretisch bei der Katzenwäsche belassen können und das hätte kaum eine andere Wahrnehmung bei den entgegenkommenden Autos erzeugt.

Übertrage dieses Prinzip auf alle Tätigkeiten, die du in Zukunft machst. Frage dich ganz gezielt: Wenn ich das jetzt mache, welches Ergebnis kann ich dadurch erwarten?

Noch ein Beispiel:
Ist es wichtiger, stundenlang am Farbdesign deiner Websei-

te zu sitzen, um eine perfekte Abstimmung zu haben, die im Nachhinein das Kaufverhalten eines Webseitenbesuchers um 2,3% steigert, oder ist es besser, eine andere Headline zu verfassen, für die du 5 Minuten benötigst, die dir 30% mehr Verkäufe bringt?

Das könnten wir jetzt stundenlang so weiter machen. Nimm diese Botschaft mit in deine Zukunft und du wirst bei aktiver Anwendung deine Produktivität um 400% steigern.

Tipp #3: Sei nicht perfekt

Im Grunde genommen ist die Perfektion der Feind des Pareto-Prinzips. Denn Perfektion bedeutet, dass du die letzten 20% aus dem, was du gerade machst, herausholen möchtest. Dafür benötigst du aber 80% deiner Zeit.

Verstehe uns bitte nicht falsch. Es gibt Dinge, da sollten keine Fehler passieren. Abläufe sollten zu 100% funktionieren. Da kannst du dir keine Fehler leisten. Und wenn ja, kostet es dich richtig Geld. Aber mit Perfektion meinen wir zum Beispiel, dass du am Anfang ein Logo für dich machen lässt und dafür 6 Monate brauchst, bis es fertig ist, nur weil es noch nicht perfekt ist. Wir haben schon Kunden gehabt, die ihr Business später gestartet haben, weil das Itüpfelchen im Logo 0,2 Millimeter Millimeter zu dick war. Ein Logo soll gut aussehen und es soll auch das Aushängeschild deines Geschäfts sein, aber ein Logo hast du innerhalb von 3 Tagen fix und fertig und das wars.

Weißt du, was es bedeutet, 6 Monate nicht an seinem Business zu arbeiten? 6 Monate keine Umsätze zu erwirtschaften? Es kostet dich möglicherweise 60.000 Euro, wenn du zu perfekt an deinem Logo sitzt. Und wenn du jetzt sagst, du verdienst nicht diese Summe, dann müssen wir dir widersprechen, denn in 12 Monaten machst du vielleicht 10K im Monat und dann hättest du bei 6 Monaten Verspätung eben 6-mal 10K weniger auf deinem Konto, weil du später anfängst.

Aus diesem Grund: Frage dich bei allem was du tust: Muss es perfekt sein? Allein darüber nachzudenken, bringt dich einen großen Schritt weiter.

Tipp #4: Sei beharrlich

Normalerweise müsste diese Eigenschaft an erster Stelle stehen. Wir möchten an dieser Stelle ein Zitat aus dem Film „The Founder" zitieren. Dort hat Ray Kroc, der Gründer von McDonalds, folgende fantastische Aussage getroffen:

„Durch nichts auf der Welt ist die gute alte Beharrlichkeit zu ersetzen.
Nicht durch Talent, denn nichts sehen wir öfter als erfolglose Männer mit Talent.
Nicht durch Genie, denn nicht belohnte Genialität ist quasi ein Klischee.
Und auch nicht durch Bildung, denn die Welt ist voller gebildeter Narren.
Beharrlichkeit und Entschlusskraft alleine sind allmächtig."

Ray Kroc, Gründer von McDonalds

Wenn du dir dieses Zitat einmal intensiv ansiehst und darüber nachdenkst, dann wirst du dort sehr viel Wahrheit finden.

Was heißt das jetzt für dich? Du triffst eine Entscheidung und diese Entscheidung ist in Stein gemeißelt. An dieser Entscheidung ist nicht mehr zu rütteln, denn du hast dich dazu „entschlossen", deinen Erfolgsweg zu gehen und du wirst unbeirrt deiner Rückschläge und deines Gegenwindes, der von allen Seiten droht, dich aus dem Sattel zu werfen, einen Schritt vor den anderen setzen und deinen Weg weitergehen. Und wenn du hinfliegst, stehst du wieder auf und gehst weiter, denn du hast dein glasklares Ziel vor Augen.

Es mag jetzt ein wenig beschwörend klingen, aber es ist die mit Abstand wichtigste Eigenschaft, die deinen Erfolg garantiert. Wenn du unbeirrt an dich und an deinen Erfolg glaubst, dann wirst du durch deine Beharrlichkeit zwangsläufig zu deinem Ziel geführt.

Tipp #5: Umsatzproduzierende Maßnahmen (UPM)

Ein weiterer wichtiger Baustein für deinen schnellen Erfolg sind deine umsatzproduzierenden Maßnahmen. Was bedeutet das genau?

Du kannst den ganzen Tag damit verbringen, dein Büro aufzuräumen, deine Ordner zu sortieren und die Katze zu streicheln. Am Abend kannst du ruhigen Gewissens sagen: „Ja, ich habe 8 Stunden gearbeitet".

Oder du kannst an deinem automatisierten System arbeiten, das, sobald es fertig ist, dir jeden Tag 100, 200 oder vielleicht sogar 500 Euro aufs Konto spült.

Was bringt dich in deinem Business weiter? Wo sagst du: Ja, das war ein toller Tag?

Es liegt auf der Hand und ist völlig klar. Und dennoch machen es die meisten Menschen falsch und arbeiten den ganzen Tag an Dingen, die überhaupt keinen Umsatz bringen. Sicherlich muss Buchhaltung gemacht werden und andere Dinge, die kein Geld einbringen, aber an erster Stelle mit der absolut höchsten Priorität steht die Arbeit am täglichen Umsatz.

Wir selbst arbeiten ständig an Projekten, die uns in Zukunft Umsatz generieren. Diese Eigenschaft ist bei uns sogar sehr stark ausgeprägt und das ist auch gut so. Ein Tag ohne den entsprechenden Umsatz ist ein schlechter Tag, an dem wir hinterfragen, warum ist heute so wenig Geld auf unserem Konto eingegangen.

Sei dir immer darüber im Klaren, dass Umsatz dafür sorgt, dass du ruhig schlafen und du dir und deiner Familie etwas gönnen kannst. Dass du dich ganz einfach mega happy fühlst, wenn du tagtäglich einen guten Umsatz machst.

Denn wenn du dich hinter Ausreden versteckst und mit Abheften und Klebearbeiten meinst, dein Business auf ein neues Level zu bringen, dann wird es dieses Business bald nicht mehr geben.

Sorry, wenn wir hier Klartext sprechen, aber wenn du dir von

Anfang dessen bewusst bist, worauf es im Business ankommt, dann wirst du auch von Anfang an die richtigen Maßnahmen ergreifen können. Und du bist auf alle Unwägbarkeiten vorbereitet.

Tipp #6: Nutze die Speed of Implementation

Übersetzt bedeutet dies: Nutze die Geschwindigkeit der Umsetzung.

Diese Eigenschaft ist so wichtig. Sie unterscheidet den Highlevel- Unternehmer vom Durchschnitt. Wenn du mitschwimmen möchtest im Alltagstrott und einfach normal sein willst, dann lässt du dir mit der Umsetzung deiner Projekte Zeit. Nur kein Stress. Das wird dann schon irgendwann fertig.

Oder aber du willst zu den Profis gehören, die ganz oben stehen und ein Projekt nach dem anderen auf den Markt bringen. Die sich niemals auf ihren Lorbeeren ausruhen, sondern mit Hochdruck an der Verbesserung oder der Erweiterung ihrer Projekte arbeiten. Sie zeichnen sich dadurch aus, dass sie mit einer irrsinnigen Geschwindigkeit Aufgaben umsetzen und von außen betrachtet hat man keine Ahnung, wie derjenige dies schafft.

Auch hier wieder ein Beispiel von dem ein oder anderen unserer Kunden:

Aufgabe: Die Erstellung eines eigenen Onlinekurses. Hierzu müssen verschiedene Arbeiten durchgeführt werden. Für einen normalen Kurs kalkulieren wir in der Regel in unserer

Firma 1 bis maximal 2 Wochen. Dann steht alles zum Verkaufen bereit.

Es ist keine Seltenheit, dass die Dauer beim Kunden 6 Monate und mehr ist, und teilweise wird ein Kurs nie fertig. Das ist sehr schade, weil er dadurch nie das Erlebnis eines Erfolges hat.

Nehmen wir als weiteres Beispiel die Erstellung dieses Buches, das du gerade in den Händen hältst. Was denkst du, welchen Zeitraum die Erstellung eines solchen Projektes mit Druck und allem, was dazu gehört, in der Regel benötigt? Im Schnitt 6 Monate. Bei uns dauerte dieses Projekt 6 Wochen. Wie schaffen wir das? Indem wir unsere gesamte Power nur auf dieses eine Projekt legen. Dieses Projekt hat die Priorität #1 und alles andere ist zweitrangig.

Das bringt uns den Vorteil, dass wir nach 6 Wochen das Projekt ausbauen und erweitern können oder sogar ein neues Projekt angehen.

Du siehst, wir gehen mit gutem Vorbild voran und zeigen dir, wie es gehen kann und worauf es ankommt.

Tipp #7: Spare nicht an der falschen Stelle

Du hast in deinem Business immer zwei Möglichkeiten, eine Aufgabe zu erledigen. Entweder du machst es selbst oder du lässt es machen. Wenn du es machen lässt, hast du auch wieder die Möglichkeit zwischen einem Mitarbeiter oder Outsourcing.

Auch hier nehme ich wieder das Beispiel der Logoerstellung. Wenn du es selbst machst und nicht gerade ein Designer bist, wird es auf der einen Seite nicht professionell aussehen und auf der anderen Seite wird es sehr wahrscheinlich recht lange dauern. Du erinnerst dich an den Kunden mit den 6 Monaten und wir mit 3 Tagen.

Du kannst dein Logo aber auch zum Beispiel bei verschiedenen Plattformen für 20 bis 360 Euro von Freelancern erstellen lassen.

Hier findest du ein paar Empfehlungen für solche Plattformen: digitaleseinkommen.de/tools-und-empfehlungen

Dafür hast du innerhalb kürzester Zeit perfekte Ergebnisse und ein Logo in allen Größen und Varianten für dein Marketing.

Wenn du meinst, sparen zu können, indem du es selbst erstellst, so irrst du dich. Im Gegenteil, es kostet wesentlich mehr, weil du ganz einfach Zeit verlierst. Wertvolle Zeit, in der du hättest früher Umsatz machen können.

Überlege bei allem, was du machst, was für dich und dein Business das Beste und Schnellste ist.

Ebenso solltest du auch bei der Verwendung der richtigen Software nicht sparen. Hier machen die meisten den großen Fehler, dass sie versuchen, mit kostenfreier Software oder günstiger Software zu arbeiten. Viel schlimmer noch: Sie verwenden gar keine Software für eine bestimmte Arbeit.

Unterm Strich kostet dich diese Entscheidung viel Zeit und

Geld, weil du entweder die Arbeit manuell erledigen musst oder aber die Ergebnisse der Software qualitativ einfach minderwertig sind (und das möchtest du sicher nicht).

Triff auch hier vernünftige Entscheidungen. Du musst das Geld nicht aus dem Fenster werfen, aber es in die richtigen Maßnahmen für dein Business zu investieren, ist immer der bessere Weg.

Ebenso verhält es sich mit der Investition in dich und deine Fortbildung. Wenn du schnell wachsen möchtest, dann investiere in deine Fortbildung. Kaufe dir Bücher, Onlinekurse, nimm dir einen Coach, der schon da ist, wo du hin möchtest. Wir selbst geben im Jahr 5-stellige Beträge für unsere eigene Fortbildung aus und es macht sich um das Vielfache bezahlt.

Zusammenfassend raten wir dir, nicht an der falschen Stelle zu sparen, sondern sinnvoll in dich und das Wachstum deines Business zu investieren.

Tipp #8: Glaube an dich

Gerade wenn du am Anfang stehst, hast du unendlich viele Fragezeichen in deinem Kopf. Alles ist neu und du bist extrem verunsichert. Hier musst du extrem an dir arbeiten und dir selbst Mut zusprechen.

Sage dir, dass es völlig normal ist, wenn du viele Fragen hast und vor scheinbar unlösbaren Aufgaben stehst.

Es gibt nichts, für das es nicht eine Lösung gibt. Diese Lösungen findest du, wenn du danach suchst, denn die Lösungen werden zu dir kommen. Es gibt Google, Bücher, Onlinekurse, Communitys, Coaches und vieles mehr, was dir bei vermeintlich unüberwindbaren Problemen helfen wird. Sei geduldig und ganz wichtig: Glaube ganz fest an dich. Sage dir: Ich schaffe das. Verfalle nicht in Panik, sondern gehe ruhig und besonnen vor.

Aus Erfahrung können wir dir sagen, dass dich jede Aufgabe, die du selbst löst, stärker macht. Bei uns ist es immer noch so, dass wir tagtäglich vor neuen Herausforderungen stehen. Und es ist immer das Gleiche.

Du stehst vor einem Problem, du kannst es nicht sofort lösen und möchtest alles hinwerfen. Dann beschäftigst du dich noch intensiver mit dem Problem, denn du willst eine Lösung haben. Und auf einmal kommt deine Lösung.

Jetzt passiert etwas Wunderbares. Diese Aufgabe fängt auf einmal an, dir Spaß zu machen, weil du es kannst. Und auf einmal kennst du dich so gut darin aus, dass du anderen damit helfen kannst. Wie gesagt: Das ist auch bei uns Alltag.

Glaube felsenfest an dich und an deinen Schaffenswillen. Lasse dich durch nichts beirren und gehe deinen Weg.

Tipp #9: Denke langfristig

Wir wissen, die Welt da draußen lockt mit verführerischen Versprechungen. An jeder nur erdenklichen Stelle bekommst du es angeboten. Verdiene sofort und ohne große Arbeit Geld. Installiere einfach eine App auf deinem Handy und schon sprudeln die Millionen. Mit einem gesunden Menschenverstand kommst du an dieser Stelle schon sehr weit.

Warum sollen dir die, die dir das Angebot machen, so einen Goldesel schenken? Wenn wir solch einen Goldesel entdecken würden, bliebe das garantiert unser Geheimnis.

Die Systeme sind immer wieder die gleichen. Das eigentliche Geld wird mit dem Verkauf des Systems verdient.

Merke dir eine ganz einfache Tatsache: Es gibt nichts da draußen, bei dem du per Knopfdruck reich wirst. Punkt aus, Ende.

Erfolg entsteht durch TUN und Erfolg benötigt seine Zeit. Wir haben dir nicht am Anfang umsonst unsere Storys sehr detailliert geschildert. Du sollst diese Zeitreise nachvollziehen können. Du sollst merken, es dauert seine Zeit, bis es so richtig Spaß macht.

Es kullern in dieser Zeit auch ein paar Tränen die Wangen hinunter und es kommen Situationen, in denen du einfach alles hinwerfen möchtest.

Sich ein Business aufzubauen, ist für Menschen, die ihren Erfolg wollen und bereit sind, alles dafür zu tun.

Aus diesem Grund raten wir dir dringend: Suche nicht das schnelle Geld, sondern denke langfristig.

Du möchtest doch nicht so schnell von der Bildfläche verschwinden, wie du erschienen bist. Du möchtest dir etwas Zukunftssicheres aufbauen. Wir haben nicht umsonst auf das Cover geschrieben: „seriös und zukunftssicher".

Gib dir die nötige Zeit, die du brauchst, denn nicht nur dein Business muss reifen, sondern auch dein Geist. Du wirst ein anderer Mensch werden, mit neuen Anforderungen an dich und an dein Leben. Mit neuen Zielen, die du für dich und deine Lieben entdecken wirst.

Somit wächst du langsam und bleibst bodenständig. Es gibt nichts Schlimmeres als abgedrehte Neureiche, die keine Werte besitzen und das Leben und was es bietet nicht zu schätzen wissen.

Bleibe trotz des Erfolgs immer der Mensch, der du immer warst mit veränderten Glaubenssätzen und neuen Möglichkeiten, in der Welt deine Spur zu hinterlassen.

Zusammenfassung:

Wir könnten dir noch seitenweise Tipps und Verhaltensweisen mit auf den Weg geben, das würde aber den Rahmen sprengen. Wir haben uns auf die absoluten und wichtigsten Grundlagen konzentriert. Oder sagen wir stattdessen: Wir haben bei den Tipps das Pareto-Prinzip angewandt.

Egal, wie es bei dir weitergeht, ob du dich für ein Business im Online Marketing entscheidest oder etwas anderes tun möchtest, diese Tipps solltest du immer in deinem Leben beherzigen.

Mache ein Lesezeichen ins Buch, kopiere dir die Seiten oder drucke sie aus. Wie auch immer, aber lasse diese Tipps stets an deiner Seite sein und wirf täglich einen Blick darauf.

Außerdem ist es wichtig, dass du auch deinen eigenen Weg gehst und deine eigenen Erfahrungen sammelst. Es ist schlichtweg nicht möglich, dich völlig unbeschadet ans Ziel zu führen. Den ein oder anderen Kampf mit Hindernissen musst du selbst führen, damit du geformt wirst zu einer einzigartigen Persönlichkeit.

Zu einer Persönlichkeit, die alle ihre Ziele erreicht.

Aufgabe #13

Du bist nun soweit gekommen, um die ersten Besucher auf deine Webseite zu ziehen. Bevor wir damit aber beginnen, möchten wir dich gerne einladen, uns den Link zu deiner Webseite zu senden, sodass wir dich mit deiner Seite unter unseren Erfolgsstories listen können.

Welchen Vorteil du dadurch hast und wie du vorgehen solltest, erfährst du hier: **digitaleseinkommen.de/aufgabe-13**

Dein 7-Schritte-Projekt

Wir haben dich nun perfekt auf den Einstieg und die Umsetzung in dein neues eigenes Business vorbereitet.

Du hast unsere Storys gelesen und miterlebt, was alles dazu nötig war, um solch ein Erfolgsmodell aufzubauen. Du hast viele Herausforderungen und Lösungen erfahren, die in den folgenden 7 Schritten vereint sind. Wir haben unser bestes Wissen hier hineingepackt, um dir die bestmöglichen Informationen aus der Praxis zu geben. Das ist kein theoretisches Gerede, sondern aus der Praxis für die Praxis, leicht verständlich geschrieben und so aufbereitet, dass du es verstehst, auch wenn du komplett am Anfang stehst.

Weiterhin haben wir großen Wert darauf gelegt, dich in deinem Denken zu schulen und für den Aufbau deines Business mental vorzubereiten, denn eine einfache 7-Schritte-Anleitung ohne die nötigen Hintergrundinformationen und die nötige Motivation und das Verständnis bringen dir nichts.

Du bist jetzt soweit, um in die Welt des Online Marketings in der Praxis einzutauchen und die Faszination von Automation, Technik und psychologischem Verkaufen zu erleben.

Wenn du dir unsere 7 Schritte genauer anschaust, dann wirst du feststellen, das wir uns im Grunde genommen nur in Schritt 1 mit der Erstellung deines Produktes oder der Vermarktung eines Fremdproduktes beschäftigen.

Die Schritte 2 bis 7 befassen sich hingegen mit dem Verkaufen. Daran siehst du, wie wichtig dieses Thema ist. Die meisten befassen sich zum Großteil mit ihrem Produkt und wollen es noch umfangreicher und noch schöner und noch perfekter machen.

Das hat zur Folge, dass sich die Fertigstellung eines solchen Produktes extrem in die Länge zieht. Das bedeutet Zeitverlust. Und Zeitverlust bedeutet Umsatzverlust.

Wir wollen dich nicht animieren, ein schlechtes Produkt zu erstellen. Keineswegs, aber wenn du bei der Produkterstellung nach dem Pareto-

Schritt 1: Deine (erste) Idee

Bevor wir jetzt anfangen, dein Business aufzubauen, ist es wichtig, dass du deine Idee findest, damit du eine Vorstellung davon bekommst, was du letztendlich online vermarkten kannst.

Das Ganze ist ein wenig davon abhängig, aus welcher Situation du gerade kommst.

Wenn du vielleicht schon ein bestehendes physisches Produkt hast, das du vermarkten möchtest, wenn du bereits ein digitales Produkt hast, wenn du eine Dienstleistung anbietest oder einen eCommerce-Store betreibst, dann hast du natürlich schon eine gute Grundlage und ein bestehendes Angebot, das du vermarkten kannst.

Hier solltest du zunächst einmal für dich klären, ob du dieses vermarkten möchtest.

Wenn ja, überprüfe bitte folgende wichtige Voraussetzungen, die dein Produkt erfüllen muss:

1. Löst dein Produkt ein spezifisches Problem einer Zielgruppe?
2. Ist ein entsprechender Absatzmarkt da?
3. Gibt es eine Zielgruppe dafür, die zum einen eine gewisse Größe hat und zum anderen auch über die nötige Kaufkraft verfügt?

Durchleuchte diese Punkte akribisch, denn oftmals wird versucht, ein Produkt aus reiner Selbstverliebtheit zu vermarkten. Das heißt, du selbst findest es für dich klasse, aber es ist für den Markt und zur profitablen Vermarktung schlichtweg nicht geeignet.

Erfüllt dein Produkt die obigen Voraussetzungen, dann solltest du dieses vermarkten. Wenn dies nicht der Fall ist, denke darüber nach, einen anderen Weg einzuschlagen.

Wenn du bis jetzt über noch kein Produkt oder keine Dienstleistung verfügst, wenn du aus dem Angestelltenverhältnis kommst, ausbrechen möchtest, etwas Krisensicheres aufbauen willst, wenn es dein Ziel ist, ein eigenes Online Business aufzubauen, dann schauen wir uns nun die verschiedenen Möglichkeiten für dich an.

Möglichkeit 1: Ein digitales Informationsprodukt

Dies kann ein E-Book oder ein Video-Coaching-Programm sein, also letztendlich ein Medium, was du online vermarkten und ausliefern kannst. Das heißt, du vermarktest Wissen.

An dieser Stelle möchten wir auf einen wichtigen Einwand eingehen, den die meisten haben: *„Ich habe doch nur begrenztes Wissen. Das ist nicht ausreichend, um es zu vermarkten."* Dieser Einwand ist natürlich berechtigt und er ist auch völlig normal.

Schauen wir uns hierzu die verschiedenen Expertenlevel an.

Du bist bereits Experte auf einem bestimmten Gebiet.

Das heißt nicht, dass du etwas gelernt oder studiert haben musst. Es kann auch ein Hobby oder eine Sportart sein, in der du besonders gut bist und viel mehr weißt als andere.

Nehmen wir ein paar Beispiele:

Du kennst dich unheimlich gut mit dem Trainieren von Hunden aus.
Du bist Golftrainer und hast extrem gute Tipps, wie man sein Handicap verbessern kann.
Du bist eine begeisterte Köchin.

Es gibt absolut keine Grenzen bei dem, was du anbieten kannst. Solange ein Markt dafür da ist, ist alles im grünen Bereich.

Du bist noch kein Experte auf einem bestimmten Gebiet.

Doch was machst du, wenn du noch nicht viel oder gar kein Wissen von etwas hast? Ergibt es da für dich überhaupt Sinn? Hier unser Tipp: absolut! Wir beide waren am Anfang unserer Online Marketing-Karriere auch keine Experten. Dennoch haben wir die Entscheidung dafür getroffen.

Und mit dieser Entscheidung haben wir begonnen, Experte zu werden. Das heißt, wir haben uns hingesetzt und uns die Dinge beigebracht, indem wir Kurse gekauft und Coachings gebucht haben. Wir haben uns unseren Expertenstatus aufgebaut.

Jetzt kommt ein entscheidender Faktor, den die meisten völlig unterschätzen und der dich ermutigt, in dem Gebiet, in dem du dich wohl fühlst, ein Experte zu werden:

Du musst nicht alles wissen und der absolute Überflieger auf einem bestimmten Gebiet sein. Das Einzige, was du sein musst: Du musst mehr wissen als die Menschen, denen du etwas beibringen und verkaufen möchtest. Mehr ist es nicht. Das ist das ganze Geheimnis.

Schauen wir uns diese Aussage etwas genauer an. Jeder Mensch schaut immer nach oben und orientiert sich an Personen, von denen er etwas erfahren und lernen kann. Deine zukünftigen Kunden haben nicht das Wissen, wie du es hast, wenn du dich etwas intensiver mit einem Thema beschäftigst. Wenn sie das Wissen hätten, hätten sie keine Probleme, weil sie diese ja sonst selbst lösen könnten, und dann wären sie nicht deine potentiellen Kunden.

Der Markt ist voll von Menschen, die nur ein niedriges Basiswissen haben. Wirkliche Experten sind die wenigsten.

In dem Moment, wo du etwas zu einem bestimmten Thema veröffentlichst, sei es ein kleiner Ratgeber in Form eines E-Books oder ein kurzes Video online stellst oder in einem Blog etwas schreibst, wirst du von dem, der es konsumiert, automatisch als Experte wahrgenommen.

Wer sonst würde sich trauen, etwas zu veröffentlichen, wenn er kein Experte auf diesem Gebiet ist? So denkt die breite Masse. Die breite Masse ist passiv und reiner Konsument. Die breite Masse würde nie und nimmer etwas veröffentlichen.

Wir hoffen, dass wir dir mit dieser Darstellung deine Ängste in Bezug auf deinen Expertenstatus etwas nehmen konnten. Wenn du dich dazu entscheidest, ein bestimmtes Thema für dich zu wählen, in dem du dein Business aufbauen möchtest, dann haben wir das hiermit bereits als positiv abgehakt.

Möglichkeit 2: Affiliate Marketing

Solltest du dich gegen die Erstellung eines eigenen Produktes entscheiden, weil du sagst:

- Ich möchte kein eigenes Produkt erstellen.
- Ich möchte nicht als Experte im Markt auftreten.
- Ich möchte im Hintergrund arbeiten und nicht in der Öffentlichkeit stehen.
- Ich möchte erst mit der Vermarktung eines Fremdproduktes starten und dann etwas Eigenes machen.

Dann ist das sogenannte Affiliate Marketing genau das Richtige für dich.

Affiliate Marketing bedeutet, dass du das Produkt eines anderen empfiehlst (von einem sogenannten Vendor = Produkt-Hersteller und -Verkäufer) und für die Empfehlung eine Provision erhältst.

Die Höhe der Provision richtet sich nach der Marge des Vendors. Im digitalen Bereich werden sehr hohe Provisionen von 20 bis nahezu 100% gezahlt. Du hast richtig gelesen: 100%. Auch das wird gezahlt, wenn die Strategie darauf ausgelegt ist, ein günstiges Produkt möglichst attraktiv für einen Affiliate zu gestalten und mit dem neu gewonnenen Kunden im Nachhinein höhere Umsätze durch den Verkauf weiterer Produkte oder Coachings zu realisieren.

Die Provisionen bei physischen Produkten fallen in der Regel wesentlich niedriger aus und liegen dort zwischen 0,5 und 30%. Allein die höheren Provisionen sprechen hier für die Vermarktung von digitalen Affiliate-Produkten, da du einen gewissen Kundenwert benötigst, um auf deine Gewinne zu kommen.

Finde deine richtige Nische

Menschen wollen also nie das Produkt, sondern die Lösung an sich. Das bedeutet zum Beispiel: Sie kaufen nicht die Bohrmaschine, sondern das Loch in der Wand.

Daher solltest du unbedingt herausfinden, in welcher Nische du dir dein digitales Einkommen aufbauen kannst. Denn wenn du in der falschen Nische unterwegs bist, kann es passieren, dass du nicht die Einnahmen generierst, die du dir eigentlich wünschen würdest.

Aber wie findest du die richtige Nische?

Dazu sind insgesamt 4 Unterschritte erforderlich:

#1 – Brainstorme mögliche Nischen und Märkte
#2 – Recherchiere und beantworte die 5 wichtigsten Fragen
#3 – Ordne deine Ideen den 3 (4) profitablen Märkten zu
#4 – Triff eine Entscheidung

Zu allen 4 Unterschritten möchten wir dir nun noch einige Anregungen an die Hand geben, indem wir dir die 3 größten Märkte und die dazugehörigen Nischen vorstellen.

Die 3 Mega-Märkte im Internet

Es gibt im Internet (und auch darüber hinaus) drei große Märkte, die am umsatzstärksten sind. Diese Märkte orientieren sich an den stärksten Bedürfnissen des Menschen und aus ihnen leiten sich auch die wichtigsten und lukrativsten Nischen ab:

- Gesundheit und Fitness
- Dating und Beziehungen

- Finanzen und Business

Rund 80 bis 90% aller Umsätze werden in diesen Online-Märkten generiert.

Vielleicht weißt du schon, welcher dieser 3 Märkte sich für dich am besten eignet und in welchem dieser Märkte du über das Wissen verfügst, das du in einem digitalen Informationsprodukt vermarkten und verkaufen könntest.

Allerdings sprechen diese 3 Märkte zunächst einmal „nur" eine breite Masse an und nicht eine spezielle Zielgruppe an sich. Wie also solltest du vorgehen?

Zunächst solltest du dich für einen der drei großen Mega-Märkte entscheiden. Danach solltest du innerhalb dieses Marktes ein großes Bedürfnis bzw. Problem (= Nische) identifizieren, das du mit deinem Infoprodukt löst. Innerhalb dieser Nische kannst du dich dann bei Bedarf noch einmal weiter spezifizieren.

Wenn du so vorgehst, erhöht du damit die Chancen für den Erfolg deines Infoproduktes und damit für deinen finanziellen Erfolg immens.

Deswegen stellen wir dir nun 27 Nischen vor, die innerhalb der 3 großen Märkte „beheimatet" sind:

Mega-Markt #1: Fitness und Gesundheit

- Nische #1: Natürlich Fett verbrennen
- Nische #2: Muskeln aufbauen
- Nische #3: Stress abbauen

- Nische #4: Vitalität erlangen
- Nische #5: Einfache Sportübungen absolvieren
- Nische #6: Gesund ernähren
- Nische #7: Diäten durchhalten
- Nische #8: Krankheiten verhindern
- Nische #9: Altern vermeiden

Mega-Markt #2: Dating und Beziehungen

- Nische #1: Einen Partner kennenlernen
- Nische #2: Erfolgreich flirten
- Nische #3: Erfolgreiches Dating
- Nische #4: Glückliche Beziehungen
- Nische #5: Erfüllende Sexualität
- Nische #6: Beziehungskonflikte lösen
- Nische #7: Trennungen verarbeiten
- Nische #8: Kinder erziehen
- Nische #9: Zielgerichtete Kommunikation

Mega-Markt #3: Finanzen & Business

- Nische #1: (Online) Business aufbauen
- Nische #2: Wohlstand aufbauen
- Nische #3: In Aktien investieren
- Nische #4: Immobilien erwerben
- Nische #5: Für das Alter vorsorgen
- Nische #6: Geld sparen und anlegen
- Nische #7: Zeit managen
- Nische #8: Ziele erreichen
- Nische #9: Job finden

Diese Aufzählung hat natürlich keinen Anspruch auf Vollständigkeit. Wenn du einmal weiter überlegt, fallen dir vielleicht noch einige weitere Nischen zu den drei Märkten ein oder du kannst die bestehenden noch weiter aufsplitten.

Ein weiterer (vierter) großer Markt sind übrigens irrationale Leidenschaften und Hobbys. Wenn also zum Beispiel jemand leidenschaftlich gerne angelt, dann mag das für einen Nicht-Angler erst einmal langweilig erscheinen. Aber wenn Menschen in einer bestimmten Sache total aufgehen, kann auch das der Ansatz für einen profitablen Markt bzw. eine profitable Nische sein.

Was du jetzt tun solltest …

Wir haben dir gerade die aus unserer Sicht 27 profitabelsten Nischen genannt, die unseres Erachtens auch langfristig gesehen sehr erfolgreich sein werden. Mit diesem Wissen solltest du folgende Punkte bearbeiten bzw. beantworten:

#1 – Brainstorme mögliche Nischen und Märkte

- In welchen Bereichen hast du bereits Wissen, mit dem du anderen helfen kannst?
- Welche Interessen hast du?
- Welche Märkte und Nischen machen dir Spaß?

#2 – Recherchiere und beantworte die 5 wichtigsten Fragen

Du solltest in digitalen Marktplätzen wie zum Beispiel Cope-

Cart, DigiStore24 oder Clickbank folgende Aspekte recherchieren:

- Lässt es sich digital umsetzen?
- Gibt es bereits Konkurrenz im Markt?
- Wie groß ist die Zielgruppe?
- Suchen die Menschen proaktiv nach einer Lösung für ihr Problem?
- Gibt es die Möglichkeit, den Kunden noch weitere Lösungen anzubieten?

#3 – Ordne deine Ideen den 3 (4) profitablen Märkten zu

1. Gesundheit und Fitness
2. Geld und Business
3. Beziehungen und Dating
4. (Hobbys)

#4 – Triff eine Entscheidung

Entscheide dich danach für eine der Nischen, die du den 4 profitablen Märkten zuordnen konntest.

Ein wichtiger Tipp bei der Findung deiner Nische: Suche keine Marktlücke. Einen großen Fehler, den viele machen, ist der, dass sie sich einen Markt auswählen, in der es noch keine Nachfrage, keine Konkurrenz und keine Produkte gibt. Sie sind dem Irrglauben aufgesessen, dass sie eine Goldgrube entdeckt haben.

Es hat aber einen bestimmten Grund, dass dieser Markt nicht

besetzt ist. Der einfachste Grund kann sein, dass es diesen Markt gar nicht gibt, das heißt, es gibt keine Nachfrage nach deinem Produkt.

Verstehe uns nicht falsch, wir wollen deinen Erfindergeist nicht ausbremsen, aber die Anzahl der Produkte in allen erdenklichen Märkten ist dermaßen groß, dass im Prinzip das Meiste erfunden ist.

Natürlich gibt es tagtäglich neue Erfindungen und man fragt sich, ob man das nicht selber hätte erfinden können. Aber was wir für dich wollen, ist kein möglicher Lottogewinn mit verschwindend geringen Chancen auf Erfolg, sondern wir wollen, dass du dir mit großer Wahrscheinlichkeit ein zukunftssicheres Business aufbaust.

Dies bedeutet, dass wir dir Märkte empfehlen, die nachweislich funktionieren und dies sind nun einmal die 4 großen Nischenmärkte. Du kannst uns glauben, dass die Möglichkeiten in diesen Märkten enorm sind und die Unternischen ebenfalls in die Hunderte, wenn nicht Tausende oder sogar Zehntausende gehen.

Es ist einfach die beste Bestätigung für einen Markt, wenn dort viel Konkurrenz ist, denn das gibt dir die Gewissheit, dass dieser Markt auch funktioniert.

Die 4 großen Märkte funktionieren immer. Solange es Menschen gibt, werden diese Märkte funktionieren. Merke dir einen entscheidenden Satz für dein Business: Es spielt keine Rolle, wie groß deine Konkurrenz ist, sondern es kommt einzig und allein auf die Qualität deines Marketings an.

Mit gutem Marketing kannst du alles erreichen. Du kannst mit gutem Marketing die Großen richtig ärgern.

Die meisten Firmen (gerade die kleineren) da draußen haben überhaupt keine Ahnung von Marketing, das Einzige, was sie haben, ist Werbebudget.

BMW beispielsweise kann nun einmal zig Millionen in eine Werbekampagne stecken und es interessiert sie keineswegs, ob aufgrund der Anzeige jemand kauft. Diesen Firmen geht es eher um das Branding ihrer Marke.

Du hast gegenüber diesen Firmen und deiner gesamten Konkurrenz einen großen Vorteil, denn du hast dieses Buch in deinen Händen. Wir wollen damit nicht angeben, aber wir wissen einfach, wie Marketing funktioniert, und das bringen wir dir in diesem Buch bei.

Du und wir, wir können es uns einfach nicht leisten, mit einer Kampagne nicht profitabel zu sein. Jede Kampagne muss Gewinn einspielen, sonst wird diese abgeschaltet und durch eine neue ersetzt.

Das große Fazit für dich heißt nun: Suche dir für dein Business ein Produkt in den 4 großen Märkten, dann bist du auf der sicheren Seite.

Aufgabe #14

Nun wollen wir damit beginnen, die allerersten Besucher zu generieren und ggfs. damit auch die ersten Provisionen verdienen.

Eine sehr gute Möglichkeit, um die ersten Provisionen zu verdienen, ist es, ein Produkt Personen zu empfehlen, die einem persönlich bereits vertrauen. Also Menschen aus deinem Bekanntenkreis. Hierfür solltest du aber natürlich sicherstellen, dass du wirklich nur Produkte bewirbst, von denen du selbst sehr überzeugt bist, wie hoffentlich von diesem Buch. ;-)

Aber auch hier wollen wir nicht einfach Bekannte anschreiben mit einem Text wie „Hey, guck dir mal dieses Buch an…“, denn dieses wird wenig Neugier erwecken und hat damit auch wenig Chancen auf Erfolg.

Gerade im Bekanntenkreis solltest du anders vorgehen und z.B. um Feedback zu deiner neuen Webseite bitten, die du gerade erstellt hast, um damit zu beginnen, ein neues Einkommen aufzubauen. Dies wird alleine bei einem gewissen Prozentteil genügend Neugierde wecken, wobei du mit deinem Blogartikel und Erfahrungsbericht zum Buch gleichzeitig genau diese Neugierde abdeckst. Außerdem gibst du den Besuchern die Möglichkeit, die gleichen Resultate zu erzielen. Nämlich indem sie über deinen Affiliate-Link das Buch erwerben. Und in dem Moment hast du deine ersten Provisionen verdient. ;-)

Hier findest du noch einmal eine kurze Erklärung, wie du auf deine Bekannten zugehen könntest, und zusätzlich ein paar Beispiel-Nachrichten: **digitaleseinkommen.de/aufgabe-14**

Die Erstellung deines Produktes

Einer der schönsten Momente ist der Start, ein eigenes Produkt zu erstellen. Wenn du jahrelang angestellt oder als Dienstleister tätig warst, dann ist es sehr ergreifend, wenn du deinen virtuellen Spatenstich setzt und weißt, dass du jetzt „dein Ding" startest. Dein eigenes Produkt, das bald auf den Markt kommt.

Strukturiere dein Produkt

Damit du möglichst effektiv an dieses Projekt herangehst, ergibt es Sinn, nicht einfach los zu produzieren, sondern strukturiert vorzugehen.

Egal, ob du einen Ratgeber, ein Buch (E-Book) schreibst oder ein Videocoaching produzierst, erstelle und schreibe am Anfang deine Inhaltsangabe. Das ergibt aus mehrerer Hinsicht Sinn.

Zum einen stehst du nicht vor einem unüberwindbaren Berg und weißt nicht, mit was du starten sollst, sondern du schreibst als erstes deine wichtigsten Kapitel oder Module auf, die dein Produkt beinhalten soll.

Nehmen wir als Beispiel dieses Buch, das du in den Händen hältst. Wir haben uns im Vorfeld viele Gedanken gemacht, wie es sinnvoll ist, das Buch aufzubauen.

Somit wurde die Struktur festgelegt:

- Allgemeines mit Vorwort
- Story René

- Story Oliver
- Was ist Online Marketing
- Tipps, bevor du startest
- ….usw.

Der nächste Schritt war die Unterteilung der jeweiligen Oberpunkte in Unterpunkte.

Beispiel: Das Kapitel „Tipps, bevor du startest" wird unterteilt in :

- Fokussiere dich
- Pareto-Prinzip
- Sei nicht perfekt
- ...usw.

Gehe selbst dann noch eine Stufe tiefer und unterteile bei Bedarf noch einmal deine Unterpunkte.

Wir nennen dieses Herangehen die „3-Tiefen-Formel". Erst die Kapitel, dann die Unterkapitel und letztendlich die Inhalte dieser. Du kannst dies sehr schön in einer Mindmap darstellen.

Wir verwenden hier die Software Mindmeister.com. Du kannst die Software kostenlos bis zu 3 Projekten nutzen und kannst mit mehreren Personen gleichzeitig daran arbeiten. Wir nutzen diese seit Jahren und jeder im Team hat Zugriff auf die Mindmaps und kann im Brainstormingmodus gleichzeitig daran arbeiten.

Die Erstellung eines Ebooks - Ratgebers - Buches

Wenn dein Produkt aus einem E-Book, Ratgeber oder Buch

besteht, dann gehst du den oben beschriebenen Weg und strukturierst deine Inhalte genau danach.

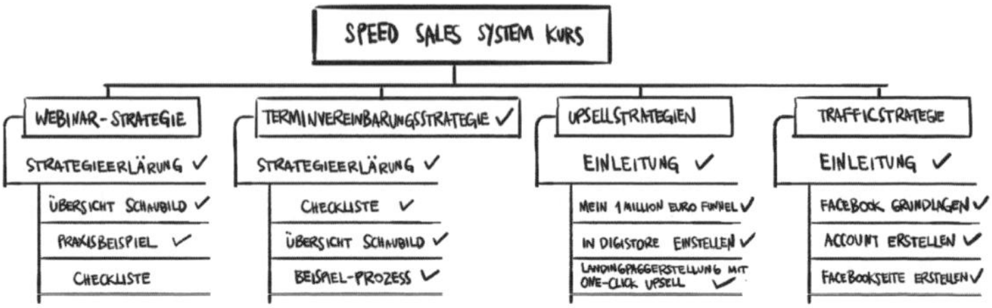

Als Software kannst du gerne mit Word arbeiten oder aber auch kostenfrei mit Google docs. Nutze dort einfach die Standardeinstellung und arbeite in DIN A4. Wenn du die verschiedenen Überschrift-Typen (Überschrift 1 für Kapitel, Überschrift 2 für Unterkapitel,...) verwendest, so hast du im Nachhinein die Möglichkeit, per Knopfdruck aus den Überschriften automatisch dein Inhaltsverzeichnis zu erstellen.

Dies erleichtert dir dein Leben ungemein, weil es extrem arbeitsintensiv ist, wenn du manuell ein Inhaltsverzeichnis erstellst und etwas ändern musst. Auch hier sollte dein Motto gelten: So viel Automation wie möglich.

Übertrage deine Kapitel und Unterkapitel aus deiner Mindmap in deine Datei.

Der große Vorteil, wenn du so vorgehst, ist folgender:

- Du kannst dir ganz gezielt deine Kapitel aussuchen, an denen du arbeitest und die du fertigstellst.
- Du musst nicht zwingend in der Reihenfolge arbei-

ten, sondern teilst dir deine Arbeiten so ein, wie es dir sinnvoll erscheint und Spaß macht. Manchmal hat man keine Lust auf ein bestimmtes Kapitel, dann kannst du einfach ein anderes nehmen, das dir in dem Moment eher zusagt. Wichtig ist: Umsetzen und vorankommen.

- Schreibe den Anfang und das Vorwort zum Schluss. Oft ist es so, dass sich während der Produktion und des Schreibens Änderungen ergeben und Dinge, die du noch ergänzen möchtest. In der Regel gibst du am Anfang eines Buches einen Ausblick auf das, was den Leser erwartet. Wenn das Gesamtwerk vor dir liegt, ist es viel einfacher, zusammenfassend am Anfang darüber zu berichten.

Ist dein E-Book fertig, kannst du es einfach als PDF abspeichern und das war's. Geschafft und Kompliment an dich!

Das Cover

Dein E-Book sollte ein professionelles Cover haben, das zum einen als erste Seite deiner Datei zu sehen ist und das du in Form eines 3D-Covers zu Marketingzwecken verwenden kannst.

Ein professionelles Cover zu verwenden, ist elementar wichtig und wird deine Verkaufsraten um einiges verbessern. Stelle dir nur einmal vor, du möchtest ein Buch verkaufen, das nur in Form einer Überschrift verkauft wird. In dieser Form existiert solch ein Buch nicht und es ist auch nicht greifbar. Oder würdest du auf Amazon ein Buch bestellen, das kein Cover hat?

Wie du dein Cover professionell und für kleines Geld erstellen oder erstellen lassen kannst, zeigen wir dir später:

Die Erstellung eines Videokurses

Die Königsdisziplin im Online Marketing ist die Erstellung eines eigenen Videokurses oder sogar mehrerer Kurse. Von der Vorgehensweise und Strukturierung ist es das Gleiche wie bei einem E-Book.

Das Ganze ist etwas technischer, weil es aus mehreren Elementen besteht. Der Vorteil eines Videokurses ist der, dass er als hochwertiger als ein E-Book angesehen wird, weil mit Videos grundsätzlich besser erklärt und dargestellt werden kann.

Eine kurze Ergänzung zum Thema Erstellung eines Buchs: Wenn du ein Buch auf den Markt bringst (ein richtiges physisches Buch), dann erhöht dies extrem deinen Expertenstatus und deinen Bekanntheitsgrad. Das eigentliche Geld wird aber mit Videokursen oder (nennen wir es etwas professioneller) Videocoachings verdient.

Von daher ergibt es durchaus Sinn, auf eine Kombination von beidem zu setzen.

Aus was ein Videocoaching besteht

Videoerstellung

Die wichtigsten Bestandteile eines Videocoachings sind, wie es das Wort schon sagt, Videos.

Es gibt 2 Arten von Videos, die du für dein Produkt verwenden kannst.

1. Realvideos – Hier stehen du oder ein bzw. mehrere Personen vor der Kamera und erklären etwas.
2. Bildschirmvideos – Hier filmst du Vorgänge an einem Bildschirm ab.
   a. Variante1: Du erklärst zum Beispiel, wie eine Software funktioniert, und der Betrachter kann genau sehen, was du Schritt für Schritt klickst.
   b. Variante 2: Du hast eine Powerpoint- oder Keynotepräsentation erstellt zu deinem Thema und während du diese Präsentation durchklickst, sprichst du dazu. Im Prinzip ist es so, als würdest du einen Vortrag mit einem Beamer halten und dazu referieren.

Videoproduktion von Realvideos

Wenn du dir jetzt ein Videoproduktionsset vorstellst, das sehr aufwendig und teuer ist, dann kann ich dich beruhigen.

Wie bei allem schauen wir extrem auf das Nutzen-Aufwand-Verhältnis und arbeiten hier mit den kleinsten preislichen und doch professionellen Anforderungen.

Dein Smartphone ist dein bester Begleiter

Du kannst deine Videos mit deinem Smartphone aufnehmen. Die Qualität ist mittlerweile dermaßen gut, dass sich die Anschaffung einer teuren Kamera überhaupt nicht lohnt.

Auf zwei Dinge solltest du unbedingt achten:

1. eine gute Ausleuchtung
2. ein guter Ton

Eine gute Ausleuchtung

Auch hier brauchst du keine Angst haben vor Anschaffungen im hochpreisigen Segment. Auf Amazon findest du eine Vielzahl von günstigen Beleuchtungssets, die du bereits für kleines Geld bekommst. Eine Ausleuchtung ist nicht zwingend notwendig, wenn du an deinen Aufnahmeorten das Tageslicht für dich arbeiten lassen kannst oder wenn du ohnehin über eine gute Ausleuchtung verfügst.

Auf was du unbedingt achten solltest: Stelle dich nicht vor ein Fenster oder eine Lichtquelle. Das Ergebnis erkennst du in der Regel selbst, wenn du dir dein Videomaterial anschaust.

Ein kleiner Tipp am Rande: Stelle dich nicht zentral in die Bildmitte, sondern unterteile deinen Bildschirm virtuell in zwei Teile und dann stellst du dich in die linke oder rechte Hälfte. Achte weiterhin darauf, dass der Abstand über deinem Kopf nicht zu groß ist, sondern du direkt unter dem oberen Rand stehst. Wenn du diese Basics beachtest, hast du schon zu 80% alles richtig gemacht (Pareto :-))

Ein guter Ton

Es gibt nichts Schlimmeres, einen Videokurs von 10 Stunden zu erstellen, und dein Ton ist einfach nur schlecht. Die häufigsten Fehler, die hier gemacht werden:

- Du bist zu weit von der Kamera entfernt und der Ton ist weit weg und klingt hallig.
- Du hast störende Nebengeräusche.

Dies löst du ganz einfach durch ein sogenanntes Lavaliermikrofon, das du ansteckst. Du kennst diese Mikrofone sicherlich aus dem Fernsehen. Diese gibt es mit langen 5-Meter-Kabeln oder Funk und passen perfekt an dein Smartphone. Eine Empfehlung von uns bekommst du auf unserer Seite mit Tools und Empfehlungen. Schaue auf Amazon und du findest bereits ab 20 Euro hervorragende Mikrofone. Wenn du relativ nah am Smartphone stehst (ca. 1 Meter), dann kannst du auf ein externes Mikrofon verzichten.

Sobald du dich an diese beiden Tipps hältst, wird dein Videocoaching für deinen Kunden ein wahres Erlebnis.

Videoproduktion von Bildschirmaufnahmen

Dies mag dir im ersten Augenblick etwas befremdlich erscheinen, jedoch hast du diese Videos selbst mit Sicherheit schon oft gesehen, vielleicht auf Facebook oder diversen Software Seiten. Dort werden Videos von dem Bildschirm gezeigt, indem eine Software erklärt oder eine Präsentation vorgestellt wird.

Das Prinzip ist überall das gleiche. Das, was gerade am Bildschirm passiert, filmt eine Software mit. Die Vertonung findet entweder live statt, indem eine Person den Vorgang direkt kommentiert, oder aber im Nachgang werden zum Beispiel Musik und / oder ein Sprecher hinzugefügt.

Um solche Aufnahmen zu erstellen, die bei deinem Videocoaching durchaus sinnvoll sein können, benötigst du zwei Dinge:

1. Eine Videoschnittsoftware zum Aufnehmen des Bildschirms
2. Ein Mikrofon

Für beides gibt es sowohl kostengünstige Lösungen und auch etwas anspruchsvollere Produkte, die natürlich ihren Preis haben.

Empfehlungen für sowohl kostengünstige als auch professionellere Software und auch Mikrofone erhältst du auf unserer Empfehlungsseite: digitaleseinkommen.de/tools-und-empfehlungen

Wichtige Tipps beim Aufnehmen:

Wir möchten dir an dieser Stelle wichtige Tipps mitgeben, damit du von Anfang an möglichst alles richtig machst.

Deine Stimme

Wenn du noch nie in dem Bereich Aufnahmen gearbeitet hast, dann wirst du, wenn du deine eigene Stimme hörst, wahrscheinlich etwas irritiert sein, weil du dich auf der Aufnahme anders anhörst, als du deine Stimme selbst kennst.

Daran musst du dich gewöhnen. Das, was du da hörst, ist genau das wie dich dein gesamtes Umfeld wahrnimmt. Du wirst vermutlich sagen: Ich höre mich schrecklich an. Zu 95% ist das nicht so. Es ist nur ungewohnt für dich. Zugegeben, es gibt wirklich Menschen, die eine nicht so gut klingende Stimme haben, aber das ist eher selten und manchmal kann solch eine eigenartige Stimme auch gleichzeitig ein Alleinstellungsmerkmal sein.

Wenn du mehrfach Aufnahmen besprichst, hörst du keinen Unterschied mehr zu deiner vertrauten Stimme. Es ist wie bei allem. Übung macht den Meister.

Ebenso wirst du am Anfang Angst haben und sagen: Das habe ich noch nie gemacht, das traue ich mich nicht. Hierzu nur eines: Du willst wachsen, also raus aus der Komfortzone und Neuland betreten. Wenn du immer nur das tust, was du bisher getan hast, dann wirst du auch immer nur das bekommen, was du bisher bekommen hast.

Deine Aussprache

Versuche immer, klar und deutlich zu reden. Wenn du einen Dialekt wie zum Beispiel Bayrisch sprichst, dann versuche nicht, dies zu zwanghaft zu unterdrücken, sondern sei du selbst. Sei authentisch. Aber beachte, dass man dich gut verstehen kann.

Sprich eher zu langsam als für dich normal. Aus eigener Erfahrung können wir dir sagen, dass man immer dazu neigt, etwas zu schnell zu sprechen, obwohl man meint, es ist eine normale Geschwindigkeit.

Spreche bewusst etwas langsamer. Es ist verständlicher für

den Zuhörer und in der Regel dann genau die richtige Geschwindigkeit.

Videohosting

Wenn du deine Aufnahmen fertig gestellt hast, dann kannst du diese aus deiner Software in ein gängiges Format exportieren. Wir nutzen hier das Format mp4. Wähle von der Qualität mindestens HD 1280 x 720. In der heutigen Zeit ein Muss.

Du kannst deine Videos auf den unten vorgestellten Plattformen hosten. Das heißt, du lädst diese ins Internet hoch, und von dort kannst du sie weiterverwenden und in einen Mitgliederbereich für dein Videocoaching einbinden.

YouTube

Hierzu benötigst du einen entsprechenden YouTube-Kanal. Über ein google Konto kannst du diesen erstellen. Das Ganze ist kostenfrei.

Wichtig beim Hochladen der Videos ist, dass du diese nicht auf öffentlich stellst. Du möchtest ja nicht, dass die breite Masse Zugang zu deinen Produktvideos hat.

Vimeo

Wenn du es etwas professioneller und vor allem geschützter für deine Videos haben möchtest, dann nutzt du Vimeo. Für kleines Geld kannst du dir einen Account sichern. Somit sind deine Videos perfekt geschützt und haben weitere Einstellungsmöglichkeiten. Wir nutzen für unsere Coachingvideos ausschließlich Vimeo.

Dein Mitgliederbereich

Wenn du einen Videokurs, ein Videocoaching, vermarkten möchtest, dann ist ein sogenannter Mitgliederbereich zwingend notwendig.

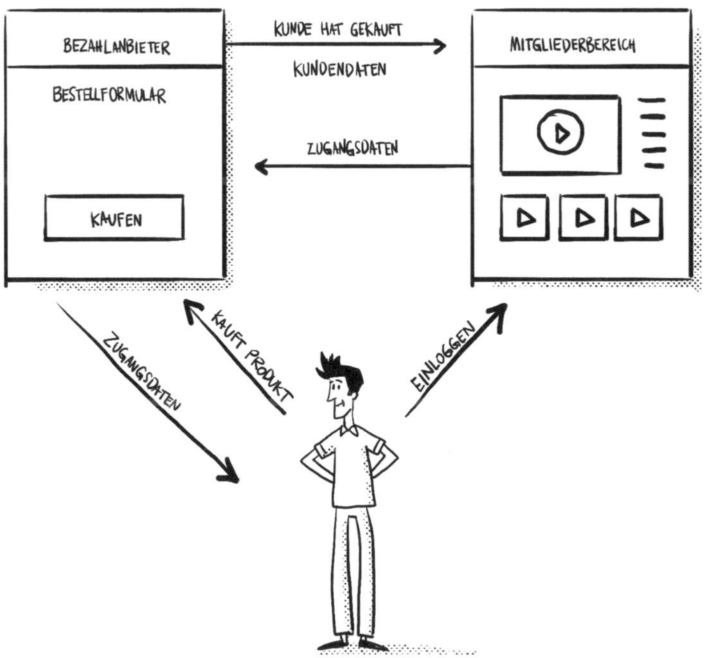

Das System dahinter kannst du dir folgendermaßen vorstellen:

- Ein Kunde kauft über einen Bezahlanbieter wie CopeCart oder Digistore24 dein Produkt.

- Der Bezahlanbieter ist mit der Software deines Mitgliederbereichs verbunden.
- Kauft ein Kunde, so geht eine Meldung vom Bezahlanbieter an deine Mitgliederbereich-Software.
- Die Mitgliederbereich-Software nimmt die Kontaktdaten in die Datenbank auf und schickt dem Kunden die Zugangsdaten zu.
- Die Zugangsdaten werden dem Kunden automatisch per E-Mail zugeschickt.
- Der Kunde klickt auf den Link und gibt seine Daten ein. Das war's.

Wichtig ist in diesem Zusammenhang, dass der Zugang zu deinem Video- Coaching geschützt ist und dass nur Kunden, die gezahlt haben, den entsprechenden Zugang bekommen. Diese Prozesse müssen völlig automatisch funktionieren.

Unsere Empfehlung für Mitgliederbereich-Software findest du hier: digitaleseinkommen.de/tools-und-empfehlungen

Aufgabe #15

Du solltest es dir als feste Aufgabe einplanen, deine Webseite bzw. deinen Blog weiter auszubauen und weitere Inhalte zu veröffentlichen.

Dies können weitere Artikel zu anderen Produkten, Artikel mit allgemeinen Tipps und Ratschlägen (im passenden Themen-Bereich) oder auch Unterseiten sein. Wir wollen aktuell bei einem Thema bzw. Produkt bleiben, daher solltest du nun einen Folgeartikel schreiben, der auf deinem ersten Artikel aufbaut. Dieser kann z.B. ein Erfahrungsbericht über deinen Fortschritt sein, Tipps für die Umsetzung, die dir vielleicht geholfen haben, oder Ähnliches.

Hier findest du eine kurze Erklärung und ein Beispiel für deinen zweiten Blog-Artikel: **digitaleseinkommen.de/aufgabe-15**

Der Aufbau deines Video Coachings

Der Aufbau erfolgt analog deiner Mindmap, mit der du deinen Onlinekurs strukturiert hast. Du kannst in der Mitgliederbereich-Software Module und Lektionen anlegen. Module stellen sozusagen deine Oberkapitel und Lektionen die Unterkapitel dar.

Du hast die Möglichkeit, für deinen Kurs ein Einleitungsvideo einzustellen. Solch ein Einleitungsvideo erstellst du am besten ganz am Schluss, wenn dein Kurs bereits fertig ist. Das hat zwei Vorteile:

Zum einen hast du bereits deinen gesamten Kurs aufgenommen und bist nun geschult in diesem Thema und hast die entsprechende Selbstsicherheit. Zum anderen möchtest du eventuell deinen Kurs erklären und das geht nur, wenn dieser fertig ist.

Generell als Geheimtipp wenn du zum ersten Mal deinen Kurs aufnimmst:

Arbeite von hinten nach vorne. Das hat den einfachen Grund: Du bist bei deinen ersten Videos nervös und das kann der Betrachter sehen und hören. Wenn deine ersten Videos mit zittriger Stimme gemacht werden, dann denkt der Kunde: Ohje, was ist das für ein Kurs. Deine letzten Videos, die du aufnimmst, werden mit mehr Routine und Selbstsicherheit aufgenommen. Da diese nun die ersten sind, hat der Betrachter gleich einen guten Eindruck. Dein Zittern am Schluss wird er dir verzeihen.

Länge der Videos

Diese Frage wird uns oft gestellt: Wie lange sollen die Videos sein? Wähle hier eher kurze statt lange Videos im Bereich zwischen 1 bis 10 Minuten.

Überlege selbst, was du dir lieber anschaust. Videos von einer Stunde oder kurze verdaubare Einheiten? Das hat zwei Effekte: Du hast mehr Videos und dadurch wirkt der Kurs größer und er lässt sich leichter durcharbeiten.

Dein Logo und Businessname

Am Anfang deines Business mit einem eigenen Produkt sollte die Erstellung eines Logos stehen. Natürlich kannst du sagen: Das mache ich später. Erst einmal Geld verdienen. Wir sind im Vorfeld bereits darauf eingegangen, wo und wie du ein Logo kostengünstig erstellen lassen kannst.

Auf unserer Seite mit den Tools und Empfehlungen findest du auch Portale, über die du die passenden Freelancer findest.

Aber warum solltest du mit einem Logo starten? Mit einem Logo definierst du dein Corporate Design. Deine Farben, deine Symbole und deine Schriftart. Du gibst damit dir und deinem Geschäft sofort einen Wiedererkennungswert. Alles das, was du in Zukunft erstellst, benötigt Farben und Symbole sowie eine Schriftart. Mit dem Logo steht dir dies ab sofort zur Verfügung, und am besten in verschiedenen Ausführungen, damit du es für alles Mögliche verwenden kannst.

Hier einmal eine kleine Auflistung von Logodarstellungen:

DIGITALES
EINKOMMEN

DIGITALES EINKOMMEN

DIGITALES EINKOMMEN

DIGITALES EINKOMMEN

Zudem hat die Erstellung eines fertigen Logos einen sehr wichtigen psychologischen Effekt: Du bist sehr stolz auf dich, weil du etwas Eigenes entwickelt hast und du ab sofort nach außen sagen kannst: Das bin ich mit meinem Business.

Bei der Wahl des Namens für dein Business gibt es mehrere Möglichkeiten:

- Du nutzt nur deinen Vor- und Nachnamen.
- Du ergänzt deinen Namen mit einer Bezeichnung, wie zum Beispiel: Schmuck Online Marketing.
- Du nutzt einen kompletten Fantasienamen (Beispiel Future Sale).

Prüfe zum einen, ob dieser Name schon vergeben ist und ob es freie Domains dafür gibt. Es wäre schade, wenn du ein Marke aufbaust, die bereits vorhanden ist und du im schlimmsten Falle verklagt wirst.

Eine hervorragende Plattform zum Prüfen und schlussendlich Buchen von Domains findest du unter unseren Tools und Empfehlungen: digitaleseinkommen.de/tools-und-empfehlungen

Wenn du deinen Namen für dein Business und dein Logo gefunden hast, dann lasse dieses fertig stellen. Nach ein paar Tagen hast du dein Ergebnis und kannst alles Weitere darauf aufbauen, unter anderem das 3D-Cover deines ersten Produktes.

Die Erstellung eines professionellen 3D-Covers

Über den marketingtechnischen Nutzen eines 3D-Covers hatten wir uns bereits unterhalten. Von daher solltest du dieses auf jeden Fall in dein Marketing mit einbeziehen. Wir zeigen dir an dieser Stelle, wie du solch ein Cover kostengünstig erstellst.

Dadurch, dass deine Farben nun feststehen und du ein Logo hast, können deine zukünftigen 3D-Cover darauf aufbauen. Für das Coverdesign kannst du ebenfalls externe Plattformen verwenden und dies von Freelancern umsetzen lassen.

Du kannst allerdings auch selbst deine 3D-Cover erstellen, indem du hierfür spezialisierte Software bzw. Tools nutzt, die sehr kostengünstig sind und teilweise vorgefertigte Designs zur Verfügung stellen, in die lediglich ein wenig Text und Bilder eingefügt werden. Empfehlungen hierzu findest du wie gewohnt auf unserer Seite hierfür.

Das Prinzip, ein 3D-Cover zu erstellen, ist sehr einfach. Du musst dir nur die einzelnen Flächen, die zum Beispiel eine Box definiert, als Ebene Fläche vorstellen. Du siehst hier das Beispiel einer Box und deren Flächen:

Du musst jetzt nichts anderes tun, als die ebenen Flächen zu designen und diese dann durch die Software in eine 3D-Darstellung konvertieren zu lassen. Fertig ist dein professionelles Design. Wow-Effekt garantiert.

Es ist für uns immer wieder ein Highlight, wenn wir ein neues Cover fertig haben.

Dein Bestellprozess und der Bezahlanbieter

Nachdem du nun alle Aufgaben für die Erstellung deines eigenen Videokurses durchgeführt hast, wollen wir uns einen weiteren, sehr wichtigen Part ansehen: den Bestellprozess. Hierbei gehen wir nicht auf das Marketing ein, sondern konzentrieren uns rein auf die Elemente, die du benötigst, damit ein Kunde dein Produkt kaufen kann.

Wir schauen uns an, was es benötigt, damit ein potentieller Kunde kaufen kann, das Geld auf deinem Konto landet und der Kunde Zugang zu seinem Produkt bekommt.

Im Markt gibt es viele verschiedene Möglichkeiten, wie du deine Produkte vermarkten kannst. Wir schauen für die Vermarktung von digitalen Infoprodukten die Marktführer an, die auch wir verwenden – CopeCart und DigiStore24.

Damit du verstehst, wie die Abläufe sind und wer an welcher Stelle welches Geld bekommt, erklären wir das Konzept dahinter.

Zunächst einmal die gute Nachricht für dich: Bei CopeCart und DigiStore24 kannst du kostenfrei einen Account erstellen. Allerdings sind sie nicht wirklich kostenfrei im eigentlichen Sinne, denn wenn du über diese Anbieter deine Produkte anbietest und verkaufst, berechnen sie mit jedem Verkauf eine Provision von wenigen Prozenten für die Abwicklung, Gebühren, Rechnungsstellung usw..

Das Schöne an diesem Konzept ist, dass es eine Win-Win-Situation für alle Beteiligten ist, denn nur, wenn Geld fließt, ist eine Provision fällig. Um zu verstehen, welche Vorzüge ein solcher Bezahlanbieter für dich hat, schauen wir uns zunächst den herkömmlichen Prozess an, den du manuell durchführen müsstest, damit ein Kunde bei dir kaufen kann.

Der wohl steinigste Weg wäre folgender:

1. Du hast eine Webseite mit deinem Angebot.
2. Ein Kunde trägt seine Daten in ein Formular ein und möchte dein Produkt kaufen.

3. Du schickst diesem per E-Mail eine Rechnung nach internationalem Steuerrecht.
4. Du wartest, bis das Geld da ist.
5. Du aktivierst den Zugang für deinen Kunden und schickst ihm seine Zugangsdaten.

Wenn du am Tag ein Produkt verkaufst, dann mag das alles tragbar und umsetzbar sein. Aber stelle dir vor, du verkaufst am Tag 100 Produkte (was keine Seltenheit ist), dann bist du rund um die Uhr damit beschäftigt, Rechnungen zu schreiben und Kundenzugänge anzulegen.

Du wirst jetzt vielleicht sagen: Für soviel Geld arbeite ich gerne. Dann glaube uns, es wird dich nerven. Zudem kannst du nicht ordentlich skalieren.

Ein Bezahlanbieter nimmt dir alle diese Tätigkeiten ab und du musst dich, wenn dein System steht, um nichts mehr kümmern. Wir sind mit der Anforderung angetreten, dir beizubringen, wie du dir ein automatisiertes System aufbaust, und das wollen wir dir liefern.

Zudem hat dieses System für deinen Kunden einen enormen Vorteil, weil dieser innerhalb von wenigen Minuten nach dem Kauf dein Produkt nutzen kann. Dies ist von unschätzbarem Wert.

Weiterhin kannst du deinem Kunden eine Vielzahl von Bezahlmöglichkeiten bereitstellen:

- Lastschrift
- Kreditkarte
- PayPal

- Sofortüberweisung
- Überweisung
- usw.

Du kannst deinen Kunden größere Beträge in bequemen Raten zahlen lassen und musst dich um nichts kümmern. Stelle dir vor, du bietest ein Monatsabo an. Die Abbuchungen erfolgen völlig automatisch Monat für Monat genauso wie die Rechnungsstellung.

Was kostet dich dieser Service? Die genauen Daten entnimmst du bitte den aktuellen Bestimmungen von CopeCart und DigiStore24. Rechne je nach Höhe des Bruttoverkaufspreises mit bis zu 5% oder 8%. Wenn du denkst, dass dies viel ist, so kalkuliere dir einfach, was es kosten würde, alles manuell zu machen.

Was du beim Bezahlanbieter einstellen musst

Zunächst einmal aktivierst du deinen Account und legst deine Businessdaten an. Du gibst deine Kontonummer und, wenn vorhanden, deine Firmendaten an, damit die Auszahlungen erfolgen können.

Bezüglich der Auszahlung ist es für dich wichtig zu wissen, dass du das Geld nicht sofort bekommst, sondern die Auszahlungen erst zirka 14 Tage später erfolgen und zudem ein gewisser Sicherheitsbetrag zurückgehalten wird, der dir zu einem späteren Zeitpunkt ausgezahlt wird.

Die Auszahlungen der Beträge können wöchentlich, alle zwei

Wochen oder monatlich eingestellt werden. Kalkuliere dies bitte in deine Liquidität ein. Dies ist zum Beispiel wichtig, wenn du Werbung einkaufst, dafür Geld bezahlst, aber die Einnahmen erst nach 2 Wochen ausbezahlt werden.

Im nächsten Schritt musst du dein Produkt beim Bezahlanbieter anlegen und alle relevanten Bezahldetails festlegen. Anschließend verknüpfst du deine Mitgliederbereichsoftware mit dem Bezahlanbieter. Dies ist nicht nur wichtig in Bezug auf die Zusendung der Zugangsdaten, sondern im Umkehrschluss muss bei erfolgter Stornierung eines Produktes auch eine automatisierte Deaktivierung des Zugangs für den Kunden erfolgen.

Allein daran siehst du, an welche Eventualitäten du in diesem Prozess denken musst. Wenn du all diese Schritte umgesetzt hast, steht einem erfolgreichen Produktstart nichts mehr im Weg.

1. Zusammenfassung Business-Start mit Produkterstellung:
2. Lasse ein Logo (Name) mit Corporate Design erstellen.
3. Strukturiere dein Produkt.
4. Produziere deine Videos.
5. Lade deine Videos auf Vimeo oder YouTube hoch.
6. Erstelle deinen Mitgliederbereich.
7. Erstelle deinen Bestellprozess mit einem Bezahlanbieter.
8. Verkaufe ...

Affiliate Marketing

Wenn du am Anfang kein eigenes Produkt erstellen oder generell kein Produkt anbieten und dezent im Hintergrund bleiben möchtest, dann bietet sich zum Aufbau eines digitalen Einkommens Affiliate Marketing an.

Grundsätzlich ist das eine nicht besser oder schlechter als das andere. Jedes Business hat für sich gewisse Vor- und Nachteile. Wir kennen viele erfolgreiche Online Marketer, die rein mit Affiliate Marketing jeden Monat enorme Umsätze erwirtschaften.

Nehmen wir ein einfaches Rechenmodell: Angenommen, du entscheidest dich, ein bestimmtes Produkt als Affiliate zu bewerben. Du baust ein System auf, das dir kontinuierlich jeden Tag 50 Euro Gewinn an Provision einspielt. Das sind im Monat 1.500 Euro Einnahmen.

Jetzt suchst du dir ein zweites, ein drittes und ein viertes Produkt aus, das du bewirbst. Die Arbeit ist immer die gleiche. Wenn du das System aufgesetzt hast, läuft es nahezu eigenständig. Mit vier Produkten gleichzeitig und jeweils 50 Euro an Provision, stehen wir bei 6.000 Euro monatlichen Einnahmen. Und diese Kampagnen kannst du natürlich auch noch weiter skalieren.

Es gibt Affiliates, die gleichzeitig 100 Produkte und mehr bewerben. Deiner Fantasie sind nun keine Grenzen mehr gesetzt.

Der Prozess

Schauen wir uns nun im Detail an, wie der Prozess beim Affiliate Marketing funktioniert. Wir erklären dir dies mit Hilfe eines Bezahlanbieters, der dies anbietet und bei dem alle Prozesse automatisiert ablaufen.

Schauen wir uns dazu an, aus welchen Schritten solch ein Prozess besteht und was der Verkäufer eines Produktes, der sogenannte Vendor, alles beachten muss.

1. Als erstes musst du festlegen, wieviel Prozent Provision du auszahlst. Es sollte für einen Affiliate immer lukrativ sein.
2. Du musst deinem Affiliate Werbemittel zur Verfügung stellen in Form von vorgeschriebenen Texten und Bannern, die er für seine Werbung nutzen kann.
3. Du musst deinem Affiliate einen Link zur Verfügung stellen, den er verwenden kann und der dafür sorgt, dass die Empfehlungen, die er auf deine Seiten schickt, auch ihm zugeordnet werden.
4. Du musst bei erfolgreichem Verkauf sicherstellen, dass der Affiliate seine ordnungsgemäße Provision erhält.

Schauen wir uns nun an, wie es aussehen würde, wenn du diese einzelnen Schritte manuell durchführen würdest.

- Schritt 1: Ist kein Problem. Die Provision kannst du einfach per Definition festlegen und auf deiner Infoseite für die Affiliates aufführen.
- Schritt 2: Auch das ist kein Problem. Werbemittel

kannst du ebenfalls auf deiner Infoseite mit anbieten.

- Schritt 3: Hier fangen die ersten Probleme an, denn wie kannst du solch einen Affiliatelink erstellen und wie könntest du nachweisen, welche Verkäufe von welchem Affiliate stammen? So etwas aufzubauen ist mühsam.
- Schritt 4: Die Auszahlung von Provision auf manuelle Weise kann sehr umständlich sein. Denken wir nur an ein Abo, das monatlich abgerechnet werden muss. Hier müsstest du jeden Monat dem Affiliate eine Auszahlung vorbereiten und eine Gutschrift anlegen. Wenn du mit wenigen Affiliates arbeitest und große Beträge ausgezahlt werden müssen, ist dies noch überschaubar, aber spätestens, wenn die Anzahl der Affiliates und der damit verbundenen Auszahlungsbeträge steigt, ist dies extrem unübersichtlich.

Wird das Affiliatesystem durch einen Zahlungsanbieter wie zum Beispiel CopeCart oder DigiStore24 abgewickelt, so laufen alle Schritte voll automatisiert ab.

- Du legst im Bezahlsystem deine entsprechende Provision an.
- Die Werbemittel stellst du nach wie vor auf deiner Infoseite zur Verfügung.
- Der Link, den deine Affiliates nutzen, um dein Produkt zu bewerben, wird vom Zahlungsanbieter bereitgestellt.

Schauen wir uns ein kurzes Beispiel an. Uns ist es wichtig, dass du verstehst, wie dieses System funktioniert:

Hier ein typischer Affiliatelink, der von CopeCart bereitgestellt wird.
https://www.copecart.com/products/e5041bd0/p/AFFILIATE

Hier ein typischer Affiliatelink, der von DigiStore24 bereitgestellt wird.
https://www.digistore24.com/redir/307543/AFFILIATE/CAMPAIGNKEY

Im Link findest du das Wort AFFILIATE. Wenn du selbst als Affiliate ein Produkt bewerben möchtest, das über CopeCart oder Digistore24 verkauft wird, dann musst du einen Account bei diesen anlegen. Dort definierst du einen Benutzernamen.

Wenn du dich als Affiliate nun entscheidest, ein bestimmtes Produkt zu bewerben, und dich als Partner für dieses angemeldet hast, dann nimmst du den vom Verkäufer des Produktes bereitgestellten Link und ersetzt das Wort AFFILIATE durch deinen eigenen Benutzernamen.

Dieser Schritt ist notwendig, damit das System bei einem Verkauf sehen kann, von wem die Empfehlung kam.

Technisch gesehen passiert im Hintergrund Folgendes: Angenommen, du empfiehlst ein Produkt über deine eigene Webseite. Dann platzierst du im Text diesen Link und wenn ein Interessent darauf klickt, gelangt dieser auf die Verkaufsseite des Vendors. Beim Interessenten wird auf dessen Rechner nun ein Cookie gesetzt. Dieser sorgt dafür, dass bei einem Kauf dieser dem empfehlenden Affiliate zugeordnet wird.

Das Spannende an dem Prozess, der nun im Hintergrund läuft,

ist Folgendes: Die Provision wird dir sofort zugeordnet. Zwischen dir als Affiliate und dem Verkäufer wird keine Provision ausgetauscht, das heißt, zwischen beiden wird auch keine Gutschrift oder Rechnung erstellt.

Beide Parteien rechnen direkt mit dem Zahlungsanbieter ab. Da das Geld vom eigentlichen Käufer zunächst beim Zahlungsanbieter zwischengeparkt wird, da dieser als sogenannter Reseller im Deckungsgeschäft auftritt, ist dieser dann auch für die Auszahlung der Provision zuständig.

Du glaubst gar nicht, wie einfach und schön es ist, wenn du dich um absolut nichts kümmern musst. Wir reden in diesem Beispiel von den einfachsten Fällen. Denke nur mal darüber nach, welche Prozesse angestoßen werden müssen, wenn eine Stornierung durchgeführt wird.

Wenn du absolut neu in diesem Bereich bist, dann wirst du sehr erstaunt sein, was automatisiert alles möglich ist und warum in diesem Bereich mit wenig Aufwand sehr viel Geld verdient werden kann.

Merkmale eines guten Affiliate-Produktes

Nachdem du nun den Prozess von Affiliate Marketing kennengelernt hast, stellt sich für dich die Frage, welche Merkmale ein gutes Produkt auszeichnet.

Der größte Mythos, auf den die meisten hereinfallen, wenn sie mit Affiliate Marketing beginnen und sich die ersten Produkte heraussuchen, ist die Höhe der Provision. Das heißt, je höher die Provision, desto interessanter ist das Produkt. Das ist leider nicht der Fall.

Was ist besser? Eine Provision in Höhe von 500 Euro, die du 0-mal verkaufst oder eine Provision in Höhe von 20 Euro, die du 100-mal verkaufst. Die Antwort ist ersichtlich.

Das Wichtigste, worauf du achten solltest, ist Folgendes: Funktioniert der Verkauf? Das heißt, hat der Vendor einen guten Marketingprozess aufgesetzt.

Eine gute Möglichkeit, um Produkte zu finden, die du vermarkten kannst, ist der Marktplatz von CopeCart und Digistore24. Dort sind Tausende Produkte aufgeführt, die nach bestimmten Kriterien gelistet werden. Du kannst diese nach Popularität und Verkaufsrang sortieren und ebenso nach Themen sortieren lassen.

Du kannst davon ausgehen, dass eine gute Popularität auch ein Indiz über die Qualität des Produktes und des Marketings ist. In den Marktplätzen findest du Kennzahlen über die Höhe des Verdienstes, die Stornoquote, den prozentualen Anteil der Käufer, die auf dem Bestellformular waren, und vieles mehr.

Im Grunde genommen sind die Indizien gute Popularität und hoher Verkaufsrang sehr aussagekräftig.

Manche Plattformen stellen ihren Affiliates auch einen durchschnittlichen EPC (earnings per click) zur Verfügung, welches der beste Indikator für ein funktionierendes Produkt mit gutem Marketing ist.

Ein sehr wichtiger Aspekt, den du unbedingt beachten solltest, ist die Zielgruppe: Kannst du die richtige Zielgruppe für dieses Produkt erreichen oder nicht? Es nützt dir nichts, wenn du über eine Zielgruppe verfügst, die Katzen liebt, dieser dann aber einen Bestseller im Hundetraining verkaufen möchtest.

Und doch gibt es immer wieder Juwelen, die neu auf den Markt kommen, aber noch nicht auf den vorderen Positionen zu finden sind. Als Beispiel nehmen wir ein Produkt aus unserem Hause (sieh uns bitte die Eigenwerbung nach), das wir zusammen mit einer der besten Verkaufstexterinnen im deutschsprachigen Raum, Désirée Meuthen, vermarkten (die auch an den Texten in Kapitel 4 dieses Buches maßgeblich beteiligt war).

Es ist eine Software, die auf Knopfdruck Verkaufstexte generiert. Das Webinar, das zum Marketing genutzt wird, hat eine extrem hohe Verkaufsquote. Wir bewerben dieses Produkt zum Beispiel auf Facebook und die Verkaufszahlen sind extrem gut.

Diese Information solltest du dir auf jeden Fall merken. Wenn ein Produkt zum Beispiel über Facebook lukrativ vermarktet wird, dann ist es auf jeden Fall ein gutes Affiliateprodukt.

Viele Produkte im Marktplatz werden überwiegend durch das Vermarkten an E-Mail-Listen verkauft. Das heißt, wir sprechen hier über warmen Traffic, dem ein solches Produkt angeboten wird. Das bedeutet, die Besucher kennen die Person, die das Produkt empfiehlt, und vertrauen dieser.

Bei Traffic über Facebook sprechen wir von sogenanntem kalten Traffic, das heißt, die Besucher kennen den Verkäufer nicht. Dieser Traffic zielt auf neue Interessenten ab und konvertiert allgemein schlechter als warmer Traffic, da neue Interessenten logischerweise noch nicht das gleiche Vertrauen haben als bestehende Interessenten oder sogar Kunden.

Trotzdem kann auch kalter Traffic sehr erfolgsversprechend sein, wie das oben genannte Beispiel unserer Software zeigt.

Aufgabe #16

Nachdem du nun bereits den zweiten Artikel veröffentlicht hast und sich dein Blog langsam mit Inhalten füllt, wollen wir damit beginnen, noch mehr Besucher auf deine Webseite zu ziehen.

Hierfür werden wir nun auf eine größere Reichweite setzen als die, die du bereits besitzt. Dies kann jegliche Form einer Kontaktliste sein, wie z.B. Freunde bei Facebook, Instagram-Follower, WhatsApp-Kontakte, E-Mail-Kontakte etc.

Du solltest also nun einen Post in den Social Media-Kanälen veröffentlichen, die du bisher auch privat nutzt und eine Nachricht an deine E-Mail bzw. Kontaktliste senden (natürlich kannst du hier auch Personen ausschließen, die du nicht kontaktieren möchtest).

Wie du dabei vorgehen solltest, wie du einen Post oder einen WhatsApp- Broadcast erstellst, sowie einige Beispiel-Posts und -Nachrichten findest du hier: **digitaleseinkommen.de/ aufgabe-16**

Affiliate-Strategien

Affiliate Marketing mit der eigenen E-Mail-Liste

Eine der lukrativsten Formen, Affiliate Marketing zu betreiben, ist über die eigene E-Mail-Liste. Dies bedeutet im wahrsten Sinne des Wortes: Geld verdienen per Knopfdruck.

Nehmen wir ein Beispiel: Du hast eine E-Mail-Liste von 10.000 Kontakten. Du bewirbst ein Produkt von einem Vendor mit einer Provision in Höhe von 100 Euro. Die Vermarktung erfolgt über ein Verkaufsvideo. Dieses Video hat eine Verkaufsrate von 5%. Das bedeutet, von 100 Personen, die sich das Video ansehen, kaufen 5.

Nehmen wir weiterhin folgende Zahlen an:

Du hast eine Öffnungsrate von deiner E-Mail, die du verschickst, von 20%. Das heißt, 2.000 Personen öffnen deine E-Mail. Du hast eine Klickrate in der E-Mail in Höhe von 20%, das heißt, von 2.000 Personen klicken 400 auf einen Link und schauen sich das Video an. Von den 400 Personen kaufen 5% das Produkt, für das du pro Verkauf 100 Euro verdienst. 20 Personen x 100 Euro macht 2.000 Euro Verdienst.

Mit 30 Minuten Arbeit (solange braucht es, bis du die E-Mail in dein System eingepflegt hast), verdienst du 2.000 Euro. Hört sich sehr gut an, oder?

Allerdings kann ein solches Marketing nur von Affiliates betrieben werden, die über eine entsprechende E-Mail-Liste verfügen, die sie nach dem geltenden Datenschutzgesetz aufgebaut haben und auch anschreiben dürfen.

Wenn du neu auf dem Markt bist, musst du andere Wege gehen, um dir erst einmal über die Zeit hinweg eine eigene E-Mail-Liste aufzubauen und später auf diese Möglichkeit zurückzukommen.

Affiliate Marketing mit direkter Produktempfehlung durch Posten in Social Media-Kanälen

Um direkt Umsatz für dich als Affiliate zu erwirtschaften und keine Werbeausgaben zu verursachen, hast du die Möglichkeit, in den verschiedenen Social Media-Kanälen zu posten und deinen Affiliate-Link dort zu veröffentlichen. Dies kann in Facebook, Instagram, YouTube, Xing,... geschehen.

Suche dir zum Beispiel öffentliche Facebook-Gruppen, denen du beitrittst, und beteilige dich an Diskussionen zu spezifischen Themen, zu denen du ein passendes Produkt als Affiliate zur Hand hast, welches das Problem der Gesprächspartner in der Gruppe löst. Oftmals ist aggressive Werbung nicht erwünscht. Hier musst du mit Fingerspitzengefühl agieren und die Tipps durch die sogenannte Blume weitergeben.

Nachteil dieser Methode:

- arbeitsintensiv
- Du baust dir keine nachhaltige Liste auf
- Nicht automatisier- oder skalierbar

Affiliate Marketing mit Leadmagnet und anschließender Produktempfehlung

Klären wir zunächst den Begriff Leadmagnet. Hierbei handelt es sich um etwas, dass du Webseitenbesuchern schenkst und dafür im Gegenzug ihre E-Mail-Adresse bekommst.

Als Leadmagnet geeignet sind zum Beispiel kurze Ratgeber zu einem bestimmten Thema (10 Tipps zum schnellen Abnehmen), ein kostenloses Video oder auch ein Webinar.

Der Prozess kann folgendermaßen aussehen. Du erstellst einen kurzen Ratgeber zu dem Produkt, das du bewerben möchtest. Prüfe, ob dir der Vendor vielleicht einen solchen zur Verfügung stellen kann. Du erstellst eine Landingpage (Webseite) und bietest dort diesen Ratgeber zum kostenlosen Download an. Im Gegenzug erhältst du die E-Mail-Adresse.

Der Kontakt befindet sich nun in der E-Mail-Liste. Du kannst diesem im Anschluss nun E-Mails zusenden und ihm das entsprechende Affiliateprodukt empfehlen.

Diese Methode eignet sich hervorragend für die Nutzung sowohl von bezahltem Traffic als auch kostenfreiem Traffic. Der große Vorteil: Du baust dir eine E-Mail-Liste auf und machst parallel Umsatz.

Und: Je größer deine E-Mail-Liste, desto mehr Umsatz per Knopfdruck, du steigerst deine Gewinne langfristig und schaffst dir und deinem Business eine größere Sicherheit. Nachteil: Bei bezahltem Traffic musst du in finanzielle Vorleistung gehen.

Affiliate Marketing mittels einem Blog

Eine sehr spannende Strategie, wenn du dich für ein bestimmtes Thema interessierst, ist die Blogstrategie.

Beispiel: Du bist begeisterter Hundeliebhaber. Du liebst dieses Thema und hast viele Informationen, die für andere Hundebesitzer interessant sind.

Du erstellst einen sogenannten Blog, der im Grunde genommen nichts anderes als eine Webseite ist, auf der du kontinuierlich neue Beiträge einstellst. Du schreibst zu verschiedenen Themen im Hundebereich Artikel.

Wenn du ein bestimmtes Produkt als Affiliate bewerben möchtest, dann ergibt es Sinn, über dieses Thema einen Artikel zu schreiben und in diesem Artikel auf das Produkt aufmerksam zu machen.

Ein Blog hat den Vorteil, das Google diese Art von Webseiten liebt und wenn du in der Suchmaschine mit deinem Artikel zu finden bist, bekommst du kostenlos qualitativ hochwertigen Traffic.

Diese Strategie kannst du übrigens auch hervorragend einsetzen, um zum Beispiel Produkte auf Amazon zu bewerben. Die Einsatzmöglichkeiten sind hier enorm und können bzw. sollten mit weiteren Strategien wie Social Media Marketing verbunden werden.

Affiliate Marketing Zusammenfassung

Wir könnten jetzt noch unzählige weitere Strategien hier auflisten. Das würde allerdings den Umfang dieses Buches sprengen.

Fassen wir zusammen: Wenn du dich für Affiliate Marketing entscheidest, dann wähle ein oder mehrere Produkte, die über ein gutes Marketing verfügen oder einen hohen EPC bieten. Ebenso ergibt es Sinn, ein Thema zu wählen, welches dir Spaß macht.

Wenn du nur des Geldverdienens wegen ein Produkt wählst, bei dem du negative Gedanken hast, weil es dir im tiefsten Inneren nicht zusagt, dann lasse es lieber.

Versuche, eine E-Mail-Liste aufzubauen, damit du nachhaltig per Knopfdruck Geld verdienen kannst. Eine E-Mail-Liste ist dein Backup in deinem Business. Wir sind immer wieder froh, unsere große Liste zu haben, die jederzeit für Umsatz sorgt.

Schritt 2: Deine perfekte Zielgruppe

Wenn du deine Nische identifiziert hast, musst du im zweiten Schritt die Menschen identifizieren, die du innerhalb dieser Nische adressierst - also deine spezifische Zielgruppe.

Allerdings machen viele Leute, die sich ein digitales Einkommen aufbauen wollen, den Fehler, dass sie all ihre Produkte an alle Menschen verkaufen wollen. Und hier liegt der erste Denkfehler.

Natürlich ist es wichtig, eine möglichst breite Masse an potenziellen Käufern anzusprechen. Aber noch viel wichtiger ist es, die richtige Masse an potenziellen Käufern anzusprechen.

Du musst dich also fragen: „Wer sind wirklich die Personen, die ich erreichen und bei denen ich etwas bewerben und verkaufen will?"

Daher ist es am sinnvollsten, wenn du dir ganz zu Anfang quasi deinen Traumkunden kreierst. Stelle dir dazu folgende Fragen:

- Wer ist mein Traumkunde?
- Wie sind seine demografischen Daten (z.B. Geschlecht oder Alter)?
- Für was begeistert sich mein Traumkunde / für was hegt er eine Leidenschaft?
- Was sind die Ziele, Träume und Wünsche meines Traumkunden?
- Was sind seine Interessen?
- Was ist sein größtes Problem / seine größte Herausforderung?

Damit die Person, die du kreierst, auch wirklich als komplettes Bild in deinem Kopf entsteht, kannst du ihr einen Namen geben und ein typisches Portraitfoto im Internet heraussuchen (natürlich ist das auch für beide Geschlechter getrennt möglich).

Diese Übung mag dir im ersten Moment vielleicht etwas komisch erscheinen, aber wenn du im Internet mit einem digitalen Einkommen erfolgreich sein willst, musst du wissen, wer deine Zielgruppe ist (denn gerade die Welt des Internets ist sehr groß und sehr weitläufig und deshalb ist das auch dein potenzieller Adressatenkreis).

Wenn du ein Bild deiner Traumkunden geschaffen hast, musst du dir überlegen, wo du diese findest.

Auch dazu gibt es wieder einige Leitfragen, an denen du dich orientieren kannst:

- Auf welchen Seiten sind sie online?
- Haben sie ein Profil in sozialen Netzwerken, und wenn ja, in welchen?
- Sind sie Mitglied einer bestimmten Gruppe?
- Welche Blogs lesen sie?
- Welche Newsletter haben sie abonniert?
- Was sind ihre Interessen und Hobbies?
- Welche Bücher und Zeitungen lesen sie?
- Treiben sie Sport?

Notiere dir alle deine Antworten auf diese Fragen und erschaffe dir so dein eigenes Kundenavatar – gerne auch in einer übersichtlichen Form.

Wir haben dir hier einmal ein Beispiel erstellt, wie ein sogenanntes Kundenavatar aussehen könnte:

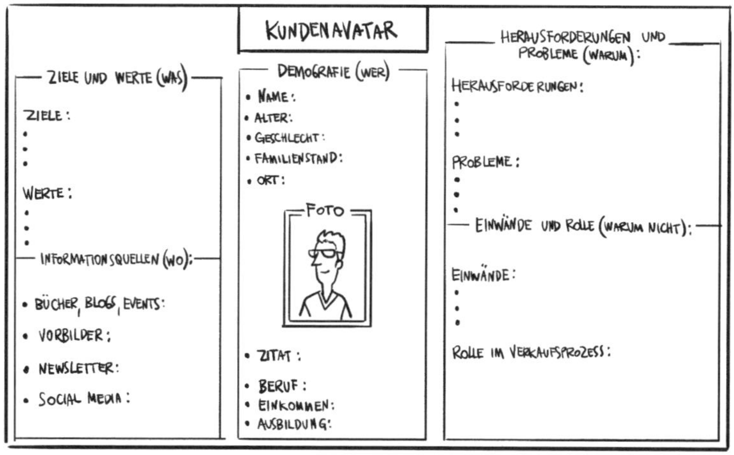

Diese Grafik ist enorm wichtig, weil sie alle wichtigen Fragen beinhaltet, die bei der Erstellung des Kundenavatars für dich relevant sind.

Drucke sie dir also aus oder baue sie selbst nach, fülle den Avatar am besten vollständig für dich aus oder lege dir verschiedene Kundenavatare an (oft hat man mehrere Zielgruppen). So weißt du genau, wer die Menschen sind, die dir Einnahmen im Internet bringen können.

Du bist der Problemlöser

Wenn wir von deinem Traumkunden sprechen, dann geht es natürlich im Endeffekt darum, diesem deine Produkte zu verkaufen. Allerdings wirst du das nur schaffen, wenn eine bestimmte Sache gegeben ist.

Du musst ein Problem lösen, das dein Kunde hat.

Nur, wenn du das schaffst, wird er bei dir kaufen. Je besser du deinen Traumkunden kennst, je besser du dich in seine Lage hineinversetzen kannst, je besser du ihm sozusagen aus der Seele sprichst, desto mehr fühlt sich dieser von dir abgeholt.

Du musst seine Ängste kennen. Warum kann er nachts nicht schlafen und dreht sich von einer auf die andere Seite. Verschmelze mit seinen Gedanken und sprich seine Worte.

Du kennst bestimmt das Sprichwort: Du musst 7 Meilen in den Stiefeln eines anderen Menschen gelaufen sein, um ihn perfekt zu verstehen.

Vielleicht kannst du jetzt auch verstehen, warum Menschen, die etwas geschafft haben, ihren Weg viel authentischer aufzeigen können, als andere, die etwas verkaufen wollen, ohne es selbst durchlebt zu haben.

Wie will ein Mann ein Buch über Geburtswehen schreiben, wenn dieser sie noch nie erlebt hat? Wie will jemand ein Buch über Erfolg schreiben, wenn er selbst nicht erfolgreich ist?

Beispiel Traumkundenansprache

Wir möchten dir ein Beispiel aufzeigen, das dieses Thema extrem verdeutlicht.

Nehmen wir das Beispiel von Oliver. Oliver ist selbst Unternehmer seit 2001 und leitete bis 2009 ein Vermessungsbüro. Du kennst seine Geschichte durch dieses Buch.

Seine Zeit war geprägt von viel zu wenig Umsatz. Ständig war das Geld knapp und am Anfang des Monats wusste er nicht, ob er das Ende überlebt. Er hat nachts wach gelegen und die Gedanken haben seinen Kopf zerfressen. Keine Ahnung, ob er seine Mitarbeiter noch bezahlen kann. Keine Ahnung, wann der Bankrott kommt.

Was hat Oliver nun gemacht, als er selbst ins Online Marketing eingestiegen ist und sein Verkaufsvideo geschrieben hat? Seine Zielgruppe war für ihn ganz klar definiert, denn er musste nur sich selbst beschreiben.

Da er selbst alles durchlebte, war es für ihn ein leichtes Unterfangen, seine eigenen Wünsche und Ängste aufzuschreiben. In Schritt 4 gehen wir intensiv auf das Verkaufsvideo ein. Dort findest du viele Aussagen, die dies belegen, und die stattliche Verkaufszahl von 11.000 Kunden spricht eine deutliche Sprache.

Aus diesem Grund ist es ein absoluter Vorteil, wenn du selbst eine Story durchlebt hast, wenn du zum Beispiel einen harten und steinigen Weg gegangen bist, und zum Beispiel aus deinem Körper, der einmal unschön und dicklich ausgesehen hat, ein ästhetisches Meisterwerk geschaffen hast.

Wenn du selbst alle Höhen und Tiefen durchlebt hast, wenn du genau weißt, was deine innigsten Wünsche waren und wovor du Angst hattest, dann bist du selbst deine Zielgruppe gewesen und weißt sehr genau, was du sagen musst, damit deine potentiellen Kunden dir zuhören.

Oder nehmen wir als Beispiel uns beide. Wir haben alles auf den Tisch gelegt. Du kennst unsere Story nun im Detail. Du kennst nahezu all unsere Höhen und Tiefen, unsere Erfolge und unsere Rückschläge. Wir haben jahrelang an unserem Erfolg gearbeitet und nahezu alles erlebt und ausprobiert.

Du hast nicht umsonst dieses Buch in deinen Händen. Wir haben dich mit unseren Texten auf unseren Webseiten angesprochen und du hast dich angesprochen gefühlt. Wir sind für dich authentisch, weil wir wissen, wovon wir sprechen.

So lernst du deinen Kunden kennen

Solltest du dich für ein Thema entscheiden, in das du von außen einsteigst und in dem du noch nicht so viel Erfahrung hast, dann denke dran: Lerne deinen Kunden kennen.

Tauche in das Gehirn deines Kunden ein. Das hört sich vielleicht übertrieben an, aber genau das musst du tun. Du musst wissen, was dieser denkt. Wie kannst du dies als Außenstehender tun? Im Prinzip ist dies nicht so schwer, aber mit Fleißarbeit verbunden.

Gehe dahin, wo dein Kunde ist. Im digitalen Zeitalter musst du diesbezüglich nicht unbedingt das Haus verlassen. Tritt Communitys bei und schaue dir an, welche Themen dort besprochen werden. Schaue dir an, welche Sprache gesprochen wird und welche Wörter verwendet werden.

Frage deinen Kunden. Versuche, so viel wie möglich von deinem Kunden zu erfahren. Dies kannst du persönlich machen oder aber mittels Umfragen. Umfragen sind ein extrem mächtiges Instrument und du bekommst hervorragende Informationen.

Wir machen dies ebenfalls in unregelmäßigen Abständen mit unserer Community und sind immer wieder überrascht, was wir dadurch an neuen Informationen bekommen.

Du hast bereits ein Produkt oder eine Dienstleistung

Wenn du bereits über ein Produkt oder eine Dienstleistung verfügst, die du im Zuge deines Online Business vermarkten möchtest, dann schaue dir im ersten Schritt an, wer in den letzten 6 bis 12 Monaten dein Produkt gekauft hat.

Schaue dir dort deine Kunden an und ermittle, welche Art von Kunden am häufigsten vorkommen. Sind es Männer oder Frauen? Wie alt sind sie? Du kennst all die wichtigen Fragen und Aspekte aus dem Kundenavatar oben.

Verfügst du über mehrere Produkte, dann schaue dir an, welches Produkt du am meisten verkauft hast. Was hat den meisten Gewinn für dich erwirtschaftet? Kurzum, welches Angebot ist für dich am lukrativsten? Dann schaue dir wieder deine Käufer an. Achte weiterhin darauf, welche Kunden für welches Produkt wie viel ausgegeben haben.

Verfügst du über Produkte im Niedrigpreissegment und Hochpreissegment und die Verkäufe sind ähnlich? Kalkuliere dann immer mit ein, wie viele Kosten und wie viel Aufwand dir bei den Produkten entstehen und bei welchem Produkt bzw. welcher Dienstleistung dein Gewinn am höchsten ist. Bei diesem bist du in der Lage, mehr in Werbung zu investieren und schlussendlich dein Business zu skalieren.

Aus all deinem Wissen erstellst du wiederum deinen perfekten Kunden für dein Produkt oder deine Dienstleistung mit dem höchsten Gewinn, denn hier kann der Traumkunde anders aussehen, als bei einem der anderen Produkte oder Dienstleistungen. Es ist also möglich, dass du gleich mehrere „Traumkunden" hast.

Warum ist die Definition deines Traumkunden so wichtig?

Je besser du deinen Traumkunden kennst und diesen gezielt mit deinen Lösungen ansprechen kannst, desto lukrativer wird dein Business. Du bist in der Lage, spezifische Marketingmaßnahmen einzuleiten, und deine Kampagnen werden von Anfang an profitabler sein.

Wenn du dein Marketing an der breiten Masse ausrichtest, dann wird nicht jeder 10. auf deine Anzeigen klicken, sondern nur jeder 1000., nicht jeder 10. wird sich auf deiner Webseite eintragen, sondern nur jeder 100.

Diese Unterschiede haben aus finanztechnischer Sicht gravierende Auswirkungen. Der Faktor, 10- bis 100-mal mehr in Werbung zu investieren, kann umsatztechnisch mehr als entscheidend sein.

Deswegen haben wir hier alle wichtigen Punkte und Fragen aus dem Kundenavatar noch einmal für dich aufgelistet:

Demografische Angaben (WER):

- Alter
- Geschlecht
- Familienstand
- Wohnort
- Beruf
- Einkommen
- Ausbildungsgrad
- Lieblingszitat

Ziele und Werte (WAS):

- Ziele
- Werte

Informationsquellen (WO):

- Bücher
- Blogs
- Events
- Experten / Vorbilder
- Newsletter
- Social Media

Herausforderungen und Probleme (WARUM):

- Herausforderungen
- Probleme

Einwände und Rolle (WARUM NICHT):

- Einwände
- Rolle im Verkaufs- / Kaufprozess

Fazit

Die richtige Kundenansprache ist wie ein Jackpot im Lotto. Sie entscheidet zu einem großen Teil über Sieg oder Niederlage in deinem Business. Von daher: Mache es von Anfang an richtig und vernachlässige diesen Punkt nicht.

Dein Traumkunde ist eine der Grundsäulen deines digitalen Geschäftes. Mache diese Säule stabil.

Aufgabe #17

Eine sehr gute Möglichkeit, um Besucher zu generieren und bei diesen Vertrauen aufzubauen, ist der Einsatz von Videos.

Du solltest bereits gleich zu Beginn auf Video-Marketing setzen und dein erstes Video aufnehmen. Dieses kann recht einfach gehalten und mit einem Smartphone aufgenommen sein. Das Video sollte am besten nur wenige Minuten dauern, damit es auch von den Besuchern in kurzer Zeit konsumiert werden kann.

Für dein erstes Video solltest du ein Video mit einem kurzen Erfahrungsbericht zu dem Buch „Digitales Einkommen“ (oder einem anderen Produkt, welches du bewirbst) aufnehmen.

Hier findest du eine kurze Erklärung, was du bei dem Video beachten solltest, sowie ein paar Beispiele: **digitaleseinkommen.de/aufgabe-17**

Schritt 3: Deine besten Verkaufsprozesse

Nachdem wir nun in Schritt 1 entschieden haben, was wir vermarkten wollen, und in Schritt 2 festgehalten haben, wie unsere Zielgruppe definiert ist und wo und wie wir diese erreichen, müssen wir nun eine Möglichkeit schaffen, beides zu kombinieren.

Das heißt, wir müssen die ersten Marketingmaßnahmen einleiten. Dies geschieht auf unserer Webseite.

Die breite Masse im Markt geht folgendermaßen vor: Sie schickt Besucher auf ihre ganz normale Webseite und hofft, dass diese zu Kunden werden. Dreimal darfst du raten, was zu 99% passiert. Richtig, gar nichts. Diese Personen sind dann diejenigen, die behaupten, Online Marketing funktioniert nicht.

Schauen wir uns also an, wie es richtig funktioniert.

Du benötigst einen strategischen Prozess, der einen Webseitenbesucher systematisch von einem Interessenten, der dich im Vorfeld noch nicht kennt, zu einem zahlenden Kunden macht.

Dieser Prozess könnte zum Beispiel folgendermaßen verlaufen:

- Ein Besucher kommt auf deine Webseite.
- Du bietest dort einen Ratgeber zum kostenlosen Download an.
- Der Besucher trägt seine E-Mail-Adresse ein und wird zum Interessenten.
- Er landet in deinem E-Mail-Programm.

- Im Anschluss wird der Interessent systematisch durch Marketing-E-Mails zum Kunden gemacht.

Diesen strategischen Prozess nennen wir in unserer Fachsprache „Funnel". Funnel bedeutet übersetzt nichts anderes als Trichter. Das heißt, du schüttest im übertragenen Sinn oben zum Beispiel 1.000 Personen herein und weiter unten kommen 100 Interessenten und 10 Kunden heraus. Dazwischen finden verschiedene Marketingprozesse statt.

Du wirst dir sicherlich denken können, dass es viele verschiedene Varianten von Funneln gibt, und dies ist in der Tat auch richtig. Aus diesem Grund beschränken wir uns in diesem Buch auf die für uns lukrativsten und effektivsten Funnel, die du für die Vermarktung von nahezu jedem Angebot verwenden kannst.

Webinarfunnel – Strategie

Es hat einen Grund, dass wir dir diesen Funnel als erstes erklären. Der Webinar-Funnel ist nämlich – sobald er richtig aufgesetzt ist – eine der besten Möglichkeiten, dir mit einem Online-Geschäft ein digitales Einkommen aufzubauen.

Zunächst solltest du aber verstehen, was ein Webinar ist. Ein Webinar ist letztendlich nichts anderes als die Präsentation eines bestimmten Themas, das du online präsentierst. Es ist also sozusagen eine Art Seminar, das online und digital stattfindet.

Das bedeutet: Du erstellst eine Powerpoint- oder Keynote-Präsentation zu deinem Thema, lädst Teilnehmer dazu ein, die dann in deinem Webinar dabei sind, etwas Neues zu deinem Thema erfahren und am Ende dein Angebot kaufen können. Wie ein Webinar aufgebaut sein sollte, erfährst du in Schritt 4. An dieser Stelle geht es zunächst darum, dass du den Aufbau des Webinar-Funnels verstehst.

Generell haben Webinare einige deutliche Vorteile gegenüber anderen Marketingformen:

Du präsentierst dich in deinem Webinar als Experte und baust dadurch Vertrauen auf. Du qualifizierst die Teilnehmer vor, denn nur diejenigen, die wirklich an deinem Thema interessiert sind, werden dabei sein. Das bedeutet, dass die Kaufwahrscheinlichkeit am Ende höher ist und du deine Zeit nicht in diejenigen investierst hast, die eh nichts bei dir kaufen würden. Zudem (und das ist aus deiner persönlichen Sicht wahrscheinlich der wichtigste Punkt), besticht ein Webinar durch zahlreiche verkaufspsychologische Prinzipien, die du darin anwenden kannst. Dadurch ist die Kaufwahrscheinlichkeit der Teilnehmer am Ende höher als bei einer normalen Verkaufsseite.

Ein perfektes Beispiel dafür ist das Webinar für unsere Verkaufstexte-Software, die wir bereits an früherer Stelle in diesem Buch kurz erwähnt haben. Im Rahmen dieses Webinars erklären wir den Teilnehmern, worauf sie bei der Erstellung ihrer Texte achten sollten. Dazu werden viele praktische Beispiele gezeigt. Am Ende des Webinars präsentieren wir dann die Lösung für diese weit verbreitete Herausforderung im Online Marketing in Form unserer Software, die dann gekauft werden kann.

Damit ein Webinar-Funnel funktioniert, benötigt er einige grundlegende Bestandteile:

- die Anmeldeseite
- die Bestätigungsseite
- das Webinar an sich
- das Bestellformular
- einige begleitende E-Mails

Hier siehst du den Aufbau noch einmal grafisch abgebildet:

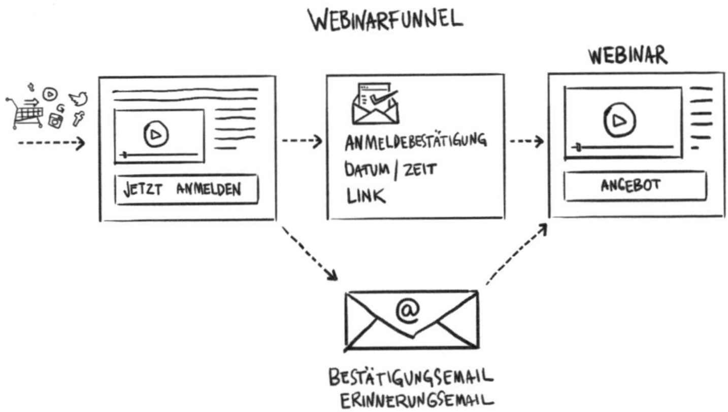

Es gibt natürlich auch beim Webinar-Funnel einige Varianten und wir stellen dir im Folgenden die 3 wichtigsten Varianten vor:

Variante 1 – Einfacher Webinarfunnel:

1. Der Interessent klickt auf die Werbeanzeige.
2. Danach kommt er auf die Webinareinladeseite.
3. Er trägt sich dort im Kontaktfeld mit seiner E-Mail-Adresse und seinem Namen ein.
4. Er kommt auf eine Danke- bzw. Bestätigungsseite, damit er sicher sein kann, dass die Anmeldung geklappt hat.
5. Er bekommt eine Bestätigungs-E-Mail mit den Informationen zum Webinar.
6. Er nimmt am Webinar teil, in dem das Produkt vorgestellt wird.
7. Er kauft das Produkt (im Idealfall).

Variante 2 – Erweiterter Webinarfunnel mit Refinanzierungsprodukt:

Dieser Funnel ist dem einfachen Webinarfunnel sehr ähnlich. Der Unterschied liegt darin, dass der Interessent, der sich zum Webinar eingetragen hat, nicht nur auf die Dankeseite weitergeleitet wird, sondern dass ihm dort zusätzlich ein einmaliges Sonderangebot (Preisspanne von 7 bis 50 Euro) angeboten wird.

Diese Seiten werden One-Time-Offer-Seiten genannt, was nichts anderes bedeutet als einmaliges Angebot. Zum besseren Verständnis, wie der Wortlaut des Verkaufsvideos auf der One-Time-Offer-Seite aussehen könnte, hier einmal ein Beispiel:

„Deine Webinaranmeldung war erfolgreich. Bevor du am Webinar teilnimmst, möchte ich dir an dieser Stelle noch einmal sagen, dass du die richtige Entscheidung getroffen hast, denn wir werden im Webinar dein größtes Problem lösen. Ich werde dir eine Strategie vorstellen, mit der du dieses Problem löst und danach zufriedener, glücklicher, schlanker, im größeren Wohlstand lebst ... (setze hier deine Merkmale ein).

Bevor du am Webinar teilnimmst, möchte ich dich an dieser Stelle bereits darauf hinweisen, dass durch die Lösung deines Problems ein Folgeproblem entsteht kann und deswegen haben uns viele Kunden angeschrieben, ob wir nicht dieses Problem lösen können. Wir haben extra dafür ein Produkt, welches wir dir hier an dieser Stelle als einmaliges Angebot anbieten möchten. Und weil du dich bereits zum Webinar angemeldet hast, erhältst du diesen einmalig zu vergünstigten Konditionen."

Der Verlauf eines solch erweiterten Webinarfunnels unterscheidet sich nur geringfügig vom einfachen:

1. Der Interessent klickt auf die Werbeanzeige.
2. Danach kommt er auf die Webinareinladeseite.
3. Er trägt sich dort im Kontaktfeld mit seiner E-Mail-Adresse und seinem Namen ein.
4. Er kommt auf eine Danke- bzw. Bestätigungsseite und bekommt dort ein einmaliges Sonderangebot vorgestellt.
5. Er bekommt eine Bestätigungs-E-Mail mit den Informationen zum Webinar.
6. Er nimmt am Webinar teil, in dem das Produkt vorgestellt wird.
7. Er kauft das Produkt (im Idealfall).

Variante 3 – Hochpreis-Webinarfunnel

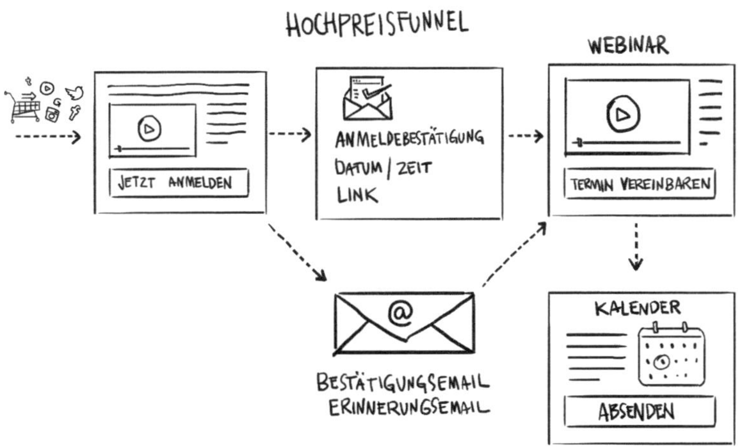

Bei dieser Variante zeigt sich ein weiterer Vorteil von Webinaren. Du kannst damit auch hochpreisige Produkte oder Dienstleistungen wie Coaching oder Consulting verkaufen. Das erweitert das Spektrum der Möglichkeiten ganz erheblich.

Um hochpreisige Produkte oder Dienstleistungen anbieten zu können, bietet sich der Webinarfunnel hervorragend an. Der Unterschied liegt in der Webinarpräsentation an sich. Dort wird am Ende nicht das Produkt zum Kauf angeboten, sondern der Interessent bekommt einen Link zu einer Seite, auf der er einen persönlichen Beratungstermin mit dir vereinbaren kann, in dem dann wiederum das Angebot verkauft und der Interessent zum Kunden gemacht wird.

Wenn du Produkte im Preissegment über 1.000 Euro anbieten möchtest, dann erfordert dies in der Regel das persönliche Gespräch, um das nötige Vertrauen aufzubauen.

Der Ablauf ist nun wie folgt:

1. Der Interessent klickt auf die Werbeanzeige.
2. Danach kommt er auf die Webinareinladeseite.
3. Er trägt sich dort im Kontaktfeld mit seiner E-Mail-Adresse und seinem Namen ein.
4. Er kommt auf eine Danke- bzw. Bestätigungsseite, damit er sicher sein kann, dass die Anmeldung geklappt hat.
5. Er bekommt eine Bestätigungs-E-Mail mit den Informationen zum Webinar.
6. Er nimmt am Webinar teil.
7. Im Webinar wird der Link zur Vereinbarung eines per-

sönlichen Termins gepostet.
8. Das persönliche Strategiegespräch findet statt.
9. Der Kunde kauft (im Idealfall).

Fazit

Langfristig gesehen ist ein Webinar eine der besten Möglichkeiten, dein Produkt oder deine Dienstleistung zu verkaufen. Gleichzeitig ist dies aber auch der Funnel, der die meiste Vorbereitung erfordert. Aus eigener Erahrung mit hunderten Webinar-Funneln können wir dir aber versichern, dass sich dieser Aufwand hinsichtlich der Umsatzzahlen mehr als lohnt.

Free-Plus-Shipping Funnel

Während der Webinar-Funnel sich vor allem dadurch auszeichnet, sowohl Neukunden zu generieren als auch Bestandskunden weitere Angebote zu verkaufen, ist der Free-Plus-Shipping-Funnel in erster Linie eine psychologische Strategie zur Neukundengewinnung.

Es geht also darum, Interessenten in Kunden umzuwandeln und dadurch den Kundenwert aufzubauen und zu erhöhen. Psychologisches Prinzip hinter diesem Funnel ist das der Reziprozität. Dieses auf den ersten Blick komisch klingende Wort sagt eigentlich nichts anderes aus als: Wie du mir, so ich dir.

Das bedeutet: In diesem Funnel schenkst du deinem Kunden etwas. Das kann ein Buch sein, wie wir das auch gemacht haben (Free-Plus-Shipping-Funnel werden sehr oft in Verbindung mit Büchern eingesetzt), aber du kannst auch ein anderes günstiges Produkt wie zum Beispiel einen USB-Stick, eine Geldbörse oder etwas Anderes mit einem Free-Plus-Shipping-Funnel anbieten.

Die Grundidee ist immer die gleiche: Das Produkt kostet nichts und der Kunde beteiligt sich lediglich an den Versand- und Logistikkosten. Dadurch entsteht in ihm psychisch das Gefühl, dir etwas zurückgeben zu wollen, weil du ihm bereits etwas geschenkt hast. Genau das ist Reziprozität. Nach dem ersten „Kauf" bietest du deinem Kunden dann weitere Produkte in Form von Folgeverkäufen an, wodurch du dann letztendlich die Umsätze mit dieser Art von Funnel machst. Und diese Umsätze können sehr hoch sein.

Im Folgenden werden wir dir den Free-Plus-Shipping-Funnel anhand eines Buches erklären ...

Dieser Funnel wird, wie bereits erklärt, benutzt, um ein Buch (oder ein anderes günstiges Produkt) zu vermarkten. Es kann durchaus sein, dass du dieses Buch über genau diesen Funnel erworben hast.

Schauen wir uns an, wie dieser Funnel funktioniert und welches die Vorteile dieser Strategie sind.

Der Begriff „Free-Plus-Shipping" bedeutet, dass der Käufer das Buch kostenfrei bekommt und sich nur an den Versandkosten beteiligt. Ein Buch ist nach wie vor eine der stärksten Methoden, um sich einen Expertenstatus und eine große Fan-Gemeinde mit hohem Bekanntheitsgrad aufzubauen.

Für den Käufer ist es extrem spannend, weil er ein Buch, das normalerweise 20 bis 30 Euro kostet, nahezu geschenkt bekommt. Für den Verkäufer ist es sehr lukrativ, weil er viele neue Kunden gewinnt und obendrein von diesen Kunden noch die komplette Anschrift erhält. Er kann während des Bestellprozesses weitere Produkte mit anbieten und somit den Kundenwert um ein Vielfaches erhöhen.

Zudem kann direkt im Bestellformular dem Käufer das entsprechende E-Book mit angeboten werden, damit dieser sofort auf die Inhalte zugreifen kann. Als weiteres Produkt ist ein Hörbuch die perfekte Ergänzung zum Buch, weil viele Menschen mittlerweile ein Buch gerne nebenbei anhören wollen.

Und schon hat man den Kundenwert von 6 Euro auf 20 bis 30 Euro erhöht. In den Upsellprozessen, das sind die Produkte, die direkt nach dem Kauf angeboten werden, sind Videokurse passend zum Buch denkbar, Checklisten, Vorlagen oder andere Produkte, die natürlich den Kundenwert noch einmal deutlich ausbauen.x

Dadurch kann ein Kundenwert von 50 Euro oder 100 Euro erlangt werden, obwohl das eigentliche Initialprodukt verschenkt wird. Du siehst, dass ein solcher Funnel enormes

Potential hat.

Für Affiliates ist das Bewerben eines solchen Buchfunnels ebenfalls extrem spannend, weil sie für ihre Leser ein Geschenk haben und somit viele Käufe mit vielen Provisionsauszahlung generieren können.

Direct-Sales-Funnel

Der Direct-Sales-Funnel bedeutet, wie der Name schon sagt, dass du deine Angebote direkt, also ohne Umschweife verkaufst. Prinzipiell ist auch der vorher beschriebene Free-Plus-Shipping-Funnel ein Direct-Sales-Funnel. Der Unterschied zwischen beiden liegt allerdings darin, dass ein Free-Plus-Shipping-Funnel (wie der Name schon sagt) ein „kostenloses" Produkt verkauft, und der Direct-Sales-Funnel sich vor allem für Produkte bis zirka 300 Euro sehr gut eignet.

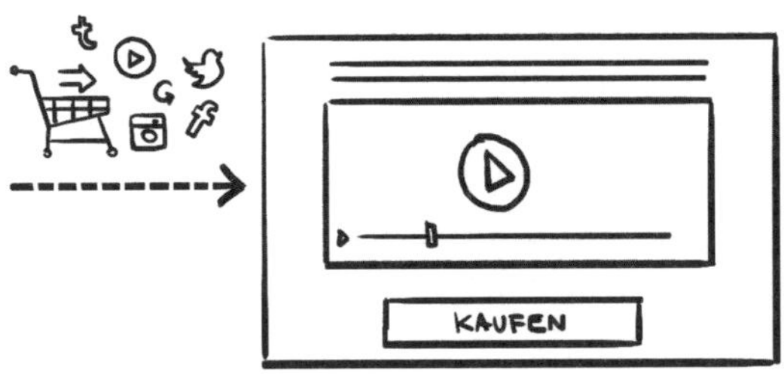

Bei einem Direct-Sales-Funnel wird der Interessent auf der Webseite direkt zum Kunden gemacht. Diese Art des Verkaufens ist unser absoluter Liebling, weil wir sofort Umsatz damit generieren.

Mit dieser Art des Verkaufens haben wir beide in unseren einzelnen Online-Unternehmen 7-stellige Umsätze gemacht. Die Vermarktung des Videokurses Future Sale ist das beste Beispiel, wie du es aus der Story von Oliver erfahren konntest.

Im Gegensatz zum Webinarfunnel, bei dem es teilweise mehrere Tage dauern kann, bis Umsätze erzielt werden (weil zwischen Anmeldung und Webinar teilweise etwas Zeit vergeht), erwirtschaftest du mit dem Direct-Sales-Funnel sofort deine Umsätze (daher auch der Name).

Gerade im Hinblick auf Werbeausgaben und der in diesem Zusammenhang spannenden Skalierung, welche wir uns in einem separaten Schritt ansehen, ist es von unschätzbarem, auch psychologischem Vorteil, am gleichen Tag mehr einzunehmen als auszugeben, und nicht über vielleicht einige Tage in Vorleistung zu gehen.

Es gibt zwei Arten, auf einer sogenannten Landing Page direkt zu verkaufen.

1. mit einem psychologischem Verkaufsvideo
2. mit einem psychologischem Verkaufstext

Da die Inhalte von beiden Formen nahezu identisch sind, schauen wir uns den gemeinsam Hintergrund dazu an.

Die Vorgehensweise ist folgendermaßen:

- Der Interessent klickt auf eine Werbeanzeige.
- Er kommt auf eine Landing Page.
- Auf dieser Landing Page befindet sich entweder ein

einfaches Video oder der passende Verkaufstext.

- Der Kunde schaut entweder das Video und kauft am Ende oder er liest sich den Text durch und kauft am Ende.

Wichtige Merkmale zum Verkaufsvideo:

Es handelt sich hierbei um unsere besten Tipps. Diese solltest du aber individuell für dich und dein Business testen.

- Das Video darf nicht spulbar sein. Da es zwischen 15 und 30 Minuten lang ist und der Aufbau nach einem bestimmten Schema erfolgt, darf der Betrachter nicht spulen können. Andernfalls wird solch ein Video überhaupt nicht funktionieren
- Der Kauf-Button darf erst erscheinen, wenn im Video der Preis genannt wird. Das hat folgenden Hintergrund: Der Interessent kommt nicht mit dem Wunsch, etwas kaufen zu wollen, auf die Webseite, sondern um sich zu informieren. Ist der Kauf-Button gleich eingeblendet, so denkt sich der Besucher: Es wird nur etwas verkauft, und verlässt die Seite wieder. Durchläuft er aber das Video mit seinem psychologischen Aufbau, so wird während des Anschauens der Kaufwunsch verstärkt und aufgebaut.
- Die Videos können entweder in Form einer vorgelesenen PowerPoint-Präsentation oder von einer Person real vor der Kamera aufgenommen werden.

Wie ein solches Video aufgebaut ist (mit einem konkreten Beispiel), erfährst du in Schritt 4. Du kannst aber sicher sein, dass diese sogenannten Video Sales Letter schon sehr viele Menschen auf dieser Welt sehr reich gemacht haben. Daher ist dieser Funnel auch so wertvoll.

Zusammenfassung der Funnel

Funnel sind systematische Prozesse, um einen Webseitenbesucher Schritt für Schritt zum zahlenden Kunden zu machen. Wenn du diesen Prozess verstanden hast, weißt du mehr als 95% der Unternehmer oder Selbständigen, die verzweifelt versuchen, online zu verkaufen, es aber nicht hinbekommen.

Damit du noch tiefer in diese Materie einsteigen und vor allem das Marketing für diese Funnel umsetzen kannst, gehen wir in Schritt 4 detailliert auf das Marketing jedes einzelnen Funnels ein.

Technik zum Erstellen einer Funnel-Strategie

Nachdem wir uns angesehen haben, welches die effektivsten Funnel-Strategien sind und wie diese aufgebaut werden, schauen wir uns an, wie die technische Umsetzung funktioniert und welche Tools du dafür nutzen kannst.

Die Elemente eines Funnels

- Landing Pages: Das sind einzelne Webseiten, auf denen der Besucher als erstes „landet" (deswegen auch der Name) und die jeweiles nur ein Ziel haben, nämlich dass eine bestimmte Handlung ausgeübt wird

(z.B.: Eintragung per E-Mail für ein E-Book, Anmeldung zum Webinar, Kauf eines Produktes)

- E-Mail-Marketing-Tool: Hierbei handelt es sich um eine Software, die die Kontakte, die sich auf deinen Landing Pages eintragen, verarbeiten, womit du automatisiert E-Mails nach bestimmten Kriterien und vor allem den geltenden Datenschutzbestimmungen versenden kannst.
- Webinare
- Verkaufsvideos
- Bezahlanbieter: Zum Abwickeln der Zahlung

Landingpages – Der Weg zu deiner Landingpage

Schauen wir uns genauer an, was Landing Pages sind und wie du solche innerhalb weniger Minuten selbst erstellen kannst, auch wenn du völliger Anfänger bist.

Eine Landing Page ist eine einzige Webseite, die nur ein Ziel hat, zum Beispiel:

Ein Interessent soll sich zum Webinar anmelden.
Ein Interessent soll seine E-Mail-Adresse in ein Kontaktformular eintragen.
Ein Interessent soll ein Produkt kaufen.

Damit du dir genau vorstellen kannst und verstehst, wie du Landing Pages aufbaust, möchten wir dir das nun erklären.

Schritt 1: Deine Domain reservieren

Voraussetzung für die Erstellung einer Landing Page ist eine Domain. Du möchtest für dein Online Business eine Domain registrieren, damit arbeiten und deine Webseiten aufbauen? Dann machen wir das jetzt exemplarisch mit deinem Namen. Deinen Namen als Domain zu registrieren ist ohnehin ein Sache, die wir dir raten.

Ob deine Domain noch frei ist, kannst du bei den meisten Domain- und Hostinganbietern prüfen. Eine ganz klare Empfehlung von uns bekommst du auf der folgenden Seite, bei der du wirklich für kleines Geld starten kannst und rundum gut versorgt bist: digitaleseinkommen.de/tools-und-empfehlungen

Schauen wir uns die Details an:

Wir reservieren folgende Domain: **https://www.deinname.de** (hier kannst du mit deinem Namen arbeiten oder einen anderen Namen frei wählen).

Wenn du den Prozess durchlaufen hast und deine Domain eingerichtet ist, dann wirst du unter deiner Domain eine Platzhalterseite finden, auf der steht: „Hier entsteht eine Webpräsenz".

Wie bekommen wir dort nun eine Webseite online und wie schaffen wir es, dort Landing Pages zu installieren?

Um eine Webseite möglichst schnell einzurichten und zu managen, empfehlen wir die Verwendung eines sogenannten Content Management Systems (CMS). Das hört sich jetzt vielleicht sehr hochtrabend an, ist aber im Grunde genommen sehr einfach.

Ein CMS bedeutet im Prinzip nichts anderes, als dass wir eine Software verwenden, die uns die Bedienung der Webseite vereinfacht, das Layout vorgibt und wir so nur noch für die Inhalte in Form von Texten, Bildern und Videos sorgen müssen. Solch ein CMS ist zum Beispiel Wordpress.

Der große Vorteil von Wordpress liegt darin, dass es zum einen kostenfrei ist, sehr verbreitet ist und stetig weiterentwickelt wird. Zudem gibt es etliche Erweiterungen für eigentlich jede Funktion, die man sich wünscht.

Jetzt kommt der Clou: Mit wenigen Klicks kannst du dir von deinem Domain- und Hostinganbieter dein Wordpress installieren lassen. Dieses steht dir bereits nach 10 Minuten zur Verfügung. Herzlichen Glückwunsch. Deine erste eigene Webseite (bis jetzt ohne Inhalte) steht online.

Aufgabe #18

Um das Video nun einsetzen zu können, benötigen wir ein Video-Hosting. Also eine Plattform, bei der wir das Video hochladen und von dort aus an verschiedenen Stellen – wie auf unserer Webseite – einbinden können.

Eine kostenlose Video-Hosting Plattform, die gleichzeitig eine der größten Suchmaschinen der Welt darstellt, ist YouTube. Wir können hier also unsere Videos hosten und über diese – bei der richtigen Vorgehensweise – sogar Traffic generieren.

Du solltest also jetzt deinen persönlichen YouTube-Account erstellen. Hier findest du eine kurze Anleitung dazu: **digitaleseinkommen.de/aufgabe-18**

Schritt 2: Deine verschiedenen Landing Pages für deinen Funnel

Damit du dir vorstellen kannst, wie deine Besucher deine Landing Pages durchlaufen, müssen wir diese anlegen.

Deine Hauptdomain lautet:
https://www.deinename.de - Unter dieser Domain kann zum Beispiel dein Blog laufen (das schauen wir uns später an).

Du möchtest zum Beispiel einen Webinarfunnel aufbauen. Hierzu sind nun folgende Seiten mit Permalinks (also Adressen) notwendig (folgend ein Beispiel, die Links sind frei definierbar):

Deine Webinaranmeldeseite:
https://www.deinename.de/webinaranmeldung

Deine Bestätigungsseite nach der Webinaranmeldung:
https://www.deinename.de/anmeldung-bestaetigen

Deine Dankeseite nach der Webinaranmeldung:
https://www.deinename.de/anmeldung-erfolgreich

Du kannst nun nach dieser Methode die verschiedenen Seiten mit ihren unterschiedlichen Links anlegen. Im Moment sind diese Seite Platzhalterseiten mit neutralem Inhalt.

Schritt 3: Die Inhalte deiner Landing Page

Bis hierhin kommen wir mit Wordpress ganz gut klar und es ist unsere verlässliche Basissoftware. Wenn es nun darum gut, Landing Pages zu erstellen, die den Anforderungen für unser

Online Marketing gerecht werden, müssen wir Zusatzsoftware einsetzen, die wir in WordPress installieren.

Bevor wir dies tun, schauen wir uns aber erstmal die Inhalte einer Landingpage an. Als Beispiel haben wir eine Webinaranmeldeseite dargestellt. Anhand derer erklären wir dir die wichtigen Online-Marketing-Elemente.

Eine Landing Page besteht im Wesentlichen aus 3 Hauptele-

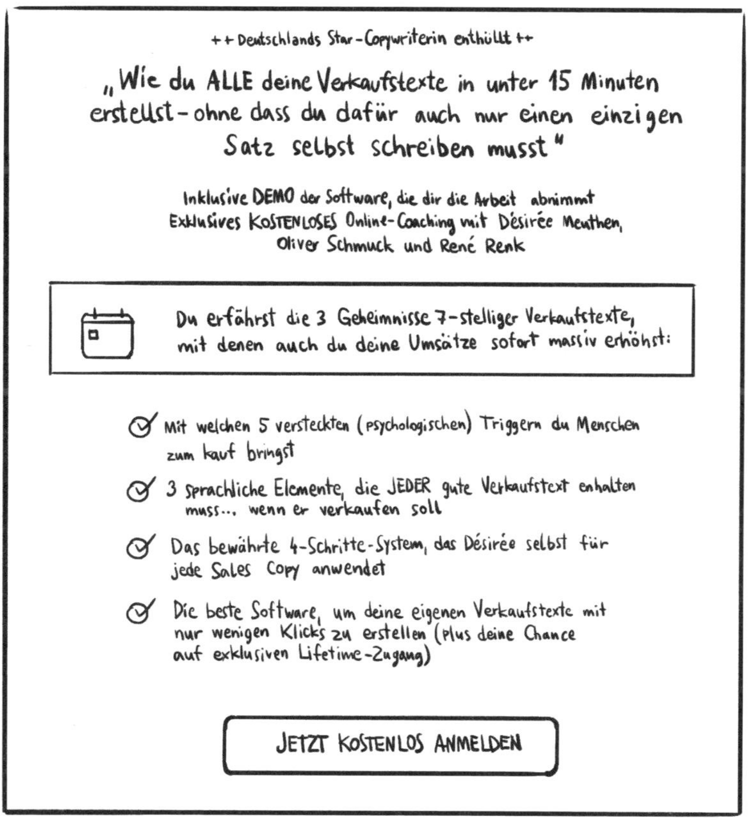

menten:

- Überschrift / Headline (mit Subheadline)
- Benefits (Vorteile für den Interessenten, wenn er handelt, in dem Fall sich zum Webinar anmeldet)
- Handlungsaufforderung (Button zum Anmelden für das Webinar)

Je nach Art der Landing Page gibt es noch weitere Elemente. In unserem Fall benötigt der Interessent die Info, wer der Veranstalter des Webinars ist, und im Anschluss sind noch Testimonials von zufriedenen Kunden aufgeführt.

Oftmals ergibt es auch Sinn, auf eine Webinaranmeldeseite ein Video zu stellen und dem Interessenten noch weitere Informationen zu geben. Wenn du auf einer Landing Page einen Ratgeber zum Download bereitstellst, dann macht es natürlich Sinn, ein Abbild des Covers mit darzustellen.

Du siehst alleine an der Tatsache, dass du im einfachsten Falle eine Landing Page nur mit den drei Hauptelementen aufbauen kannst. Vergleiche dies mit umfangreichen Webseiten von Firmen, die viele tausend Euro dafür ausgegeben haben.

Das wichtigste Learning für dich schon einmal an dieser Stelle. Eine Landing Page muss einfach sein und darf nur ein einziges Ziel verfolgen.

Dass du auf deiner Domain später vielleicht Dutzende von unterschiedlichen Landing Pages hast, spielt keine Rolle. Denn alle diese Miniwebseiten gehören zu einem bestimmten Funnel und verfolgen ein ganz bestimmtes Ziel.

Ein weiterer sehr großer Unterschied zu herkömmlichen Firmenwebseiten besteht darin, dass Landing Pages immer auf die Problemlösung des Interessenten ausgerichtet sind. Firmenwebseiten sprechen in der Regel nicht aus der Sicht des Interessenten, sondern aus Firmensicht und beschreiben, wie toll doch die Firma ist und wie lange diese auf dem Markt ist, welche Dienstleistungen angeboten werden und ähnliche Informationen.

Das interessiert den Webseitenbesucher aber nicht, denn er möchte sein Problem gelöst haben. Und genau hier setzt die Landing Page an.

Schritt 4: Design deiner Landing Page

Du hast am Screenshot oben gesehen, wie diese Seiten aufgebaut sind. Die Beispielseite war noch verhältnismäßig schlicht. Es gibt allerdings die unterschiedlichsten Landing Pages mit verschiedenen Designs und für die unterschiedlichsten Zwecke.

Damit wir professionelle und vor allem gut konvertierende Landing Pages erstellen können – und dies ohne technisches Know How – benötigen wir zusätzliche Tools, vor allem einen Landing Page-Builder. Hierfür gibt es auch für Wordpress verschiedene Themes und Plugins, mit denen du dein CMS um einen Landing Page-Builder erweiterst.

Die Vorgehensweise ist sehr einfach. Wenn du einen Landing Page-Builder installiert hast, kannst du auf deine definierte Landing Page gehen und diese bearbeiten.

Nehmen wir in diesem Fall die folgende Domain: https://www.deinename.de/webinaranmeldung

Du wählst diese Seite zum Bearbeiten aus, hast dann die Möglichkeit, aus dutzenden Vorlagen auszuwählen, die du einfach nur anpassen und mit deinen Inhalten füllen musst.

Somit bist du in der Lage, innerhalb von nur ein paar Minuten die schönsten Landing Pages zu bauen, die gleichzeitig auch konvertieren, und sie sehen aus, als wärst du der absolute Profi.

Du findest unsere Empfehlung für einen Landing Page-Builder, den du mit Wordpress verwenden kannst und den wir auch nutzen, auf dieser Seite: digitaleseinkommen.de/tools-und-empfehlungen

Du kannst selbstverständlich auch andere Anbieter nutzen, die nach dem gleichen Schema funktionieren. Wir werden dir nachher noch eine ganz andere Art von Software kurz vorstellen, mit der du komplette Funnel mit wenigen Klicks abbilden kannst.

E-Mail-Marketing: Ein wichtiger Baustein in deinem Funnel

Ein weiterer, sehr wichtiger Baustein ist E-Mail-Marketing. Schauen wir uns an, an welchen Stellen E-Mail-Marketing in deinem Funnel eingesetzt wird und wie dies generell funktioniert.

Nehmen wir exemplarisch den Webinar-Funnel:

- Der Interessent trägt sich auf deiner Landing Page zum Webinar ein
- Die Kontaktdaten des Interessenten werden in der E-Mail-Marketing-Software gespeichert.
- Der Interessent erhält umgehend nach dem Eintragen eine Bestätigungs-E-Mail mit dem Link zum Webinar und die detaillierten Infos mit Datum und Uhrzeit.
- Vor dem Webinar werden dem potenziellen Teilnehmer, je nach Einstellung, 24 Stunden, 3 Stunden, 1 Stunde und 15 Minuten vor Webinarstart Erinnerungs-E-Mails geschickt.
- Nach der Webinarteilnahme bekommt der Teilnehmer eine E-Mail mit dem nochmaligen Link zum Angebot, falls er im Webinar nicht gekauft hat.
- Für alle, die nicht im Webinar gekauft haben, gehen in den Tagen danach weitere E-Mails heraus mit dem Hinweis auf die Aufzeichnung und schlussendlich mit der Verknappung am Ende der Aktion.

Eine E-Mail-Marketing-Software muss diese Voraussetzungen erfüllen, damit du sie ordnungsgemäß nutzen kannst. Das Geniale an diesen E-Mail-Marketing-Systemen ist die Automation. Denn du musst diese Prozesse nur einmal einrichten und schon läuft das System komplett eigenständig.

E-Mail-Prozesse erfolgen aufgrund von Handlungen, die ein Interessent in deinem Funnel durchführt: Trägt er sich bei dir zum Webinar ein, dann bekommt er in unserer E-Mail-Marketing-Software einen Eintrag unter seinen Kontaktdaten mit dem Hinweis: Webinaranmeldung.

Darauf startet die E-Mail-Sequenz für Webinarangemeldete. Hat die Person am Webinar teilgenommen, bekommt sie einen weiteren Eintrag (Webinar teilgenommen) und sie erhält die E-Mail-Sequenz für Webinarteilnehmer.

Diese könnte dann wie folgt aussehen: Interessent hat am 23.04. um 19 Uhr am Webinar teilgenommen. Dann startet eine E-Mail-Serie nach folgenden Zeitvorgaben:

- 1 Stunde nach Webinar
- 1 Tag nach Webinar
- 2 Tage nach Webinar
- 3 Tage nach Webinar

Ein paar gängige E-Mail-Marketing-Software-Lösungen findest du auf der Seite mit den Tools und unseren Empfehlungen: digitaleseinkommen.de/tools-und-empfehlungen

Webinare in deinem Funnel

Bei einem Webinar gibt es zwei Arten:

1. das Live-Webinar zu einem festen Zeitpunkt
2. automatisierte Webinare, die zu bestimmten Wochentagen und Uhrzeiten ablaufen

Wir konzentrieren uns hier auf die Variante mit den automatisierten Webinaren, da du mit Funneln arbeiten solltest, die in Zukunft rund um die Uhr für dich Umsätze generieren.

Der Ablauf eines Webinars ist normalerweise folgendermaßen:

- Der Interessent meldet sich zum Webinar an
- Bevor das Webinar startet, befindet sich der Zuschauer in dem sogenannten Warteraum mit Countdown zum Webinarstart,
- Das Webinar startet und die Zuschauer kommen in den Webinarraum. Dort läuft das Webinar ab. Es wird sozusagen ein Live-Webinar simuliert und es können theoretisch auch Fragen gestellt werden.
- Am Ende des Webinars kommt eine Handlungsaufforderung in Form eines Bestellbuttons oder bei dem Ziel, ein Gespräch zu vereinbaren, ein Link zum Terminvereinbarungstool.

Um ein automatisiertes Webinar abspielen zu lassen, muss im Vorfeld ein Video aufgenommen werden, das das Webinar simuliert. Dies ist für Anfänger etwas ungewöhnlich, da sie eine Präsentation einsprechen müssen, als hätten sie Publikum, sprechen aber im Grunde genommen nur mit dem Bildschirm.

Wie du ein solches Webinar vom Marketing her aufbaust, erfährst du unter Schritt 4.

Folgende Einstellungen kannst du in der Webinarsoftware durchführen:

- Thema des Webinars
- Veranstalter – Moderator
- Video einbinden von zum Beispiel vimeo
- Webinarzeiten
- Registrierungsdaten
- E-Mail-Versand (über die Webinarsoftware oder eine

andere E-Mail-Marketing-Software)

- Bestätigungsseite
- Warteraum
- Webinarraum
    - Aussehen des Webinarraums
    - Chateinstellungen
    - Einblendung eines Angebotes mit Button
    - Anzahl der Teilnehmer
    - Weiterleitung nach dem Webinar
- Webinaraufzeichnung

Du siehst, es gibt ein paar Einstellungen, die zu tätigen sind. Dafür ist es allerdings auch ein perfektes und automatisiertes Verkaufsinstrument, wenn du es einmal richtig eingestellt hast.

Auch gängige Anbieter für Webinare findest du auf unserer Seite mit den Tools und Empfehlungen: digitaleseinkommen.de/tools-und-empfehlungen

Verkaufsvideos in deinem Funnel

Neben Webinaren sind Verkaufsvideos eine hervorragende Möglichkeit, um direkten Umsatz zu erzielen. Wir sind in den vorangegangenen Kapiteln bereits intensiv auf das Thema der Erstellung und des Hostings eingegangen.

In Schritt 4 zeigen wir dir zusätzlich den konkreten verkaufspsychologischen Aufbau eines sogenannten Video Sales Letters. Fassen wir die wichtigsten Merkmale zusammen:

- Achte bei der Videoerstellung auf gute Bild- und Tonqualität.
- Wähle einen etablierten und sicheren Videohoster.
- Achte bei der Videoerstellung auf die verkaufspsychologischen Inhalte.
- Mache kein Marketing aus dem Bauch heraus. Dies wird nicht funktionieren.

Bezahlanbieter in deinem Funnel

Ein wichtiger Bestandteil deines Funnels bildet der Bezahlanbieter. Der große Vorteil eines solchen Anbieters ist die komplette Automation deines Verkaufssystems. Du musst dich sozusagen nach der Einrichtung um nichts mehr kümmern.

Die wichtigsten Besonderheiten im Überblick:

- automatische Rechnungsstellung nach dem Kauf
- Anlegen von Produkten mit verschiedenen Zahlungsmöglichkeiten
- Bereitstellen eines Bestellformulars
- Automatische Affiliateabrechnung
- Automatische Auszahlung
- Erstellen von Upsellfunneln

Auf den Punkt „Erstellen von Upsellfunneln" werden wir in Schritt 6 im Detail eingehen. Es gibt einige Anbieter, mit denen du online deine Zahlungsabwicklung durchführen kannst.

Unsere Empfehlungen findest du hier: **digitaleseinkommen.de/tools-und-empfehlungen**

Sonderfall Funnelsoftware

Für die Erstellung eines Funnels sind einige Schritte zu beachten. Wir haben dir bisher die Schritte mit verschiedenen Softwarelösungen vorgestellt, die sehr gut miteinander arbeiten.

Mittlerweile gibt es am Markt Software-Firmen, die eine sogenannte All-in-one-Lösung anbieten. Die Idee dabei ist, nicht verschiedene Tools zu nutzen, sondern möglichst viele Elemente eines Funnels in einem System zu vereinen.

Diese Lösungen haben Vor- und Nachteile.

Die Nachteile sind oft, dass die einzelnen Tools nicht den Umfang haben wie eine Software, die sich nur mit einem einzigen Schritt in einem Funnel beschäftigt, wie zum Beispiel: Webinare oder E-Mail-Marketing.

Der große Vorteil einer solchen Software ist die Verwaltung der Nutzer, die mit jedem Schritt, den sie tun, genauestens erfasst werden können. Zum Beispiel kann ein Nutzer von der Eintragung zu einem Webinar bis hin zum Kauf eines Produktes perfekt erfasst und dokumentiert werden.

Bei Einzellösungen müssen die Softwarekomponenten mittels Schnittstelle miteinander verbunden werden, was je nach Schnittstelle besser oder schlechter funktionieren kann.

Ein weiterer großer Vorteil ist der finanzielle Aspekt. Wie das Wort All-in-one-Tool schon sagt, handelt es sich um ein einziges Tool (Software). Das heißt, du hast in der Regel weniger Ausgaben als bei der Nutzung von mehreren Softwarelösungen.

Wir selbst setzen beide Systeme ein. Von daher ist es deine Entscheidung, welchen Weg du für dich einschlägst. Unsere persönliche Empfehlung für eine Funnelsoftware findest du hier: digitaleseinkommen.de/tools-und-empfehlungen

Zusammenfassung

Um einen Interessenten gezielt zu einem Kunden zu machen, benötigst du einen systematischen Prozess. Im Online Marketing sprechen wir von einem Funnel, einem Trichter, in den oben viele Besucher hineingeschüttet werden und am Ende ein paar Kunden herauskommen.

Für die Umsetzung benötigst du Landing Pages, E-Mail-Marketing, Verkaufselemente wie Webinare und / oder Verkaufsvideos/-texte. Weiterhin brauchst du einen Bezahlanbieter, mit dem du den Verkauf abwickelst.

Die einfachsten und für uns profitabelsten Funnel sind der Webinar-Funnel, der Free-Plus-Shipping-Funnel und der Direct-Sales-Funnel..

Der große Vorteil von solchen Funneln: Wenn diese einmal aufgesetzt sind und der Verkauf profitabel funktioniert, dann hast du einen automatischen Prozess aufgebaut, der für dich Tag und Nacht Interessenten in Kunden verwandelt und damit Umsätze generiert.

Aufgabe #19

Bevor wir nun unser erstes Video bei YouTube hochladen können, musst du erst einmal deinen persönlichen YouTube-Kanal einrichten.

Hier findest du eine kurze Anleitung, wie du deinen YouTube-Kanal einrichtest: **digitaleseinkommen.de/aufgabe-19**

Schritt 4: Dein erfolgreiches Marketing

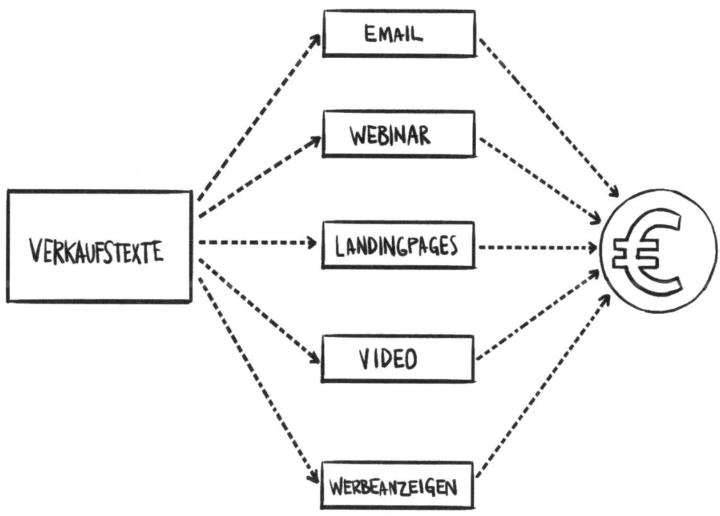

In diesem Schritt geht es um ein enorm wichtiges Thema – nämlich wie du dank der in Schritt 3 beschriebenen Funnel verkaufst.

Du kannst dir das Prinzip folgendermaßen vorstellen: Deine Funnel bilden die äußere Struktur für deine Verkaufsprozesse ab. Sie sind sozusagen der Rahmen, der deine Verkaufsprozesse zusammenhält. Aber kein Rahmen kann ohne Inhalte auskommen.

Die Inhalte deiner Funnel – deine Marketingelemente, deine Texte und deine Grafiken – entscheiden darüber, ob du letztendlich mit deinem Funnel verkaufen wirst oder nicht. Du kannst die beste und bewährteste Funnel-Struktur überhaupt haben … wenn die Inhalte und dein Marketing nicht stimmen, dann wird dein Funnel leider nicht erfolgreich sein.

Deswegen schauen wir uns in diesem vierten Schritt genau an, welche Inhalte die einzelnen Funnel enthalten müssen und wie du das Marketing jeweils gestalten solltest, damit du möglichst hohe Umsätze generierst. Die Struktur dieses vierten Schrittes orientiert sich an den drei Funneln, die du in Schritt 3 bereits kennengelernt hast:

1. Webinar-Funnel
2. Free-plus-Shipping-Funnel
3. Direct-Sales-Funnel

Das Marketing für deinen Webinar-Funnel

Webinare (= Online-Seminare) sind ein sehr verkaufsstarkes Instrument und haben viele große Vorteile:

- Du kannst dich darin als Experte deines Fachs positionieren und dein Wissen präsentieren.
- Du qualifizierst Teilnehmer, die wirklich an deinen Inhalten interessiert (und damit potenzielle Käufer) sind.
- Du kannst viele verkaufspsychologische Hebel und Prinzipien nutzen, die die Wahrscheinlichkeit der erwünschten Handlung am Ende deutlich erhöhen.

Damit dein Webinar letztendlich aber auch wirklich profitabel ist, sollte es bestimmte Elemente enthalten bzw. einer bestimmten Struktur folgen. Wir selbst haben in den vergangenen Jahren Hunderte Webinare getestet, optimiert und so genau ermitteln können, welches die erfolgreichsten Bestandteile sind.

Wenn du dich an dem orientierst, was wir dir im Folgenden erklären, schaffst du dir damit eine solide Basis für ein Webinar, bei dem du am Ende das erreichst, was du damit bezweckt hast: der Verkauf deines Produktes bzw. deiner Dienstleistung.

Grundsätzlich besteht jedes Webinar aus drei Teilen: der Einleitung, den Inhalten und dem Verkauf. Deswegen orientieren sich auch die folgenden Ausführungen an genau diesen Teilen ...

TEIL A: EINLEITUNG

Element #1: Das große Versprechen

Wenn du dein Webinar beginnst, ist es deine allerwichtigste

Aufgabe, deinen Teilnehmern die inhaltliche und persönliche Relevanz zu vermitteln.

Sobald ein Teilnehmer das Gefühl hat, dass die Informationen, die du im weiteren Verlauf gibst, für ihn keine eigene und wichtige Bedeutung haben, wird er dein Webinar relativ schnell (im schlimmsten Fall sofort) verlassen.

Du musst im allerersten Schritt deinen Teilnehmern also ein großes Versprechen geben. Dieses Versprechen sollte mehrere Dinge erfüllen:

- Es muss eine persönliche Relevanz für den Teilnehmer haben.
- Es muss Aufmerksamkeit erzeugen.
- Es muss den Vorteil für den Teilnehmer in den Vordergrund stellen.

Element #2: Der Übergang zum Aufhänger

Sobald du das große Versprechen gemacht hast, solltest du zum eigentlichen Aufhänger deines Webinars überleiten.

Dies kannst du am besten tun, indem du direkt Referenzen (Testimonials) für dein Produkt bzw. deine Dienstleistung nennst. Auch Referenzen erfüllen mehrere Funktionen, die extrem wichtig sind, damit deine Teilnehmer am Ball bleiben.

- Sie machen dich glaubwürdig.
- Sie liefern einen sozialen Beweis.
- Sie zeigen die praktische Anwendung.

Es gibt unzählige Studien, die beweisen, dass Menschen vor

allem das tun, was andere Menschen tun, und das kaufen, was andere kaufen.

Sobald deine Teilnehmer also den Beweis dafür sehen, dass bereits andere Leute vor ihnen mit deinem Produkt das erreicht haben, was sie sich selbst auch wünschen, hast du dir selbst einen großen Vorteil geschaffen.

Wie du deine Referenzen darstellst, bleibt dir überlassen bzw. hängt davon ab, was sie dir gestattet haben. Am besten ist natürlich die vollständige Nennung mit komplettem Vor- und Nachnamen, Alter, Stadt und Berufsbezeichnung plus einem aussagekräftigen Zitat und idealerweise noch einem Foto.

Wenn deine Referenzen einer solchen Veröffentlichung nicht zustimmen, hast du alternativ die Möglichkeit, die Angaben einzugrenzen und beispielsweise nur den Vornamen plus Zitat zu veröffentlichen.

Viel wichtiger ist es aber, dass aus dem Zitat genau hervorgeht, wie deine Referenzen mit deinem Produkt ihr spezifisches Problem gelöst oder ihre besondere Herausforderung überwunden haben.

Element #3: Die Schaffung von Aufmerksamkeit

Wichtig nach den ersten beiden Elementen ist es, weiter Aufmerksamkeit erzeugen, damit deine Teilnehmer auch weiterhin am Ball bleiben.

Deswegen solltest du noch einmal die persönliche Relevanz in den Vordergrund rücken und dein großes Versprechen mit dieser Relevanz verbinden.

Stelle deinen Teilnehmern beispielsweise eine imaginäre Frage oder mache eine kontroverse Aussage. Dies erzeugt bei deinem Gegenüber ganz unbewusst Emotionen – und Emotionen sind das, was spätere Verkäufe auslöst (und nicht Logik oder Verstand!).

Nutze diese Emotionen aus, indem du deinen potenziellen Käufern in genau diesem emotionalen Zustand noch einmal die Vorteile deines Webinars bewusst machst.

Element #4: Die Darstellung als Autorität

Damit deine Teilnehmer deinen Ausführungen Glauben schenken, musst du dich als Autorität deines Faches präsentieren.

Menschen kaufen besonders von Menschen, von denen sie persönlich und fachlich überzeugt sind. Es ist also deine Aufgabe, dies deinen Teilnehmern klar zu machen, indem du dich sowie deine Erfolge und Kompetenzen kurz vorstellst.

Bitte beachte: Es geht dabei nicht darum, dich als Person zu sehr in den Vordergrund zu rücken, denn den Teilnehmern deines Webinars geht es nicht um dich persönlich, sondern um das Produkt und den Nutzen, den sie aus deinem Produkt ziehen können.

Du stellst in diesem Part deines Webinars vielmehr Überzeugung und auch Sympathie her. Dies ist ein wichtiger Punkt, den du nicht außer Acht lassen darfst.

Besonders überzeugend wird dieser Teil, wenn du kurz deine eigene Geschichte erzählst. Menschen lieben Geschichten und dieses sogenannte „Storytelling" ist sehr wichtiger Faktor bei allen Elementen deines Verkaufsprozesses.

Idealerweise gehst du in deiner Geschichte auch darauf ein, dass du selbst einmal in der gleichen (negativen) Situation warst, in der deine Teilnehmer jetzt sind, und nun in der (positiven) Wunschsituation bist, die deine Teilnehmer noch erreichen möchten.

Dadurch erzeugst du eine enorme Empathie sowie Glaubwürdigkeit, da du damit zeigst: *Ich bin nicht perfekt. Auch ich habe Fehler gemacht, aber es trotzdem geschafft. Und wenn ich das geschafft habe, dann schaffst du das auch.*

Element #5: Die Schaffung einer Vision

In diesem nächsten Schritt musst du dafür sorgen, dass dein Teilnehmer sich in die positive Situation hinein versetzen kann, in der du bereits bist und die er selbst auch erreichen will.

Dies tust du, indem du imaginär eine Vision erzeugst. Führe deinem Teilnehmer vor Augen, wie er sich fühlen wird, wenn er sein bestehendes Problem gelöst oder eine existierende Herausforderung überwunden hat.

Du kannst dies durch einfache Fragen erzielen, die auf das Problem oder die Herausforderung anspielen und anschließend die Antwort (= die Lösung, die du später anbietest) darauf geben.

Der einleitende Teil ist mit diesem Element beendet und im nächsten Teil (dem inhaltlichen) geht es nun darum, deinen Teilnehmern wertvolles Wissen und hilfreiche Informationen zu vermitteln – denn letztendlich ist das ja genau das, was deine Teilnehmer möchten und warum sie überhaupt an deinem Webinar teilnehmen.

TEIL B: INHALTE

Element #6: Die eine große Sache

An dieser Stelle solltest du noch einmal das große Versprechen aufgreifen, das du zu Beginn deines Webinars gegeben hast. Dies ist wichtig, damit deinen Teilnehmern noch einmal ihr persönlicher Vorteil vor Augen geführt wird.

Diese eine große Sache steht quasi über den weiteren inhaltlichen Aspekten, auf die du im weiteren Verlauf des inhaltlichen Teils weiter eingehen wirst.

Es hat sich sehr bewährt, die Inhalte in verschiedene Unterpunkte aufzusplitten. Erfolgreich sind beispielsweise immer Ansätze wie die folgenden:

- *„Die 3 großen Fehler, die [gewünschte Situation / gewünschter Zustand] bisher verhindert haben"*
- *„3 wichtige Geheimnisse, die du über [Thema] wissen musst"*
- *„Die 3 wichtigsten Elemente / Prinzipien, um [gewünschter Zustand] zu erreichen"*

Für welche thematische Aufteilung du dich entscheidest, ist letztendlich egal. Wichtig ist nur, dass du deinen Teilnehmern in diesem Teil deines Webinars genau das gibst, was sie wollen: wertvolle Inhalte und hilfreiche Informationen.

Unabhängig von der Präsentation deiner Inhalte ist es in diesem Teil eine deiner wichtigsten Aufgaben, vorhandene Glaubenssätze deiner Teilnehmer zu widerlegen, die einem späteren Verkauf im Wege stehen könnten.

Dies ist zum Beispiel der Fall, wenn Menschen denken, dass die Anwendung deines Produktes schwierig ist, dass dies für sie viel Zeitaufwand erfordert, dass die Erfolge sich erst sehr spät einstellen oder dass es aus irgendwelchen weiteren Gründen nicht für sie geeignet ist.

Du kannst diesen Annahmen vorgreifen, indem du ganz genau benennst, für wen sich das Produkt eignet und für wen es sich im Umkehrschluss nicht eignet. Innerhalb dieser Nennungen greifst du dann möglicherweise vorhandene Glaubenssätze mit auf und widerlegst sie.

Das ist wirklich die wichtigste Aufgabe deines Content-Teils: die existierenden Glaubenssätze, Zweifel und Unsicherheiten deiner Zielgruppe auszuräumen. Überlege dir also vorher, was deine Teilnehmer möglicherweise vom Kauf deines Angebotes abhalten könnte und widerlege diese Glaubenssätze durch deine Inhalte.

Element #7: Der Übergang zum Verkaufsteil

Dies ist ein Punkt, den die meisten Veranstalter von Webinaren fürchten, der aber mit am allerwichtigsten ist. Du veranstaltest dein Webinar, um etwas zu verkaufen. Und deswegen ist es auch wichtig, dass dir der Übergang vom Inhalts- zum Verkaufsteil gut gelingt.

Am einfachsten schaffst du diesen Übergang, indem du deinen Teilnehmern eine Frage stellst und dies auch genauso formulierst.

In dieser Frage gehst du auf das bestehende Problem deiner Zielgruppe ein und implizierst die Bereitstellung der Lösung (durch dich), z.B. *„Wärst du bereit, xxx Euro zu investieren, wenn du dadurch [Problem] für immer überwinden würdest?"* oder *„Was würdest du tun, wenn jemand dir exakt helfen könnte, [Problem] für immer hinter dir zu lassen?"*

TEIL C: VERKAUF

Element #8: Die 2 Optionen

Ausgehend von deiner Frage im vorherigen Teil leitest du zur möglichen Lösung des Problems über.

Es wäre ungünstig, deine Teilnehmer direkt mit einem Verkaufsangebot zu konfrontieren. Stattdessen solltest du ihnen klar machen, dass sie nun zwei Optionen haben: eine negative (nämlich nichts tun und weiter im derzeitigen schlechten Zustand verharren) und eine positive (eine Entscheidung treffen und etwas am derzeitigen Zustand ändern).

Psychologisch löst du damit bei deinen Teilnehmern den Wunsch aus, sich für die positive Variante zu entscheiden. Und diese Variante ist dein Angebot.

Element #9: Die Angebotspräsentation

Du stellst dein Angebot am besten auf einer einzelnen Folie und idealerweise mit dem entsprechenden Produktbild oder Logo vor.

Anschließend listest du in einer kurzen Zusammenfassung auf, welchen Vorteil dein Produkt für deine Teilnehmer liefert. Dieser Punkt ist wichtig: Bitte gehe zuerst immer auf den Vorteil ein, den dein Produkt für deine Teilnehmer bereit hält.

Erst danach stellst du die Produkt-Features und Benefits anhand von Bullet-Points auf einzelnen Folien vor.

Element #10: Die Bonus-Geschenke

Du solltest neben deinem eigentlichen Produkt auch unbedingt einige Boni kostenlos zur Verfügung stellen.

Bonus-Geschenke sind ein unglaublich wirksames Mittel, um Menschen von einem Kauf zu überzeugen – besonders dann, wenn du ihren eigentlichen Wert nennst und sie quasi im Gesamtangebot des Webinars mit enthalten sind.

In welcher Form du die Boni anbietest (E-Book, Video-Kurs, Audio-Coaching etc.) spielt keine Rolle, sie sollten nur thematisch zum Produkt bzw. dem existierenden Problem deiner Zielgruppe passen.

Auch die Anzahl der Boni ist nicht zwangsläufig entscheidend. Drei oder fünf haben sich immer bewährt. Wenn du nur einen einzigen Bonus hast, dieser aber deinen Teilnehmern einen großen Mehrwert bietet, ist das auch in Ordnung.

Element #11: Die Nennung des Preises

Auch vor diesem Part fürchten sich viele Veranstalter von Webinaren, weil sie denken, mit der Nennung des Preises ihre Teilnehmer zu „verjagen".

Bitte bedenke dabei eines: Spätestens in dem Moment, in dem du dein Produkt vorgestellt hast, wird auch dem Letzten klar geworden sein, dass du dieses Produkt verkaufen möchtest. Diejenigen, die also jetzt immer noch anwesend sind, haben wirkliches Interesse und sind auch bereit, einen bestimmten Preis dafür zu bezahlen.

Bevor du den finalen Preis nennst, solltest du einige wichtige Prinzipien beachten.

Fasse zunächst noch einmal den Gesamtwert deines ganzes Paketes inkl. Hauptprodukt und Boni zusammen, indem du die einzelnen Werte übersichtlich auflistest.

Nenne anschließend noch einmal den Benefit deines Produktes und welchen Vorteil es für die Teilnehmer schafft. Breche dann den Preis in verschiedenen Stufen herunter.

Abschließend nennst du die Garantie (zwischen 30 und 60 Tagen haben sich bewährt).

Element #12: Die Handlungsaufforderung

Bevor du die konkrete Aufforderung zur Bestellung nennst, solltest du noch einmal den kompletten Gesamtwert dessen, was du verkaufen willst, einzeln nennen.

Gehe dann noch einmal auf die positive Vision ein, die du am Anfang des Webinars erzeugt hast, und nenne erst dann die erste Bestellaufforderung.

Nenne danach noch einmal die große Sache vom Anfang und danach die zweite Bestellaufforderung.

Um möglicherweise immer noch vorhandene Glaubenssätze auszuhebeln, hast du optional die Möglichkeit, am Ende deines Webinars häufig gestellte Fragen zu beantworten. Diese können sich auf die Garantie, auf die Art des Produktzugriffes bzw. dessen Auslieferung oder auf den Support beziehen. Ganz am Ende nennst du dann noch einmal eine Bestellaufforderung.

Hinweise für Webinare, die eine Bewerbung für ein Highprice-Programm enthalten:

Solltest du dich entscheiden, in deinem Webinar keinen Direktverkauf für dein Angebot anzubieten, sondern stattdessen deine Teilnehmer zur Anmeldung für ein Telefongespräch (in dem du dein Highprice-Angebot verkaufst) zu motivieren, unterscheidet sich der letzte Teil des Webinars geringfügig.

- Anstelle deines Angebotes zeigst du die Vorteile auf, die eine weitere Zusammenarbeit bzw. ein erstes Gespräch mit dir hat.
- Bonus-Geschenke musst du in diesem Fall im Webinar keine anbieten.
- Eine klassische Preisnennung entfällt ebenfalls. Stattdessen solltest du darauf hinweisen, dass das Telefongespräch mit dir kostenlos ist und lediglich die Investition von etwas Zeit erfordert.

Wenn du diese Elemente und Reihenfolge bei deinem Webinar berücksichtigst, verfügst du damit über ein sehr mächtiges Instrument in deinem gesamten Verkaufsprozess.

Wir wünschen dir viel Erfolg und viele Verkäufe bei deinem Webinar!

Aufgabe #20

Nachdem du deinen YouTube-Account erstellt und den Kanal eingerichtet hast, kannst du nun dein Video bei YouTube hochladen.

Allerdings solltest du bereits beim Hochladen ein paar Punkte beachten, die ersten Optimierungen für dein Video vornehmen sowie unbedingt weiterführende Links platzieren, damit dein Video für dich auch Besucher generieren kann.

Hier findest du eine kurze Anleitung, wie du dein Video bei YouTube hochlädst und welche weiteren Einstellungen und Optimierungen du vornehmen solltest: **digitaleseinkommen.de/aufgabe-20**

Das Marketing für deinen Free-plus-Shipping-Funnel

Ein Free-plus-Shipping-Funnel eignet sich besonders dann gut, wenn du neue Leads und Kunden gewinnen willst, die dich vielleicht noch nicht kennen. Gerade dann, wenn Menschen das eigentliche Produkt geschenkt bekommen und nur eine kleine Kostenbeteiligung (z.B. für den Versand) investieren müssen, handeln sie gerne und häufig.

Das Kernstück deines Free-plus-Shipping-Funnels bildet deine Landing Page – also die Seite, auf der du dein kostenloses Produkt anbietest. Auch diese Seite muss einige wichtige Elemente enthalten, damit sie verkauft. Einfach nur ein kostenloses Produkt anzubieten, reicht nicht aus.

Deswegen lernst du an dieser Stelle die 9 Elemente kennen, die jede gute Landing Page eines Free-Plus-Shipping-Funnels enthalten sollte.

Wichtig dabei ist Folgendes: Du musst für deine Landing Page keinen durchgehenden langen Text schreiben. Vielmehr zeichnen sich Verkaufsseiten für kostenlose Angebote durch die Zusammenstellung mehrerer Elemente aus, die du weitestgehend beliebig kombinieren kannst.

Die Elemente, die du im Folgenden kennenlernst, musst du also nicht exakt in dieser Reihenfolge umsetzen, sondern kannst sie beliebig kombinieren. Einige Elemente können – gefüllt mit unterschiedlichen Inhalten – auch ruhig öfters vorkommen. Wichtig ist nur, dass sie alle enthalten sind.

Element #1: Die Überschrift

Was auf keiner Landing Page fehlen darf, ist die Headline, also die Überschrift. Bei einem Free-plus-Shipping-Funnel geht die Headline im Optimalfall auf das kostenlose Angebot ein, da dies das Besondere dieses Funnels ist.

Worte wie „kostenlos" oder „verschenken" sollten also auf jeden Fall enthalten sein, ebenso wie die konkrete Nennung deines kostenlosen Angebotes. Denn dies erzeugt direkt Aufmerksamkeit und Interesse.

Ein Beispiel von unserer eigenen Landing Page:
René Renk und Oliver Schmuck verschenken für kurze Zeit ihren Bestseller

Element #2: Das Bestellformular

Bei einer Free-plus-Shipping Landing Page ist es wichtig, dass der Besucher direkt die Möglichkeit hat, das Angebot anzufordern. Deswegen sollte das Bestellformular (im Gegensatz zu anderen Verkaufsseiten) direkt sichtbar und zugänglich sein.

Darin solltest du auf der ersten Seite abfragen: Vorname, Nachname, vollständige Adresse und E-Mail-Adresse. Dies sind alles erforderliche Angaben für den späteren Versand und das spätere E-Mail-Marketing. Auf der zweiten Seite gibt der Kunde dann seine Zahlungsinformationen ein.

Wichtig ist an dieser Stelle, dass du unter dem Bestellformular einen Hinweis auf den eigentlichen Preis deines Angebotes gibst. Wenn du zum Beispiel ein Buch verschenkst, wäre ein angemessener, zu nennender Originalpreis 19,95 Euro oder 29,95 Euro.

Es ist wichtig, dass du darauf nicht verzichtest, denn durch den unbewussten Vergleich wirkt dein kostenloses Angebot noch einmal deutlich wertvoller.

Element #3: Das Angebot

Auch wenn du etwas verschenkst, möchten die Besucher deiner Landing Page natürlich wissen, was sie genau bekommen. Du solltest deswegen genau beschreiben, was du dort anbietest.

Dies beinhaltet zum einen eine kurze Beschreibung deines Angebotes, aber (und das ist noch viel wichtiger) eine Beschreibung der Vorteile, die dein Besteller durch dein Angebot hat. Denn auch ein Angebot, das nur eine Beteiligung an den Versandkosten beinhaltet, soll natürlich für den Käufer ein bestimmtes Ergebnis erzielen.

Wenn du beispielsweise ein Buch anbietest (was auf den meisten Free-plus-Shipping-Seiten der Fall sein dürfte), dann kannst du einzelne Inhalte in Form von kurzen Aufzählungen beschreiben.

- *Verknüpfe diese Inhalte immer mit Vorteilen für den Leser, beispielsweise so, wie wir das auf unserer eigenen Landing Page auch gemacht haben:*
- *Die einfachste (und trotzdem umfassende) Schritt-für-*

Schritt-Anleitung, anhand derer du nur mit Hilfe deines Laptops dein eigenes Online-Geschäft aufbaust ... und nicht mehr als 4 bis 6 Stunden Zeit pro Woche investierst
- *Welche 7 Schritte beim Aufbau eines seriösen Online-Geschäfts die einzig Richtigen sind (und warum sie keine besonderen Kenntnisse erfordern)*
- *Die simple Strategie, wie du dein Online-Geschäft sowohl seriös als auch zukunftsfähig aufstellst (das ist häufig der Grund, warum viele andere mit ihrem eigenen Geschäft scheitern oder keine Kunden gewinnen)*
- *Wie du nicht auf irgendwelche falschen Versprechen hereinfällst, sondern genau die Dinge umsetzt, die WIRKLICH funktionieren (und gleichzeitig krisensicher sind)*
- *Anschauliche Praxisbeispiele aus unseren eigenen Geschäften, damit du zwar die Theorie lernst, aber vor allem alles praktisch anwenden kannst (und Zeit, Arbeit und Geld sparst)*

Gerne kannst du diese Inhalte auch in mehrere Teile aufspalten und über deine Seite verteilen.

Element #4: Die Beweise

Menschen orientieren sich in ihren Entscheidungen sehr oft an anderen Menschen. Eine gute Möglichkeit, dieses psychologische Prinzip zu nutzen, besteht darin, erfolgreiche Kunden / Leser / Besteller zu zeigen, die sich positiv über dein Angebot äußern.

Diese Beweise kannst du in folgenden Formen darstellen:

- Zitate von zufriedenen Kunden (idealerweise mit Name und Foto)
- Kurze Videos von zufriedenen Kunden
- Entsprechende Screenshots aus Facebook oder Instagram (du kannst den jeweiligen Namen / das entsprechende Foto auch verpixeln)
- Erfolgsgeschichten zufriedener Kunden

Gerade solche Beweise kannst du an mehreren Stellen auf deiner Seite veröffentlichen, da bei deinem Seitenbesucher dadurch der Eindruck entsteht, dass du das hältst, was du mit deinem kostenlosen Angebot versprichst.

Element #5: Die Geschichte

Menschen lieben Geschichten. Und sie lieben vor allem die Geschichten anderer Menschen. Deswegen kannst und solltest du auf deiner Landing Page gerne erzählen …

… wie dein Angebot zustande gekommen ist
… warum du es erstellt hast
… ob es ein bestimmtes Aha-Erlebnis gab
… ob es einen bestimmten Anlass dazu gab
… was deine persönliche Motivation dazu war
… wie die Inhalte deines Angebotes dir selbst geholfen haben.

Du siehst: Es gibt sehr viele verschiedene Möglichkeiten, eine Geschichte rund um dein Angebot zu erzählen. Nicht jeder Besucher wird sie komplett lesen, aber du kannst sicher sein, dass es immer Menschen geben wird, die jedes einzelne Wort deiner Landing Page lesen.

Und gerade durch persönliche Geschichten kannst du starke Emotionen erzeugen, die letztendlich die Handlungswahrscheinlichkeit deines Besuchers erhöhen.

Hier wieder ein Beispiel unserer eigenen Landing Page für dieses Buch:

Was ist, wenn wir dir sagen, dass die meisten „Experten" da draußen keine Ahnung haben von dem, was sie dir predigen?

Die traurige Realität ist: Wir sind am Anfang selbst auf viele der sogenannten „Experten" hereingefallen, die uns große Versprechen gemacht haben. Und am Ende haben wir damit nichts erreicht, sondern nur verloren ... nämlich viel Zeit und viel Geld.

Monatelang haben wir alles das nachgemacht, was uns vorgemacht wurde, haben Coachings gekauft, Blogartikel gelesen, uns Videos ansehen. Aber nichts davon führte auch nur annähernd zum Erfolg.

Wir waren irgendwann einfach nur noch total frustriert, weil wir dachten, dass wir uns niemals ein profitables und seriöses Online-Geschäft aufbauen können würden.

Heute aber sind wir zwei der erfolgreichsten Online-Unternehmer Deutschlands, haben Tausenden Menschen beim Aufbau ihres eigenen Online-Geschäfts geholfen, dutzende Coachings veröffentlicht, viele eigene Online-Unternehmen in den unterschiedlichsten Märkten aufgebaut und einige Software-Projekte gegründet.

Und eine ganz entscheidende Sache haben wir dabei herausgefunden:

Es ist nicht annähernd so kompliziert, dir nur mit Hilfe deines Laptops ein seriöses und zukunftssicheres Online-Geschäft aufzubauen, wie es dir wahrscheinlich immer erzählt wird.

Du merkst sicherlich selbst, dass das Lesen dieser persönlichen Geschichte Neugier erzeugt und einen Bezug zu unserem Buch hat, oder? Und genau so solltest du auf deiner eigenen Free-plus-Shipping-Seite ebenfalls vorgehen ...

Element #6: Der Anbieter

Hinter jedem Produkt steht (auch wenn es kostenlos ist) ein Mensch. Und oft entscheidet dieser Mensch darüber, ob ein anderer Mensch (der potenzielle Kunde) handelt oder nicht. Daher solltest du dich auf deiner Free-Plus-Shipping-Seite kurz vorstellen.

Die Betonung liegt hier auf „kurz", weil es nicht in erster Linie um dich geht, sondern um dein Produkt. Wichtig bei deiner Vorstellung ist es, auf deine eigenen Erfolge, Auszeichnungen und Ergebnisse einzugehen – vor allem dann, wenn sie in Bezug zu deinem Angebot stehen.

Denn damit erwirkst du zweierlei: Zum einen zeigst du, dass du über die entsprechende Expertise und das richtige Wissen verfügst, um dein Produkt überhaupt anbieten zu können. Zum anderen machst du dich damit glaubwürdiger und baust Vertrauen auf.

Und Glaubwürdigkeit und Vertrauen sind zwei entscheidende Faktoren, wenn es darum geht, Menschen von sich und seinem Angebot zu überzeugen.

Wir haben uns auf unserer eigenen Landing Page folgendermaßen vorgestellt:

Über die Autoren: Oliver Schmuck und René Renk

Oliver Schmuck ist Diplom-Vermessungsingenieur und war von 2001 bis 2009 Inhaber eines eigenen Vermessungsbüros.

Als seine neue Geschäftsidee eines Online-Portals zur Bauplatzsuche 2013 nach 3 Jahren scheiterte, stand er vor einem 6-stelligen Schuldenberg.

2014 begann er mit der Vermarktung seines ersten eigenen Onlinekurses, vervierfachte seinen Umsatz mittels Facebook-Werbung und erreichte innerhalb eines Monats Platz 1 bei Digistore. Heute ist er einer der führenden Online Marketer Deutschlands.

René Renk ist seit zehn Jahren im Online Marketing aktiv.

In dieser Zeit hat er hunderten Menschen dabei geholfen, sich ein eigenes Online Business aufzubauen, und dutzende Unternehmer dabei unterstützt, effektive Online-Marketing- Strategien zur Neukundengewinnung und Automatisierung in ihrem Unternehmen zu implementieren.

Er hat mehrere eigene Firmen in verschiedenen Märkten erfolgreich aufgebaut und für seine Leistungen den Tiger-Award zum Unternehmer des Jahres 2019 erhalten.

Mittlerweile sind Olli und René aus der Coaching-Szene ausgestiegen und möchten mit ihrem ersten eigenen Buch Digitales Einkommen anderen Menschen den Weg zu ihrem seriösen und zukunftssicheren Online-Geschäft weisen.

Du siehst: Es geht hier um keine ellenlange Beschreibung, sondern um die Darstellung der relevantesten Punkte.

Element #7: Die Sicherheit

Gerade, wenn im Internet etwas Kostenloses angeboten wird, sind viele Menschen skeptisch. Wenn man bedenkt, dass es leider auch immer wieder „schwarze Schafe" gibt, die nicht das halten, was sie versprechen, ist dies nicht verwunderlich.

Deswegen musst du diese möglichen Bedenken deines potenziellen Käufers aushebeln. Und das kannst du ganz offen tun, so wie wir es auch getan haben:

Wie bereits erwähnt, verschenken wir unser Buch momentan. Das Einzige, um was wir dich bitten, ist eine Beteiligung an unseren Versand- und Logistikkosten (4,99 Euro).

Und nein, keine Sorge. Es gibt keinen Haken!

Wir wissen selbst, dass es unseriöse Seiten im Internet gibt, auf denen dir etwas geschenkt wird ... und schwupps ... bist du in einem Aboprogramm mit monatlichen Kosten gefangen.

So etwas gibt es bei uns nicht, denn das würde auch unserem Buch widersprechen, in dem du den Aufbau eines SERIÖSEN Geschäfts lernst.

Außerdem ist es unsere persönliche Motivation, so vielen Menschen wie möglich beim Aufbau ihres eigenen Online-Geschäfts zu helfen, weil wir aus eigener Erfahrung wissen, wie sehr das auch dein Leben zum Positiven verändern kann.

Wir möchten nicht, dass du aufgibst, einfach nur, weil du bisher auf die falschen Leute gehört hast.

Stattdessen möchten wir dir BEWEISEN, dass ein zukunftssicheres und seriöses Online-Geschäft auch für dich möglich ist.

Dieser einfache Absatz löst mögliche Bedenken und Zweifel auf, weil er ganz offen ausspricht, was vielleicht der ein oder andere befürchtet. Deswegen solltest auch du nicht darauf verzichten, deinen Landing-Page-Besuchern eine gewisse Sicherheit zu geben.

Element #8: Die Handlungsaufforderungen

Keine Landing Page kommt ohne Handlungsaufforderung aus – und das aus einem sehr einfachen Grund: Du musst Menschen sagen, was sie tun müssen. Das mag vielleicht jetzt etwas banal klingen, aber genauso ist es.

Auch wenn dir klar ist, dass Menschen auf den Button klicken und dein kostenloses Angebot bestellen sollen, muss es deinen Besuchern nicht zwangsläufig klar sein. Deswegen solltest du auf deiner gesamten Landing Page in regelmäßigen Abständen Handlungsaufforderungen (im Englisch auch „Call to Action" genannt) platzieren.

Diese haben noch einen weiteren Vorteil: Neben der Anleitung deiner Besucher steigerst du so auch noch einmal die Handlungswahrscheinlichkeit, weil du deine Handlungsaufforderungen noch einmal mit einer Begründung verknüpfen kannst, so wie wir das auch gemacht haben:

Bist du bereit? Bist du bereit für ein Geschäft, das nicht nur digital, sondern zusätzlich auch nachhaltig und seriös ist? Dann sichere dir jetzt dein Exemplar!

Button: Ja, ich bin bereit und sichere mir das Buch!

Element #9: Die Verknappung

Gerade bei Free-plus-Shipping-Angeboten bietet es sich an zu verknappen. Verknappung bedeutet, dass du dein kostenloses Angebot als begrenzt und limitiert darstellst, denn dies bringt Menschen zum Handeln.

Es gibt kaum ein verkaufspsychologisches Prinzip, das mehr Handlungen auslöst, als Verknappung. Und gerade bei einem Free-plus-Shipping-Angebot ist es für deine Besucher auch plausibel, wenn dieses nicht für immer gilt.

Bei einem Buch beispielsweise kannst du die Verknappung damit begründen, dass du nur eine bestimmte Anzahl an Büchern hast drucken lassen. Bei einer anderen Art von Produkt kannst du damit argumentieren, dass die Herstellungskosten momentan noch von dir alleine getragen werden, du dies aber nicht unbegrenzt machen kannst.

Hier wieder ein Beispiel von unserer eigenen Seite:

Es wird jetzt Zeit zu handeln ...

Denn diese Sonderaktion ist begrenzt und wird nicht für immer verfügbar sein. Es kann passieren, dass du morgen wiederkommst und feststellen musst, dass wir das Buch nicht mehr verschenken.

Denn wir alleine tragen die Kosten dafür, die sich folgendermaßen zusammensetzen: Druck und Produktion des Buches (2,04 €), Porto- & Versandkosten (2,65 €), Gebühren für den Abwickler (1 €), Marge für den Zahlungsabwickler (0,55 €) und die Mehrwertsteuer (0,49 €).

Somit kostet uns das Buch exakt 6,73 €. Dazu kommen noch Hosting-Gebühren für diese Website und das Marketing.

Du hast also sicherlich Verständnis dafür, dass wir dies nicht für immer so anbieten können.

Deswegen unser Tipp: Nutze unbedingt Verknappung auf deiner Landing Page. Dies wird deine Verkaufsraten massiv erhöhen – das garantieren wir dir.

Und jetzt: Viel Erfolg mit deinem Free-plus-Shipping-Funnel!

Das Marketing für deinen Direct-Sales-Funnel

Wie du bereits im dritten Schritt erfahren hast, eignet sich der Direct-Sales-Funnel sehr gut dazu (wie die englische Bezeichnung schon sagt), dein Angebot direkt zu verkaufen. Das beste Marketinginstrument dazu ist ein sogenannter Video Sales Letter.

Bei einem Video Sales Letter handelt es sich um eine PowerPoint- oder Keynote-Präsentation, bei der der angezeigte Text gleichzeitig vorgetragen wird. Dieses Marketingformat ist in den USA entstanden und hat sich auch im deutschsprachigen Raum in den vergangenen Jahren als Best-Practice bewährt.

Wenn du also ein Angebot im niedrig- bis mittelpreisigen Segment (bis 500 Euro) hast, solltest du einen Video Sales Letter für dein Marketing und deinen Verkauf nutzen.

Es ist außerdem genauso problemlos möglich, den erstellten Text nicht in Videoform, sondern in Textform auf deiner Verkaufsseite einzubinden.

Eine weitere Option besteht darin, unter deinem Video Sales Letter einen kleinen Button mit der Aufschrift „Als Text lesen" zu platzieren, bei dessen Klick die Besucher die Möglichkeit bekommen, sich nicht dein Verkaufsvideo anzusehen, sondern deinen Verkaufstext zu lesen.

Egal, ob du dich entscheidest, deinen Sales Letter in Videoform, in Textform oder in beiden Formen anzubieten … auch hier solltest du wieder einige sprachliche und verkaufspsychologische Prinzipien beachten, damit deine Verkaufsraten entsprechend hoch sind.

In diesem Schritt stellen wir dir alle wichtigen Prinzipien und Elemente eines erfolgreichen Sales Letters vor. Diese orientieren sich an einem eigenen Sales Letter von uns, den wir in den vergangenen Jahren in sehr vielen verschiedenen Märkten erfolgreich eingesetzt haben.

Aufgabe #21

Da wir effektiv arbeiten und vor allem deinen Blog auch regelmäßig mit neuen Inhalten füllen wollen, werden wir nun auch dein Video als weiteren Blogartikel in deinem Blog veröffentlichen und natürlich mit einem CTA und deinem Affiliate-Link versehen.

Hier findest du eine kurze Anleitung, wie du dein YouTube-Video als neuen Blogartikel veröffentlichst: **digitaleseinkommen.de/aufgabe-21**

Element #1: Dich vorstellen

Deine Besucher möchten wissen, mit wem sie es zu tun haben. Deswegen solltest du deinen Sales Letter mit einer kurzen Vorstellung beginnen. Diese sollte wirklich nur kurz sein (maximal 2 Folien), da es in deinem Sales Letter nicht um dich geht, sondern um deinen potenziellen Kunden.

Stelle dich also mit deinem Namen vor und erwähne optional kurz, für welches Thema du Experte bist. Ob du nur deinen Vornamen oder deinen vollständigen Namen nennst, hängt ein wenig davon ab, wie bekannt du bereits bist.

Wenn dich noch nicht so viele Menschen kennen, empfehlen wir dir, nur deinen Vornamen anzugeben, weil es sonst passieren kann, dass die Leute anfangen, dich zu googeln, und dir deswegen nicht weiter zuhören oder die Seite sogar schließen. Wenn dein Name allerdings bereits in der Branche bekannt ist, solltest du ihn komplett nennen, weil du dadurch bereits Expertenstatus aufbaust.

Beispiel:

Mein Name ist Oliver Schmuck, ich bin Experte für Neukundengewinnung ...

An dieser Stelle noch ein Hinweis zu unseren Beispieltexten: Die 3 Punkte hinter jedem Satz werden in Video Sales Lettern üblicherweise so angewandt, weil sie suggerieren, dass es auf der nächsten Folie weitergeht. In Text Sales Lettern sollten die 3 Punkte durch einen ganz normalen Punkt am Satzende ersetzt werden.

Element #2: Aufmerksamkeit generieren

Gerade am Anfang deines Sales Letters ist es wichtig, dass du die Aufmerksamkeit deiner Zuhörer bzw. Leser hast. Aufmerksamkeit ist die wichtigste Voraussetzung für alles Weitere, denn wenn jemand nicht aufmerksam ist, kannst du sagen, was du willst … derjenige hört dir trotzdem nicht zu.

Zudem werden wir Menschen in der heutigen Zeit mit sehr vielen Reizen und Informationen konfrontiert, die unser Gehirn erst einmal verarbeiten muss. Deswegen ist es wichtig, dass du sofort in den ersten 5 bis 10 Sekunden deines Sales Letters sicherstellst, dass deine Zuhörer bzw. Leser sich auf deine Inhalte fokussieren.

Die größte Aufmerksamkeit wirst du erzeugen, wenn du das größte Problem bzw. die schwierigste Herausforderung deiner Zielgruppe ansprichst. Denn da Menschen bestrebt sind, ihre Schwierigkeiten zu überwinden, werden sie dir ihre Aufmerksamkeit schenken, wenn du ankündigst, ihnen genau dabei zu helfen.

Beispiel:

... und in wenigen Sekunden erfahren Sie, wie Ihnen dieses Geschenk dabei hilft, Kunden völlig automatisiert zu gewinnen und somit mehr Umsatz für Ihr Unternehmen zu machen.

Element #3: Wunschziel ansprechen

Das zweite Element führst du sinnvollerweise fort, indem du das Wunschziel deiner Zielgruppe noch einmal ansprichst.

Dies machst du, indem du deinen Interessenten mitteilst, was sie in den kommenden Minuten erwartet.

Verbinde diese Erklärungen am besten mit negativen Glaubenssätzen, die deine Zielgruppe darüber hat, warum sie ihr spezielles Problem nicht lösen kann. So kannst du bereits am Anfang mögliche Zweifel ausräumen oder zumindest abschwächen. Dies ist deswegen wichtig, damit du die Wahrscheinlichkeit erhöhst, dass deine Interessenten dir weiter zuhören.

Beispiel:

Und das Beste daran ist, Sie benötigen keine teure Werbeagentur, die Sie für viel Geld bezahlen müssen ... Im Gegenteil, es ist sogar schädlich, weil 95% der Werbeagenturen absolut keine Ahnung von Verkaufen haben, sie viel Geld kosten und das Ergebnis für Sie leider nur unbefriedigend ist. Ich verrate Ihnen meine „Rezi-Technik", mit der Sie, ohne dass Sie Ahnung von Marketing haben müssen, neue Kunden auf Knopfdruck gewinnen ... Zusätzlich verrate ich Ihnen, wie Sie 50% Ihrer Werbeausgaben sparen und trotzdem Ihren Umsatz um 200% steigern können ... Zum Schluss verrate ich Ihnen ein System, mit dem Sie Umsatz erwirtschaften können, ohne dass Sie einen Finger rühren müssen ...

Element #4: Geheimnis ankündigen

Eine sehr gute Möglichkeit, das Interesse deiner potenziellen Kunden weiter aufrecht zu erhalten bzw. weiter zu erhöhen. besteht darin, ein Geheimnis anzukündigen, das du in deinem

Sales-Text aufdeckst.

Zudem solltest du gleichzeitig bereits mitteilen, dass die Lösung des in deinem Text adressierten Problems schnell und einfach (und nicht langwierig und kompliziert) ist. Denn genau das wollen Menschen: eine einfache und schnelle Lösung für ihr Problem. Und genau deswegen solltest du ihnen das auch geben und ankündigen.

Beispiel:

All diese Techniken und Geheimnisse lagen bereits die ganze Zeit vor Ihnen ... Und Sie haben sogar tagtäglich damit zu tun ... Sie wussten nur nicht, wie Sie sie anwenden ... Bis HEUTE! Bereits in 5 Wochen zur selben Zeit wird meine „Rezi-Technik" für Sie per Knopfdruck neue Kunden gewinnen und mehr Umsatz einspielen ... Aus diesem Grund brauche ich Ihre volle Aufmerksamkeit ... Denn Achtung: Ich habe dieses Video nur für kurze Zeit online stehen. Stellen Sie also sicher, dass Sie es JETZT bis zum Ende ansehen ... Es kann sogar sein, dass es jetzt nicht mehr verfügbar ist, wenn Sie diese Seite schließen ... Sehen Sie sich das komplette Video jetzt bis zum Ende an.

Element #5: Glaubenssätze aushebeln

Das Aushebeln von Glaubenssätzen ist ein unglaublich wichtiger Punkt in jedem Verkaufstext. Wie oben bereits geschrieben, sind Glaubenssätze einer der wesentlichen Gründe dafür, warum Menschen ein Produkt nicht kaufen.

Am häufigsten denken sie, dass das Produkt an sich ihr Problem nicht löst, dass sie dazu selbst nicht in der Lage sind oder dass äußere Umstände ihren Erfolg verhindern. Deswegen solltest du bereits relativ am Anfang deines Verkaufstextes auf die stärksten Glaubenssätze deiner Zielgruppe eingehen – und ihnen Gegenargumente entgegensetzen.

Beispiel:

Und wenn Sie jetzt denken: „Hör zu, ich habe bereits alles probiert, um neue Kunden zu gewinnen, aber nichts hat funktioniert“ ... dann habe ich eine gute Nachricht für Sie ... Ich werde Ihnen nicht wie hunderte andere verraten, dass Sie kontinuierlich in einer Zeitung Werbung schalten müssen ... nur um Ende festzustellen, dass Sie 3000,-€ ausgegeben haben und kein einziger neuer Kunde vor Ihrer Tür stand ... Ich werde Ihnen auch nicht raten, teure Unternehmensberater zu engagieren ... nur um dann am Ende Ihres Geldes festzustellen, dass alles wieder beim alten ist, wenn der Berater weg ist ... und ich werde Ihnen auch nicht empfehlen, irgendwelche Seminare zu besuchen, die viel Geld kosten ... nur um danach festzustellen, dass Sie zwar kurz motiviert waren, doch nach einem Tag bereits wieder alles vergessen ist ... In Wahrheit ist es sogar so, dass solche oder ähnliche Tipps dafür sorgen, dass Sie total verwirrt sind und am Ende gar nicht mehr wissen, was Sie zu tun haben ... und es wird sich für Sie absolut nichts ändern. Nein, das, was ich Ihnen heute verrate, ist anders als alles, was Sie bisher gesehen haben ... Ich werde Ihnen verraten, wie Sie sich selbst um Ihr Marketing kümmern, die Kunden automatisch zu Ihnen kommen und sich somit sich

Ihr Umsatz massiv erhöht ... Ob Sie es glauben oder nicht: Es ist nicht Ihre Schuld, dass Sie noch nicht diesen automatisierten Erfolg für Ihr Unternehmen haben ... Doch bevor ich Ihnen verrate, wie Sie wirklich automatisiert neue Kunden gewinnen, lassen Sie mich ein wenig von mir erzählen ...

Element #6: Geschichte erzählen

Um Menschen auf einen möglichen Kauf vorzubereiten, solltest du unbedingt Emotionen erzeugen. Denn letztendlich sind Emotionen das, was verkauft … und nicht rationale Argumente.

Daher solltest du die Vorstellung von dir als Person in einer Geschichte verpacken. Dieses sogenannte Storytelling ist eine sehr einfache und gleichzeitig sehr wirksame Möglichkeit, Emotionen zu erzeugen, Vertrauen und Sympathie aufzubauen und die Lösung des Problems glaubwürdig zu machen.

Wenn du deine eigene persönliche Geschichte mit Höhen, Tiefen und deinem eigenen Weg erzählst, sehen die Menschen: „Er oder sie hat es geschafft. Dann ist es machbar. Dann kann ich selbst es auch schaffen." Eine Geschichte zu erzählen (deine eigene oder die eines erfolgreichen Kunden), ist also aus vielen Gründen wichtig.

Beispiel:

Seit mehr als 10 Jahren beschäftige ich mich intensiv mit dem Thema „automatisierte

Neukundengewinnung" ... Ich bin Coach und Autor ... Ich

habe vielen Unternehmern dabei geholfen, ihre Neukundengewinnung über das Internet zu automatisieren ... Lassen Sie mich eine 30-Sekunden lange Geschichte erzählen, bevor ich Ihnen meine „Rezi-Technik" verrate ... Es ist meine Geschichte ... Ich bin Vermessungsingenieur, also ein stinknormaler Unternehmer, von dem man nicht denkt, dass er erfolgreich im Internet Kunden gewinnt ... Am Anfang meiner Selbständigkeit war mein größtes Problem die Neukundengewinnung ... Ich habe wirklich alles probiert, um effektiv Kunden zu gewinnen ... Kaltakquise, Zeitungswerbung, Callcenter, Seminare, Flyer, Unternehmensberater ... Alles hat viel Geld gekostet und das Ergebnis war nur frustrierend ... In der Tretmühle des Alltagsgeschäftes gefangen, nachts nicht geschlafen, ohnmächtig gegenüber dem Marketing ... Liquiditätsprobleme, zu wenig Kunden, kein Urlaub, sich als Versager gefühlt ... Ich hab mir gesagt: Hey, warum bist du Unternehmer geworden? Und sind wir mal ehrlich ... Als Unternehmer wollen wir mehr, sonst könnten wir auch Angestellte sein ... Wir wollen mehr Freizeit, freie Zeiteinteilung, mehr Geld, mehr Anerkennung ... Die Leute sollen schon mal mit dem Finger auf einen zeigen und sagen: „ Schau mal da, das ist ein erfolgreicher Unternehmer". Und ich habe mir gesagt, ich will auch erfolgreich sein ... All das hat mir irgendwann die Augen geöffnet und ich habe mir gesagt ... Ich muss mich selbst um das Marketing kümmern ... Ich habe mir angeschaut, wie die 4,3% dieser erfolgreichen „Schlafmützenunternehmer" arbeiten ... und bin auf eine Methode gestoßen, die wirklich mein ganzes Leben verändert hat. Und ich wusste, wenn diese Technik für mich funktioniert, dann wird sie für jeden Unternehmer funktionieren ... Mit meiner „Rezi-Technik", die ich Ihnen gleich verraten werde, bekomme ich nicht nur innerhalb kürzester Zeit zahlreiche neue Interessenten, die Kunden werden wollen ... sondern ich kann mir mittlerweile die guten Kunden rauspicken, weil ich genügend Auswahl habe ... Kunden, die nur Zeit kosten und wenig Umsatz bringen, will ich gar nicht ... Ich bin nicht mehr im Hamsterrad meines Unternehmens gefangen, sondern teile mir meine Zeit ein, wie ich es brauche. Ich kümmere mich nur noch um wichtige Dinge, nämlich das Marketing, das mir automatisiert Umsatz erwirtschaftet und das Wachstum meines Unternehmens ermöglicht ... Sie sind jetzt mit Sicherheit skeptisch. Das ist auch völlig in Ordnung. Wäre ich an Ihrer Stelle auch ... Es klingt wieder wie eine dieser Werbeagenturen ... die Sie für viel Geld in ein teures Abo locken und Ihnen Ihr Geld aus der Tasche ziehen wollen ... Aber, da kann ich sie beruhigen, das ist es nicht. Mein Leben hat sich total verändert ... All die frustrierten Dinge, wie Kaltakquise und Kunden hinterherrennen, muss ich nicht mehr machen ... Ich bin wesentlich entspannter und bin endlich Unternehmer ... Wenn ich 30 neue Interessenten in der Woche brauche, dann stelle ich das in meinem System ein und bekomme diese geliefert. Ich habe zum Beispiel mit einem Werbeeinsatz von 93 Cent eine Software im Wert von 2.380,-€ verkauft. All das funktioniert, ohne dass ich Marketing studiert oder Ahnung von Programmierung haben muss. Ich wende lediglich ein paar Techniken an. Diese Techniken sind so faszinierend, dass mich andere Unternehmer darum baten, ihnen diese beizubringen ... Ich werde von meinen Bekannten immer wieder gefragt, wie ich als Vermessungsingenieur so etwas im Online-Marketing umsetzen kann ... und das Ganze, ohne eine teure Werbeagentur zu beauftragen oder aber viel

Geld in Werbung zu stecken ...

Element #7: Expertenstatus aufbauen

Das Erzählen deiner Geschichte ist wichtig, weil sie Emotionen erzeugt. Zusätzlich solltest du aber dennoch zeigen, dass du ein Experte in deinem Bereich bist und weißt, wovon du sprichst. Denn so nehmen dich deine potenziellen Kunden als Autorität wahr, die ihnen bei der Überwindung ihres Problems helfen kann.

Dies machst du am besten, indem du ihnen besondere Tipps oder eine Anleitung gibst, die mit dem Problem zu tun haben sollte(n).

Wichtig dabei ist: Du solltest dabei nicht die genaue Lösung des Problems verraten. Denn wenn du das tust, lieferst du deinen Interessenten damit einen Grund, dein späteres Angebot nicht kaufen zu müssen. Und das ist ja nicht das, was du willst.

Beispiel:

Und ich sag es noch einmal. Es ist nicht Ihre Schuld, dass Sie mit Ihrem Unternehmen noch nicht den Erfolg haben, von dem Sie bisher geträumt haben ... Lassen Sie es mich kurz erklären ... Lassen Sie mich Ihnen eine schnelle Einführung in die Verkaufspsychologie des Menschen geben ... Und hier kommt unser Geschenk vom Anfang der Präsentation ins Spiel ... Es geht alles um die sogenannte „Reziprozität", ein Verhalten, das tief in uns Menschen verankert ist und das fabelhaft funktioniert ... Das Prinzip ist so einfach wie genial: Wenn Sie mir etwas schenken, bin ich Ihnen etwas schuldig ... Los geht's ... Sie müssen Ihren Interessenten, die auf Ihre Webseite kommen, etwas schenken ... Etwas, das ihnen weiterhilft und ihr Problem löst ... Dafür verlangen Sie als Gegenleistung die E-Mail-Adresse des Interessenten ... Sie werden jetzt fragen: „Was soll ich denn schenken?" Nun, das ist ganz einfach, Sie erstellen einen kleinen Ratgeber, eine Checkliste oder ein Video ... Diesen Ratgeber platzieren Sie direkt auf Ihrer Startseite und setzen daneben ein kleines Formular zum Eintragen ... Voila, Sie sind besser als 95% Ihrer Konkurrenz, die das mit Sicherheit nicht hat ... Wenn Sie, wie es alle anderen tun, sofort verkaufen wollen, geht Ihr Interessent in die Abwehrhaltung ... Das ist fest in seinem Kopf verankert. Er will nichts verkauft bekommen ... Wenn Sie ihm allerdings wertvolle Informationen geben, dann ist er dankbar und merkt sich das ... Sie werden sich jetzt fragen, wie Sie diesen einfachen Ratgeber schreiben und wie Sie den Interessenten dann automatisiert zum Kunden machen ... Mit der genauen Technik, die ich Ihnen gleich beibringen werde ... sind Sie nicht nur in der Lage, innerhalb kürzester Zeit diesen Ratgeber zu erstellen, sondern Sie sind auch in der Lage, Ihre Interessenten automatisiert in neue Kunden zu verwandeln ... Ob Sie es glauben oder nicht, Sie können mit diesem System auf Knopfdruck so viele Interessenten generieren, dass Sie sich Ihre Kunden raussuchen können ... Unabhängig in welcher Branche und an welchem Ort Sie arbeiten ... Und Sie sind nicht der einzige Unternehmer, der bisher geblendet wurde ...

Element #8: Feindbild erschaffen

Ein weiteres psychologisches Prinzip, das du in deinem Sales-Text unbedingt anwenden solltest, ist die Schaffung eines Feindbildes, also eines äußeren Grundes, warum deine Interessenten ihr Problem bisher noch nicht selbst lösen konnten.

Das ist deswegen wichtig, weil viele Menschen sich selbst die Schuld an ihrer Situation geben. Sie denken, dass sie selbst nicht in der Lage sind, ihr Problem zu bewältigen. Sie befürchten, dass es an ihnen liegt und dass es deswegen auch gar keine Lösung für ihr Problem geben kann (was für einen späteren Verkauf ungünstig wäre).

Deswegen trägt die Erschaffung eines äußeren Feindbildes dazu bei, deinen Interessenten die Schuldgefühle zu nehmen und ihnen gleichzeitig zu zeigen, dass jemand anders die Verantwortung für ihr Problem trägt – und nicht sie selbst.

Beispiel:

Mir ging es genauso ... Und alles wegen dieser genialen Verkaufspsychologie, die keiner preisgeben möchte ... Und wissen Sie auch, wer es nicht preisgeben möchte ... Es sind die Agenturen und Zeitungen... Fragen Sie sich doch einmal selbst, was zum Beispiel Zeitungen machen würden, wenn Sie keine Werbung mehr schalten ... Was ich versuche, Ihnen zu sagen, ist: Wenn Sie in Kürze in der Lage sind, das Reziprozitätsprinzip anzuwenden ... werden Sie nie mehr Problem mit Neukunden und Umsatz haben ... und vor allem werden Sie darüber lachen, wie viel Geld Sie in der Vergangenheit unnötig für Werbung ausgegeben haben ... Ihre Konkurrenz wird

Ihnen neidisch hinterher schauen und sich fragen, mit welcher Methode Sie diesen Erfolg einfahren ... Und mit einem wissenden Grinsen werden Sie schweigen und jeden neuen Kunden genießen, den Sie mühelos bekommen ... Ein Marketing, dass dieses Prinzip nicht berücksichtigt, ist zum Scheitern verurteilt oder kostet richtig viel Geld ... Leider sind alle Programme, die ich kenne, entweder zu kompliziert oder führen schlichtweg nicht zum Erfolg ...

Element #9: Angebot präsentieren

Wenn deine Zuschauer bzw. Leser es bis hierhin geschafft haben, kannst du dir gratulieren. Denn dann hast du alles richtig gemacht. Jetzt folgt der Teil, den viele Menschen immer etwas fürchten – nämlich die Nennung des Angebotes.

Da es aber die Aufgabe deines Verkaufstextes ist (wie der Name schon sagt), dein Angebot zu verkaufen, kommst du um diesen Part nicht herum. Mache dir aber immer bewusst, dass die Menschen, die dir bis dahin immer noch zuhören bzw. lesen, auch prinzipiell an deiner konkreten Lösung interessiert sind.

Damit deine Verkaufsraten möglichst hoch sind, solltest du bei der Präsentation deines Angebotes eine wichtig Sache beachten: Stelle nicht in den Vordergrund, was dein Angebot *ist*, sondern was dein Angebot macht. Dies ist ein sehr relevanter Punkt, den leider sehr viele Unternehmer falsch machen.

Deinen potenziellen Käufer interessiert es überhaupt nicht, was dein Angebot ist. Deinen potenziellen Käufer interessiert ausschließlich, was dein Angebot *für ihn* macht. Deswegen solltest du die Vorstellung von dem, was du verkaufst, immer mit den Ergebnissen und Vorteilen für den Käufer verknüpfen.

Beispiel:

Deshalb habe ich, basierend auf den Erfolgen von mir und vielen Unternehmern, mit denen ich bereits gearbeitet habe, einen einzigartigen Kurs entwickelt, auf den Sie in wenigen Sekunden sofortigen Zugriff haben ... Er nennt sich „Future Sale" ... Und in wenigen Augenblicken werde ich Ihnen zeigen, über welche unglaublichen Erfolge einige Teilnehmer bereits nach Tagen berichten ... Es ist der einzige deutsche Kurs, der Ihnen als Unternehmer genau sagt, welchen Weg Sie zu gehen haben, um innerhalb kürzester Zeit mehr Neukunden zu gewinnen und mehr Umsatz zu machen ... Er beinhaltet den kompletten Erfolgsweg, den die 4,3% der „Schlafmützenunternehmer" gehen und funktioniert für jeden Unternehmer, egal in welcher Branche ... Sie werden lernen, wie Sie durch die Veränderung des Internets Ihre Werbeausgaben senken und nur noch in messbare Werbung investieren, die wirklich mehr Umsatz bringt ... Erfahren Sie, warum Sie unbedingt Werbung in der Tageszeitung vermeiden sollten ... Erfahren Sie, welche einzigartigen Chancen Ihnen das Internet bringt, wenn Sie wissen, was Sie tun müssen ... Lernen Sie, warum 95% der Webseiten keinen Umsatz machen und was Sie verändern müssen, damit 50% Ihrer Webseitenbesucher Kontakt mit Ihnen aufnehmen ... Erfahren Sie, warum Sie durch Ihre bisherige Webseite bis zu 80% Auftragspotential verschenken ... Sie lernen, wie Sie eine Kundeneinfangseite für max. 200,-

€ erstellen. Diese Seite wird alle herkömmlichen Seiten in den Schatten stellen ... Erfahren Sie die größten Fehler, die Sie auf Ihrer Webseite machen können und mit welchen einfachen Maßnahmen sofort eine 700% Verbesserung eintritt ... Warum es noch nie so einfach war, Ihre Zielgruppe zu erreichen ... Lernen Sie, mit welchen Quellen Sie massiv Besucher auf Ihre Webseite holen, die Ihre Interessenten werden ... Erfahren Sie, welches die 5 wichtigsten Quellen sind, die Ihnen in Zukunft jeden Monat mehrere Tausend Besucher bringen werden ... Wie Sie es schaffen, innerhalb von 2 Stunden bei google auf Seite eins zu landen ... Lernen Sie, wie Sie in 3 Stunden einen kleinen Ratgeber schreiben, der sofort neue Interessenten und Kontakte bringt ... Erfahren Sie, wie 5 von 10 Besuchern, die auf Ihre Webseite kommen, Ihre Kontaktdaten bei Ihnen hinterlassen... Lernen Sie, wie Sie Ihre Interessenten zu Kunden machen und somit Ihren Umsatz schnell steigern können ... „Future Sale" ist der einfache und schnelle Weg zum sofortigen und dauerhaften Erfolg im Internet ... Sie werden in kürzester Zeit erleben, was Sie bis heute niemals für möglich gehalten hätten oder nur von den „Großen" kennen ... Viele Teilnehmer berichten, dass sie die ersten Interessenten bereits nach ein paar Tagen gewonnen haben ... Das sind wirklich tolle Ergebnisse, wenn man bedenkt, dass diese Unternehmer im Vorfeld keine Ahnung von Online-Marketing hatten ... Und jetzt glauben Sie, dass dieses System, dass all das für Sie tut, ein Vermögen kostet ... Und eigentlich sollte es das auch ... Ich werde Ihnen Ihren heutigen Preis in wenigen Augenblicken verraten ... Doch zuerst möchte ich Ihnen noch ein paar Vorteile von „Future Sale" nennen ... Sie lernen, wie Sie in 10 Schritten schnell und einfach Ihr neues Webprojekt umset-

zen ... Sie erfahren, wie Ihre Webseite aussehen muss, damit Sie verkauft ... Sie werden sich nie mehr von irgendwelchen Agenturen für teures Geld etwas andrehen lassen, weil Sie wissen, auf was es beim Marketing ankommt ... Sie erhalten Profi-Tipps, in denen ich Ihnen zeige, wie sie es schaffen, dass die Kunden zu Ihnen kommen ... Sie lernen, wie Sie in Zukunft Umsätze machen können, ohne dass Sie einen Finger rühren müssen... Warum Ihnen Ihr neuer Expertenstatus eine Menge Umsatz bringen wird ... UND Wie Sie Ihr Wissen im wahrsten Sinne des Wortes vergolden können ...

Aufgabe #22

Ein Nachteil von unserem dritten Blogartikel ist, dass er aktuell nur aus einem Video besteht und daher über Suchmaschinen nicht gut zu finden ist. Denn wir stellen den Suchmaschinen somit keine Inhalte zur Verfügung – also keine Texte – über die der Artikel von den Suchmaschinen eingeordnet werden kann.

Daher wollen wir nun einen weiteren Text unter dem Video ergänzen, um aus dem reinem Video einen Blogartikel zu machen, den wir auch für Suchmaschinen optimieren können.

Hierfür ergänzen wir einfach ein Transkript des Videos unter dem Video selbst und nehmen ein paar Ergänzungen vor.

Hier findest du eine kurze Erklärung, wie du das Transkript generierst und unter deinem Video einbindest: **digitaleseinkommen.de/aufgabe-22**

Element #10: Garantie und Preis nennen

Es ist sinnvoll, deinen Interessenten vor der Preisnennung so viel Sicherheit wie möglich zu geben. Deswegen hat es sich bewährt, zuerst die Garantie zu nennen. So vermittelst du deinen potenziellen Kunden, dass bei einer möglichen Bestellung keinerlei Risiko besteht und sie nicht Gefahr laufen, ihr Geld für immer zu verlieren.

Bei uns haben sich Garantiedauern von 30 bis 60 Tagen bewährt. Eine kürzere Garantie wirkt unglaubwürdig, eine längere Garantie macht dir evtl. später zu viel Arbeit.

Auch bei der Nennung des Preises solltest du ein wichtiges Prinzip beachten, nämlich das sogenannte „Price Stacking". Dies bedeutet übersetzt so viel wie „den Preis herunterbrechen." Das heißt: Du nennst den finalen Preis nicht direkt, sondern nennst zuerst den eigentlichen, wesentlich höheren Werte deines Angebotes und dann am Ende den wesentlich niedrigeren finalen Preis.

So wirkt zum einen dein eigentlicher Kaufpreis wesentlich niedriger, zum anderen vermittelst du deinem Käufer das Gefühl, dass er etwas Hochwertiges erhält, du ihm aber trotzdem ein sehr gutes Angebot machst.

Beispiel:

Das, was ich Ihnen beibringe, sind nicht irgendwelche „Tschaka Methoden", sondern es ist fundiertes Wissen, das die erfolgreichen Unternehmer anwenden. Kann ich garantieren, dass Sie dieselben Resultate erzielen? Natürlich nicht! Nicht jeder wird die Schritte befolgen. Aber zwei Dinge kann ich Ihnen garantieren ... Erstens: Wenn Sie die Schritte in „Future Sale" befolgen, werden Sie Resultate sehen ... Diese Resultate können sogar besser sein als die, von denen Sie in dieser Präsentation gehört haben ... Zweitens: Wenn Sie nicht zu 110% zufrieden mit Ihren Resultaten sind, können Sie Ihr Geld behalten ... Genau richtig gehört ... Sollten Sie aus irgendeinem Grund nicht vollkommen zufrieden mit meinem System sein, ... senden Sie mir innerhalb von 60 Tagen eine einfache E-Mail und Sie erhalten Ihr komplettes Geld zurück und dürfen den gesamten Kurs sogar noch behalten ... Sollten Sie eine Frage haben, können Sie mir ebenfalls jederzeit schreiben ... Sie finden meine E-Mail-Adresse auf all' unseren Webseiten, auch in der E-Mail mit Ihren persönlichen Zugangsdaten, die ich Ihnen gleich senden werde ... Ich checke meine E-Mails mehrmals täglich und liebe es, Unternehmern zu helfen, neue Kunden über das Internet zu bekommen ... Okay, was kostet „Future-Sale" nun ... Naja, wenn Sie eine Anzeige in einer Zeitung schalten, kostet Sie diese schnell 200,-€ ... Eine neue Webseite, die Sie programmieren lassen, kostet mindestens 400,-€ ... Ein Seminar in diesem Bereich würde Sie sogar 1.000 Euro kosten (und nachher sind Sie wieder allein) ... Oder Sie sichern sich jetzt Ihren sofortigen Zugang zu „Future Sale" für weniger Geld, ... als sie ein Geschäftsessen mit einem Kunden kosten würde und es bringt sofortigen und dauerhaften Erfolg ... Plus: Sie werden in den nächsten Jahren sogar noch unglaublich viel Geld sparen, weil Sie nicht mehr in sinnlose Werbung investieren ... Und viel mehr Umsatz automatisiert bekommen, weil Sie die richtigen Techniken anwenden und somit Ihr Geld in kürzester Zeit wieder drin haben ... Weil dieses Video nicht mehr lange online ist und Sie es geschafft haben, diese Webseite zu finden, ... während das Video noch verfügbar ist, habe ich einen ganz besonderen Rabatt für Sie reserviert ...Der reguläre Preis, den andere Unternehmer für die Methoden bezahlen, die ich in „Future Sale" lehre, beträgt 792 € ... Das ist der reguläre Preis, den Unternehmer für ein 5-stündiges Einzelcoaching mit mir bezahlen ... Und genau hier profitieren Sie enorm ... Dadurch, dass „Future Sale" ein online Video-Seminar ist, ... müssen Sie meine Anreise natürlich nicht zahlen ... Sie müssen meinen Stundenlohn und mein Hotel nicht zahlen plus Sie müssen keinen Cent für den Versand zahlen ... Mir entstehen dadurch wesentlich geringere Kosten und diese Einsparung möchte ich Ihnen schenken ... Ich werde keine 792 € von Ihnen verlangen ... nicht einmal 300 € und nein, nicht einmal 100 € ... Der Preis für das komplette „Future Sale" – System beträgt einmalig 79 € ... Was einen Rabatt von 90% gegenüber dem Originalpreis von 792 € beträgt, den Einzelcoaching Kunden zahlen ...

Element #11: Bonus-Geschenke nennen

Menschen lieben Geschenke. Deswegen solltest du zusätzlich zum eigentlichen Produkt noch einige kostenlose Boni dazugeben. Dies hat gleich mehrere positive Effekte:

Zum einen fühlen deine möglichen Käufer sich dadurch wertgeschätzt, zum anderen erhöhst du damit den Wert deines Komplettangebotes. Und beides sind Dinge, die die Kaufwahrscheinlichkeit deutlich erhöhen können.

Sinnvollerweise sollten deine Bonus-Geschenke mit dem größten Problem deiner Zielgruppe zusammenhängen. Denn so haben sie für deine potenziellen Kunden den größten Wert.

Beispiel:

Ich möchte Ihnen allerdings ein noch besseres Angebot machen... Weil Sie bewiesen haben, dass Sie wirklich automatisiert mehr Umsatz machen wollen ... sonst hätten Sie nicht das gesamte Video angesehen... Sie erhalten noch weitere Boni kostenlos obendrauf... Als Geschenk dafür, dass Sie sich gerade diese Präsentation ansehen, möchte ich Ihnen noch ein paar Boni kostenlos obendrauf geben. Dadurch möchte ich sicherstellen, dass Sie auch wirklich mehr Kunden gewinnen und mehr Umsatz machen... „Ihre kostenlose Profi-App" ... Für jeden Unternehmer ist eine App mittlerweile die perfekte Ergänzung und ein weiteres Medium, um Kunden zu bekommen und Kunden zu binden... Ich zeige Ihnen in einem 3-teiligen Video im Wert von 69,-€, wie Sie innerhalb von einer Stunde eine professionelle App für Ihr Unternehmen erstellen und das Ganze für sage und schreibe Null Euro ... „Die 7 magischen Umsatzsäulen" ... Ich zeige Ihnen in diesem 7-teiligen Video im Wert von 98,-€, welches die wichtigsten Schritte bei der Kundengewinnung sind... alleine wenn Sie dieses Wissen umsetzen, können Sie Ihren Umsatz vervielfachen ... „Die Vorlage für den perfekten Ratgeber" ... Sie erhalten von mir eine Vorlage für Ihren perfekten Ratgeber im Wert von 29,-€, den Sie einfach nur noch mit Ihren Inhalten füllen müssen ... So haben Sie das perfekte Geschenk für Ihre Webseitenbesucher, die Ihnen gerne ihre Kontaktdaten geben

... Und ich möchte Ihnen ein noch besseres Angebot machen ... Und um sicherzustellen, dass Sie absolut keine Ausrede haben, heute keine Entscheidung zu treffen,... werde ich den Preis nochmal senken und Ihnen das komplette „Future Sale“ Programm ... + alle Boni HEUTE für nur 29 € geben. Das heißt, Sie bekommen alles für lediglich 29 €. Das Einzige, was Sie jetzt tun müssen, ist auf den Button unter diesem Video zu klicken und sich Ihren Zugang zu sichern.

Element #12: Beweise zeigen

Du hast nun dein Angebot samt Preis gezeigt. Üblicherweise wird es trotz deiner Garantie immer noch Menschen geben, die zögern, die noch nicht ganz überzeugt sind, die noch weitere Argumente brauchen.

Und die besten Argumente sind immer Menschen, die mit deinem Angebot bereits das geschafft haben, was die anderen noch schaffen wollen. Deswegen: Lasse diese Menschen zu Wort kommen und für dich sprechen.

Beispiel:

Das sagt eines der Mitglieder von „Future Sale“... Hartmut Mihm, 30, aus Buttlar schrieb:

„Hallo Oliver, Dein Konzept ist wirklich klasse. Ich bin in der Baubranche tätig. Dein System

funktioniert wie ein Bausatz, einfach alles nacheinander durchführen und du kommst zum Erfolg. Vielen Dank dafür.“ Wolfgang John, 56 aus Limburg schrieb: „Hallo Oliver, vie-

len Dank für deinen strukturierten Plan. Ich hatte innerhalb von 2 Tagen meinen Ratgeber fertig und einen Tag später hatte ich schon 15 Interessenten in meinem E-Mail-System. Es funktioniert wirklich.“ ...

Element #13: Zur Handlung auffordern

Auch wenn an dieser Stelle klar sein sollte, dass der nächste Schritt nun der Kauf wäre, musst du deinen Interessenten dies mitteilen und sie konkret dazu auffordern.

Zum einen gibt es immer Menschen, die an dieser Stelle unsicher sind, was als nächstes zu tun wäre. Zum anderen kann eine explizite Handlungsaufforderung dafür sorgen, dass Menschen auch wirklich ins Handeln kommen ... und auf den Button klicken, um dein Angebot zu kaufen.

Beispiel:

Klicken Sie also jetzt auf den Button unter diesem Video und sichern Sie sich Ihren Zugang zu „Future-Sale“ ... Hören Sie: Entscheiden Sie sich nicht sofort ... Nutzen Sie den Vorteil meiner „Bedingungslosen Dreifach Garantie: Testen Sie „Future Sale“ volle 60 Tage lang ... Wenn Sie in diesen kurzen 60 Tagen keine neuen Kunden bekommen ... ODER Wenn Sie nicht mindestens die Kontaktdaten von einem Interessenten in den ersten 30 Tagen haben ... ODER Sogar, wenn Sie den Online-Mitgliederbereich, den ich extra für Sie aufgesetzt habe, nicht mögen ... Auch dann werde ich Ihnen jeden Euro anstandslos zurück erstatten. Und wenn Sie nach 60 Tagen ALLE Inhalte von „Future Sale“ getestet haben, und trotzdem keinen Erfolg erzielen, dann habe ich Ihr Geld nicht verdient.

Sie erhalten JEDEN Euro wieder zurückerstattet ... Keine Rückfragen, kein Stress ... Klicken Sie jetzt auf den Button unter dieser Präsentation ...

Element #14: Unsicherheiten ausräumen

Auch an diesem Punkt wird es immer noch Menschen geben, die unsicher sind und zweifeln. Deswegen ist es deine Aufgabe, diese Unsicherheiten und Zweifel auszuräumen.

Gehe an dieser Stelle noch einmal explizit darauf ein, dass der einzige Fehler, den deine Interessenten nun machen können, darin besteht, nichts zu tun. Erwähne auch noch einmal die Garantie, um aufzuzeigen, dass keinerlei Risiko besteht – und diejenigen, die handeln, nur gewinnen können.

Beispiel:

Vielleicht fragen Sie sich jetzt ... „Oliver, ist ja alles gut und schön. Allerdings hört es sich fast zu schön an, um wahr zu sein. Wo ist der Haken?“ Ok, ich will ehrlich zu Ihnen sein ... Es gibt einen Haken ... Und dieser Haken heißt „Entscheidung“ ... Wenn Sie endlich mehr Umsatz mit neuen Kunden machen wollen, dann müssen Sie sich dafür entscheiden! Sie müssen „Ja“ sagen zu der Veränderung in Ihrem Unternehmen ... „Ja“ sagen zum Erfolg im Internet ... Wenn Sie weiterhin das tun, was Sie schon immer getan haben, werden Sie auch weiterhin genau das selbe erleben wie bisher ... Heute haben Sie allerdings die Chance, endlich etwas für Ihr Unternehmen zu ändern ... Sie werden mehr Kunden und mehr Umsatz machen, so wie es schon bei vielen Teilnehmern geschehen ist ... Vergessen Sie nicht: Sie haben die 60 Tage Geld-zurück-

Garantie, die alles nochmal zusätzlich absichert, falls Sie aus irgendeinem Grund unzufrieden sein sollten. Kein Erfolg = Geld zurück ... Einfach und sicher ... Klicken Sie jetzt auf den Button unter der Präsentation und nehmen Ihren Erfolg für Ihr Unternehmen noch heute in die Hand ...

Element #15: Vision erschaffen

Neben rationalen Argumenten solltest du auch am Ende deines Sales-Textes noch einmal Emotionen erzeugen. Dies machst du am besten, indem du deinen Interessenten die Zukunft ausmalst ... die positive Zukunft und wie sie aussieht, wenn sie mit deinem Produkt ihr Problem überwunden haben.

Schildere konkrete positive Alltagssituationen, gehe auf positive Gefühle ein, stelle Fragen. So erschaffst du für deine Interessenten eine Vision. Eine Vision, die dann für sie Wirklichkeit wird, wenn sie jetzt handeln und dein Angebot kaufen.

Beispiel:

Wie wird sich Ihr Leben in Kürze verändern, wenn Sie ab heute jeden Tag völlig automatisiert neue Kunden gewinnen, die Ihnen viel Umsatz bringen ... Wie sieht Ihr Leben und Ihr Unternehmen in einem Monat aus, wenn Sie gleich auf den Bestellbutton klicken und die Techniken im Mitgliederbereich erlernen? ... Wären Sie glücklicher? ... Würde es Ihnen gefallen, wenn Ihre Freunde Sie fragen, wie Sie das nur hinbekommen? Was würden Ihre Frau oder Ihre Mitarbeiter sagen? Wäre Ihr Leben 10x besser? ... Könnten Sie endlich nachts durchschlafen? Ist es diese kleine Investition in Höhe eines

Geschäftsessens wert? Denken Sie bitte daran: dieses Angebot ist nicht mehr lange verfügbar ... Und ich übernehme das komplette Risiko für Sie ... Sie haben 60 Tage Zeit, Ihr Geld zurück zu verlangen, wenn Sie unzufrieden sind! ... Sie haben jetzt die Gelegenheit, es in die Hand zu nehmen ... Treffen Sie jetzt die ultimative Entscheidung und lassen Sie all' die Konkurrenz hinter sich, die dieses Wissen nicht hat! ... Treten Sie jetzt „Future Sale" bei, indem Sie einfach auf den Button unter dem Video klicken und sich Ihren Zugang sichern.

Element #16: Verknappung erzeugen

Verknappung ist einer der stärksten Verkaufshebel überhaupt, weil Menschen auf keinen Fall eine einmalige und begrenzte Chance verpassen wollen. Deswegen solltest du besonders am Ende deines Sales-Textes mit verknappenden Elementen arbeiten, weil sie oft dafür sorgen, dass auch die größten Zweifler ins Handeln kommen.

Betone also noch einmal, dass es sich bei deinem Angebot um eine limitierte Aktion handelt, dass deine Seite nicht für immer zugänglich sein wird und dass daher nun Eile geboten ist, um diese besondere Möglichkeit nicht an sich vorüber ziehen zu lassen.

Beispiel:

Innerhalb von wenigen Sekunden haben Sie all' die Strategien und Techniken, um automatisiert Neukunden zu gewinnen, in der Hand ... Klicken Sie jetzt auf den Button unter diesem Video und sichern sich Ihren Zugang! Ihre Daten und Ihre

Privatsphäre sind völlig geschützt ... Die Bestellung erfolgt sicher und diskret. Ihre Daten werden niemals an Dritte weitergegeben ... Der Zugang ist digital und Sie bekommen Ihre Zugangsdaten SOFORT nach der Bestellung ... Und niemand wird jemals erfahren, dass Sie über diese geheimen Techniken verfügen ... Aber Sie MÜSSEN jetzt handeln und ich sage Ihnen warum ...

1. Ich werde die Boni nur noch kurze Zeit kostenlos obendrauf legen und diese danach wieder für den regulären Preis anbieten ... 2. Ich KANN Ihnen garantieren, dass Sie 100% zufrieden sein werden mit ... „Future Sale"... Aber ich kann NICHT garantieren, dass der Preis so niedrig bleiben wird ... 3. Dieses Video und das Angebot werden nur noch kurze Zeit auf dieser Webseite verfügbar sein ... Das bedeutet, wenn Sie nicht jetzt auf den Button unter dem Video klicken und Ihren Zugang sichern ... werden Sie diese einmalige Chance verpassen und nie erfahren wie es ist, jederzeit spielend einfach automatisiert neue Kunden zu gewinnen und mehr Umsatz zu machen ... Heute ist Ihr Unternehmertag ... Und jetzt ist DER große Moment ... Was werden Sie JETZT tun? Klicken Sie jetzt auf den Button unter diesem Video und sichern sich dieses EINMALIGE Angebot!

Element #17: Fragen beantworten

Wenn Menschen an diesem Punkt immer noch nicht auf den Button geklickt haben, kann es daran liegen, dass für sie noch eine bestimmte Sache unklar ist. Es hat sich daher bewährt, wenn du am Ende deines Sales-Textes auf die wichtigsten

Fragen eingehst und diese noch einmal kurz beantwortest.

Das können inhaltliche Fragen zu deinem Angebot an sich sein, aber auch organisatorische zum Bestellprozess oder zur Auslieferung. Überlege dir also, was häufige Fragen deiner Zielgruppe sein können (vielleicht liegen dir ja auch schon Fragen von früheren Kunden vor) und gehe kurz und prägnant darauf ein.

Beispiel:

Da Sie immer noch nicht auf den Button geklickt haben, wette ich, dass Sie noch Fragen haben ... Lassen Sie mich einige der meist gestellten Fragen beantworten ... „Funktioniert „Future Sale" in allen Branchen?" Ja, das tut es. Der Grund ist, weil die Methoden, die ich Ihnen beibringen werde, universell sind. Das Reziprozitätsprinzip ist bei jedem Menschen verankert und die Gesetze des Vertrauensaufbaus gelten ebenfalls für alle Menschen in allen Branchen ... „Kostet es mich jeden Monat Geld?" Nein, nur diese einmalige Zahlung und Sie haben unlimitierten Zugang für den Rest Ihres Lebens inklusiv aller zukünftigen Updates, die ich vornehmen werde ... „Gibt es einen Support?" Ja. Sie können mir jederzeit eine Frage stellen, die ich Ihnen beantworten werde ... „Kann ich dieses Angebot auch später noch in Anspruch nehmen?" Das kann ich Ihnen leider nicht garantieren. Das Video wird nur für kurze Zeit online sein und damit ist das Angebot nicht mehr zugänglich. Klicken Sie sofort auf den Bestell-Button, bevor dieses Angebot nicht mehr verfügbar ist. Es kann jede Sekunde soweit sein ...

Element #18: Erneut zur Handlung auffordern

Am Schluss deines Sales-Textes solltest du noch einmal zur Handlung auffordern, damit du einen guten Abschluss findest und auch die Letzten auf den Button klicken und dein Produkt kaufen.

Beispiel:

Klicken Sie jetzt auf den Button unter dieser Präsentation und nehmen den Erfolg mit Ihnen und Ihrem Unternehmen noch HEUTE selbst in die Hand. Und wir sehen uns gleich auf der anderen Seite, der Gewinnerseite ... Bis gleich!

Wir wünschen dir viel Erfolg bei deinem Direktverkauf und deinem Video- oder Text Sales Letter!

Aufgabe #23

Wir nähern uns dem Ende der Schritte, mit denen wir das Fundament für dein Online Business schaffen wollen. Ein wichtiger Bestandteil deines Online Marketing sollte genauso das Social Media Marketing sein.

Hierfür wollen wir nun noch eine Facebook-Fanpage erstellen, damit wir diese als spätere Grundlage nehmen können, um Follower aufzubauen, Posts zu veröffentlichen oder auch Werbeanzeigen schalten zu können.

Hier findest du eine kurze Anleitung, wie du deine Facebook-Fanpage erstellst: **digitaleseinkommen.de/aufgabe-23**

Schritt 5: Deine maximale Besuchergenerierung

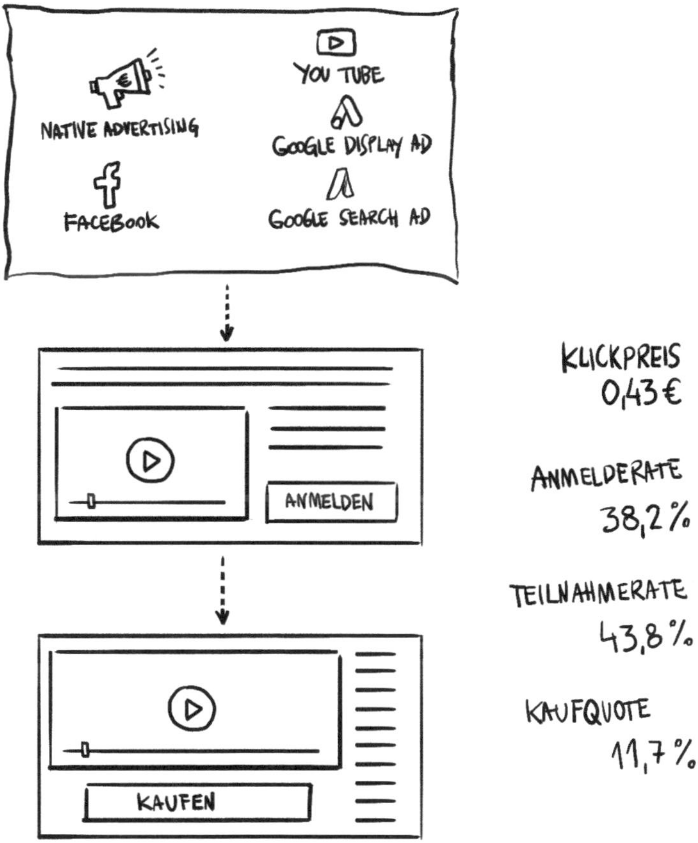

Nachdem wir nun das grundlegende Setup durchgeführt haben, so dass wir bereit sind, unsere Produkte oder unsere Dienstleistungen zu vermarkten und unseren Funnel zu starten, musst du noch eine grundlegende Sache einrichten, bevor du loslegen kannst.

Das sogenannte **Tracking**.

Tracking

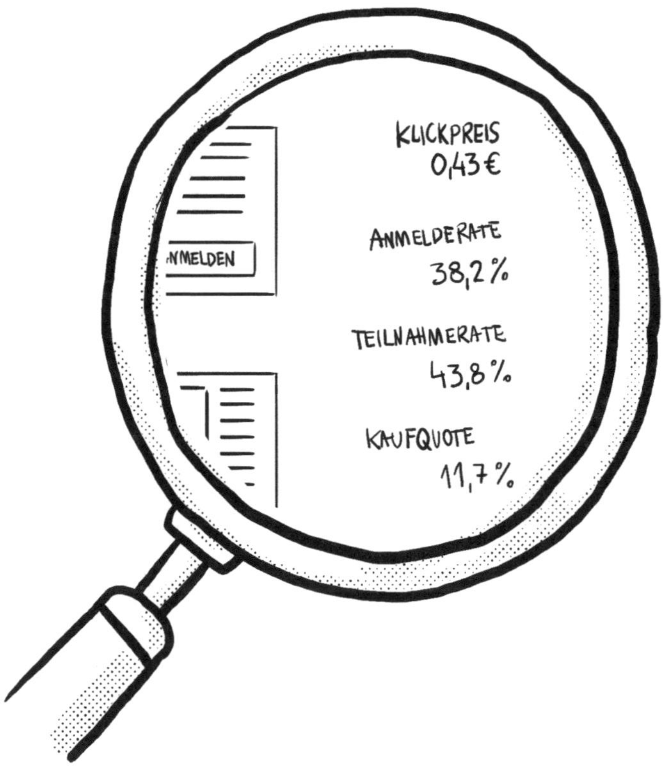

Tracking bedeutet nichts anderes, als dass wir durch ein oder mehrere Tools nachvollziehen können, wer unser Produkt gekauft hat und wo genau dieser Besucher herkommt. Dies ist enorm wichtig, denn es gibt uns die Möglichkeit, unsere Marketingmaßnahmen zu optimieren und zielgerichteter unsere Anzeigen auszuspielen, was letztendlich mehr Umsätze einbringt.

Folgende Infos wollen wir ermitteln:

- Wo kam die Person her, die das Produkt gekauft hat?
- Wie ist sie durch den Funnel gegangen?
- Auf welche Anzeige hat sie geklickt?
- Durch welche Trafficquelle ist sie zu uns gekommen? Hat sie zum Beispiel nur bei Google gesucht, unsere Seite gefunden und dann unser Produkt gekauft?
- Wie lange dauert es vom Erstkontakt oder Klick auf eine Anzeige, bis der Interessent ein Kunde wird?

Es ist elementar wichtig, dass wir alle diese Dinge nachvollziehen können, und ohne Tracking ist dies schlichtweg unmöglich. Wenn wir nicht wissen, wo unsere Kunden herkamen, auf welche Anzeige sie geklickt haben, zu welcher Tageszeit und an welchem Wochentag sie gekauft haben, ggfs. welcher Altersgruppe sie angehören und welches Geschlecht sie haben, können wir unsere Werbekampagnen, unsere Werbetexte, Landing Pages etc. nicht optimieren.

Wenn wir diese elementaren Informationen nicht wissen, sind wir im absoluten Blindflug unterwegs. Das Schlimme ist, dass kaum ein Unternehmer, der online versucht zu verkaufen, Tracking nutzt.

Zum besseren Verständnis schauen wir uns an, wie eine Kampagne startet und was bei den verschiedenen Trafficquellen passiert.

Am Anfang ist es so, dass viele Besucher unsere Anzeige sehen werden und nicht handeln. Das liegt daran, dass unser Angebot nicht relevant für diese Personen ist. Die Trafficquellen haben zu Beginn noch keinerlei Informationen darüber, wie unser idealer Kunde aussieht.

Nehmen wir zum Beispiel Facebook. Facebook muss zunächst vielen Menschen diese Anzeige zeigen, um selbst zu lernen, wer auf eine Anzeige klickt, handelt und schlussendlich auf der Landing Page landet, indem er sich zum Beispiel zu einem Webinar anmeldet.

Facebook muss die Informationen bekommen, welcher Interessent, der auf eine Anzeige geklickt hat, sich denn auch zum Webinar angemeldet hat. Nur wenn Facebook das weiß, dann ist es in der Lage, uns Menschen zu schicken, die ähnliche Eigenschaften haben, wie der Typ Mensch, der sich zum Webinar angemeldet hat. Dies schafft Facebook durch ein internes Tracking und einen darauf aufbauenden Algorithmus.

In diesem Fall arbeiten wir an der Zielgruppe, die wir ansprechen. Mit Hilfe von Facebook können wir unsere perfekte Zielgruppe immer genauer definieren und finden, da wir auch von Facebook diese Informationen erhalten, wenn wir das Tracking eingerichtet haben.

Ebenso können wir an unserer Werbeanzeige arbeiten. Wenn wir für eine Zielgruppe mehrere Werbeanzeigen parallel testen, finden wir schnell einen Gewinner (also die Anzeige, die am besten funktioniert) und können somit sowohl das Klickverhalten als auch die Konversionsrate auf unserer Landing Page für unsere Zielgruppe weiter optimieren.

Und dieses Tracking solltest du nicht nur bei Facebook einsetzen, sondern in jedem Bereich, businessübergreifend für jede Traffic-Quelle und jeden Funnel.

Denn auch in unseren Funneln müssen wir jeden einzelnen Schritt nachvollziehen und messen, um wissen zu können, wo Schwachstellen vorliegen und wo wir optimieren können.

Schauen wir uns als Beispiel den Webinarfunnel an. Dieser besteht aus folgenden Elementen, in denen wir aktiv Optimierungen durchführen können.

Element 1: Landingpage – Wie hoch ist die Anmeldequote zum Webinar?
Element 2: Webinarteilnahme – Wie viele der Angemeldeten nehmen auch wirklich am Webinar teil?
Element 3: Handlungsquote – Wie gut konvertiert das Webinar?
Element 4: Verkaufsquote – Wie gut konvertiert die anschließende Verkaufsseite bzw. das Bestellformular?
Element 5 (optional): Folgeverkaufsrate – Wie gut konvertiert das Upsell-Produkt?

Hier noch einmal die einzelnen Informationen, die von uns durch das Tracking ermittelt werden können:

- Woher kam der Besucher?
    - Facebook

  - Google
  - YouTube
  - Instagram
  - Native Advertising

- Auf welche Anzeige hat er geklickt?
  - Wie war die Klickrate auf die Anzeige?
  - Was haben wir für diesen Besucher tatsächlich bezahlt?

- Wie war die Eintragequote auf unserer Landing Page?
- Wie viele Anmelder haben ihre E-Mail-Adresse nach dem Eintragen zum Webinar bestätigt?
- Wie viele haben am Webinar teilgenommen?
- Wie viele davon haben das Angebot, das zum Beispiel nach 60 Minuten im Webinar vorgestellt wird, gesehen und wie viele haben das Webinar vorher verlassen?
- Wie viele von denen, die den Preis gesehen haben, haben das Produkt gekauft?
- Wie viele haben nicht das Produkt gekauft?
- Wie viele von denen, die das Produkt nicht gekauft haben, haben später durch E-Mail-Marketing gekauft?
- Wie viele haben das Upsell-Produkt gekauft?
- Wie hoch ist der durchschnittliche Kundenwert?
- Wie hoch ist der durchschnittliche Leadwert?
- Wie hoch ist der durchschnittliche EPC (je Traffic-Quelle)?
- …

Du siehst, wie umfangreich dies alles werden kann. Tracking ermöglicht uns, all diese Zahlen festzustellen, und dadurch haben wir den großen Vorteil, durch das Wissen der Zahlen an jeder einzelnen Stelle zu optimieren.

Und falls es dir noch nicht aufgefallen ist: Wir haben ab hier durch das Tracking die Möglichkeit, den durchschnittlichen Kundenwert, den durchschnittlichen Leadwert und den durchschnittlichen EPC zu berechnen – und das aufgeteilt nach Traffic-Quellen, Kampagnen, Anzeigen etc.

Ab diesem Zeitpunkt – vorausgesetzt, du hast die ersten Daten gesammelt und die ersten Kunden generiert – lässt sich für dich berechnen, wie viel ROI für dich in welcher Kampagne steckt, wo du optimieren solltest, welche unprofitablen Anzeigen, Zielgruppen oder Kampagnen du deaktivieren solltest und vor allem, bei welchen Kampagnen mit einem hohen ROI du beginnen solltest zu skalieren, um deine Gewinne auszubauen.

Beispiel:

Wir investieren in eine Werbekampagne 100 Euro. Am Ende verdienen wir 50 Euro. In diesem Fall liegt ein Defizit von 50 Euro vor. Die meisten, die starten, geben an dieser Stelle sofort auf und sagen: Es funktioniert nicht. Die smarten Online Marketer schauen sich die einzelnen Stellschrauben an.

Das wollen wir exemplarisch tun. Wir haben unter anderem Folgendes festgestellt:

- 20% Anmelderate auf der Landing Page
- 10% Teilnahmerate am Webinar

Diese Zahlen deuten daraufhin, dass etwas am Prozess von der Anmeldeseite zur Webinarteilnahme nicht stimmt. Eine Teilnahmerate von 10% ist unterdurchschnittlich. 50% sind die Norm. Das heißt, unsere Aufgabe besteht nun darin, diesen Prozess zu durchleuchten und zu optimieren.

Nehmen wir einen weiteren Fall dazu. Angenommen, die Zahlen der Anmelderate und der Teilnahmerate sind gut, die Interessenten sehen im Webinar den Preis, kaufen aber nicht. In diesem Fall müssen wir am Verkaufsprozess des Webinars arbeiten. So könnte man zusätzliche Marketingelemente einsetzen, wie zum Beispiel mit Verknappung arbeiten.

Du siehst, dass die Möglichkeiten der Optimierung enorm sind. Welche Auswirkungen die einzelnen Stellschrauben auf deinen Prozess haben, schauen wir uns an zwei Rechenbeispielen an.

Stelle dir vor, wir verkaufen im Webinar ein Produkt im Wert von 200 Euro und kaufen 100 Besucher ein.

Fallbeispiel 1:

- Anzeigenklickrate 5%, dadurch Klickpreis 0,50 Euro
- Anmelderate auf Landingpage 40%
- Teilnahmerate am Webinar 50%
- Kaufquote im Webinar 10%

Fallbeispiel 2:

- Anzeigenklickrate 1%, dadurch Klickpreis 2 Euro

- Anmelderate auf Landingpage 20%
- Teilnahmerate am Webinar 30%
- Kaufquote im Webinar 5%

Zum besseren Verständnis haben wir die Zahlen in eine Tabelle integriert, damit du die direkten Auswirkungen sehen kannst.

	FALLBEISPIEL 1	FALLBEISPIEL 2
BESUCHER	100	100
KLICKPREIS	0,50 €	2,00 €
AUSGABEN	50	200
ANMELDERATE	40%	20%
LEADS	40	20
TEILNAHMEQUOTE	50%	30%
TEILNEHMER	20	6
KAUFQUOTE	10%	5%
VERKÄUFE	2	0,3
PRODUKTPREIS	200,00 €	200,00 €
EINNAHMEN	400,00 €	60,00 €
GEWINN	350,00 €	-140,00 €

Klickpreis: Die Anzeige 2 ist wesentlich schlechter und spricht die Zielgruppe nicht gut an. Allein dieser Fakt sorgt dafür, dass wir das 4-fache an Werbeausgaben haben.

Anzahl Leads (Interessenten): Die Landingpage 1 sorgt für die doppelte Anzahl an Interessenten.

Teilnehmer: Durch die höhere Teilnahmequote in Beispiel 1 haben wir 20 Webinarteilnehmer statt 6.

Kaufquote:

Die Kaufquote von 10% sorgt für 2 Verkäufe
Die Kaufquote von 5% sorgt für 0,3 Verkäufe (also eigentlich Null)

Profitabilität:

Im Beispiel 1 haben 400 Euro eingenommen und 50 Euro ausgegeben. Dies bedeutet ein sattes Plus in Höhe von 350 Euro. Im Beispiel 2 haben wir 60 Euro eingenommen (normalerweise Null). Dies bedeutet ein Verlust in Höhe von 140 Euro (normalerweise 200 Euro).

Du siehst, welche verheerenden Auswirkungen jedes einzelne Element auf die folgenden Elemente hat.

Deswegen ist es deine Aufgabe, dir jedes Marketingelement des Funnels vorzunehmen und zu optimieren. Du könntest zum Beispiel bei der Landing Page eine andere Headline wählen und diese testen. Du könntest bei den Werbeanzeigen andere Bilder verwenden oder Videos teste, die einzelnen Textbausteinen ändern.

Aber nicht nur bei kostenpflichtigem Traffic solltest du deine Zahlen kennen. Auch bei kostenlosen Trafficquellen ist es wichtig zu wissen, wie dein Funnel funktioniert und an welchen Stellen es sich lohnt, mehr Zeit zu investieren. Wenn zum Beispiel deine Blogartikel für mehr Traffic und Verkäufe sorgen als deine YouTube-Videos, dann solltest du deine Zeit eher in die Erstellung von Blogartikeln investieren. Dazu musst du aber erst einmal wissen, dass deine Blogartikel für mehr Traffic und mehr Verkäufe sorgen – und dafür benötigst du dein Tracking.

Wir hoffen, dass wir dich mit diesen Erklärungen für die Wichtigkeit des Trackings sensibilisieren konnten.

Wenn sich dies im ersten Moment sehr technisch anhört und du jetzt einige Fragezeichen im Kopf hast, so möchten wir dir die Angst nehmen. Tracking ist kein Hexenwerk und die wichtigsten Dinge sind einfach einzurichten. Wichtig ist, dass du dies zu Beginn deiner Planungen als wichtigen Punkt aufführst.

Leider kümmern sich viele Menschen im Online Marketing viel zu spät oder nie um ein vernünftiges Tracking und vergeuden damit Unmengen an Zeit und Geld – oder scheitern sogar deswegen.

Trackingsysteme

Es gibt zwei Arten von Trackingtools:

1. Das interne Tracking der jeweiligen Werbenetzwerke und der Software, die du in deinem Funnel verwendest. Dazu gehören zum Beispiel: Facebook, Google,

Webinar-Software, E-Mail-Marketing-Software ...

2. Spezielle Tracking-Tools, die nur zum Tracken entwickelt wurden. Einige Beispiele und Empfehlungen findest du hier: digitaleseinkommen.de/tools-und-empfehlungen

Funktionsweise der internen Trackingtools

Wir möchten dir anhand von Facebook erklären, wie ein internes Trackingtool funktioniert. Facebook hat ein sehr gutes System entwickelt, was wiederum einen großen Nutzen für den Werbetreibenden bietet.

Damit Tracking funktioniert, arbeiten viele Tools mit einem Tracking-Pixel. Dies ist meist ein kurzer Code, der auf der jeweiligen Webseite eingebunden wird. Durch diesen Pixel kann Facebook einen Webseitenbesucher auf der Webseite erfassen und seine Handlungen nachvollziehen.

Technisch gesehen läuft dies so ab, dass diese Pixel in den html-Code einer Webseite eingefügt werden. Du musst dir jetzt keine Gedanken darüber machen, dass du html-Programmierung lernen musst. Für solche Arbeiten gibt es entsprechenden Tools, die dir diese Tätigkeit abnehmen bzw. es sehr einfach machen.

Über weitere Codes oder über die Traffic-Quelle selbst lassen sich dann Ziel-Seiten definieren, die dann, sobald ein Besucher die Seite aufruft, dem Tracking-Tool oder der Traffic-Quelle signalisieren, dass ein Verkauf, eine Eintragung per E-Mail, eine Webinaranmeldung oder Ähnliches stattgefunden hat.

Wichtig hierbei zu beachten ist, dass die jeweiligen Pixel der Traffic-Quellen dem geltenden Datenschutz entsprechen und auch konform eingebunden werden.

Der Facebook-Pixel

Schauen wir uns in der Praxis an, was wir machen, wenn wir ein Facebook-Werbekonto nutzen und ein neues Projekt aufbauen.

Wir haben für das neue Projekt eine Domain reserviert und dort WordPress installiert. Unser Ziel ist es nun sofort, wenn wir unsere Webseite online haben, alle Besucher, die auf unsere neue Seite kommen, zu erfassen.

Hier muss der Facebook-Pixel auf allen Webseiten installiert werden.

Speziell für diese Arbeit gibt es kleine Helfer, sogenannte Plugins, die das Ganze für uns erledigen. Ein Plugin ist nichts anderes als eine kleine Software, die in unserem WordPress installiert wird.

Es gibt so ziemlich für alles ein Plugin und es gibt eigentlich nichts, was es nicht gibt. Wir installieren zunächst das PlugIn, wie z.B: Tracking Code Manager. Dieses kann kostenfrei genutzt werden und ist innerhalb weniger Sekunden für uns einsatzbereit.

Von Facebook holen wir uns nun den Pixel und fügen diesen einfach mit „Kopieren und Einfügen" in dem Plugin ein. In den Einstellungen sagen wir: Setze den Pixel auf alle vorhandenen Landing Pages, die unter der Domain gehostet sind. Dies beinhaltet auch alle Webseiten, die in Zukunft neu erstellt werden.

Wir haben nun erreicht, dass, egal auf welcher Seite wir uns in unserem Hosting bzw. unserer Domain befinden, der Pixel installiert ist und ab sofort alle Besucher erfasst und abspeichert.

Der Facebook Pixel Helper

Damit du überprüfen kannst, ob auf deiner Webseite der Facebook Pixel ordnungsgemäß installiert ist, lädst du dir die kostenfreie Erweiterung für den Chrome-Browser herunter und installierst sie. Du findest diese als kleine graue Box im oberen Bereich. Ist auf deiner Landing Page ein Pixel installiert, so wird dieses Kästchen blau und es erscheint eine kleine grüne Zahl. Diese gibt an, wie viele Pixel auf deiner Landing Page installiert sind und ordnungsgemäß funktionieren.

Warum der Pixel sofort für dich und deine Zukunft arbeitet

Du wirst dich jetzt vielleicht fragen, warum das alles notwendig ist und warum wir dies als allererstes machen.

Stelle dir die folgende Situation vor: Du arbeitest an deinem Projekt und möchtest in Zukunft dafür Werbung schalten. Du weißt noch nicht, wann du soweit bist, aber erstellst für den

Anfang einen Blog und sammelst somit auch schon die ersten Besucher ein, die deine Inhalte anschauen.

Nach drei Monaten möchtest du deine erste Werbung mittels Facebook schalten. In diesen drei Monaten hattest du im Schnitt am Tag 10 Besucher auf deiner Webseite. Das ist im ersten Moment nicht viel. Allerdings, wenn du dies über die 3 Monate zusammen rechnest, so ergibt sich eine Gesamtzahl von 900 Besuchern.

Jetzt stellt sich die große Frage, an welche Zielgruppe du deine Werbung ausspielen möchtest. Du stehst am Anfang und Facebook hat keinerlei Daten. Falsch. Facebook hat Daten, denn du warst am Anfang smart und hast den Pixel installiert, der alle 900 Besucher erfasst hat.

Facebook ist durch seinen ausgeklügelten Algorithmus in der Lage, sich die Eigenschaften der 900 Besucher anzuschauen und in seinem gesamten Netzwerk nach Personen zu suchen, die ähnliche Eigenschaften haben. Und somit wird deine Zielgruppengröße von 900 Personen um – je nach Einstellungen und ausgewähltem Land der Audience – ein paar hundert tausend Personen vergrößert. Wie das funktioniert und warum dies so ist, würde jetzt zu umfangreich sein, nennt sich bei Facebook aber “LookALike Audience”.

Du hast durch die rechtzeitige Installation des Pixels 2 Dinge für dich erreicht:

1. Du kannst die 900 Personen, die auf deiner Webseite waren, targetieren und deine Werbung mit deinem Angebot zeigen. Das hat einen großen Vorteil, da diese

dich bereits kennen.

2. Du hast sofort eine sehr umfangreiche Zielgruppengröße von ein paar hundert tausend Personen, denen du deine Werbung ausspielen kannst.

Wir hoffen, du siehst, warum der Schritt der Installation des Facebook Pixels und des Sammelns von Daten so wichtig ist. Nicht nur bei Facebook, sondern überall.

Woher weiß Facebook, wer sich bei dir eingetragen hat?

Schauen wir uns dazu den Prozess der Webinar-Anmeldung an. Die Herausforderung für Facebook besteht nun darin, uns Personen zu schicken, die denjenigen, die sich bereits zum Webinar angemeldet haben, von den demographischen Daten und Interessen her stark ähneln.

Wir gehen an dieser Stelle noch einen Schritt weiter. Es reicht uns nicht mehr aus, alle Webseitenbesucher zu erfassen, sondern wir müssen Facebook eine Info mitgeben, die mitteilt, welcher Besucher sich angemeldet hat.

Hierzu müssen wir in Facebook die Seite www.deinedomain.de/anmeldung-erfolgreich als Ziel-Seite bzw. Conversion definieren, die bei Aufruf durch einen Besucher Facebook signalisiert, dass dieser Besucher sich zum Webinar angemeldet hat.

Nun lässt sich aus den Interessenten, die sich zum Webinar angemeldet haben, die neue Zielgruppe erstellen, die sich von den demographischen Daten und Interessen stark ähnelt.

Dies können wir für viele Möglichkeiten in unserem System machen und Facebook hat für fast jedes „Event" bzw. Ziel einen entsprechenden Zusatzpixel.

So gibt es beispielsweise die Events „Purchases" für alle, die ein Produkt gekauft haben, oder „Add to Cart" für alle, die auf dem Bestellformular waren bzw. ein Produkt dem Warenkorb hinzugefügt haben. Du siehst, an jeder Stelle unseres Funnels können wir ein solches Event oder Ziel einrichten und messen.

Ebenso kann durch dieses Tracking Facebook mitgeteilt werden, wie teuer das Produkt ist, das du verkaufst, und auf welcher Seite dieses Event mit dem Betrag ausgelöst wird. Somit ist Facebook in der Lage, die Profitabilität einer Werbekampagne in einer Auswertung darzustellen.

Einnahmen und Werbeausgaben können somit direkt gegenübergestellt werden.

Zusammenfassung

Wir hoffen, dass du anhand von Facebook das Konzept des Tracking verstanden hast. Alle anderen Systeme funktionieren nach einem ähnlichen Prinzip.

Professionelle Tracking-Tools, die wir in unseren Empfehlungen nennen, haben noch weit mehr Funktionalitäten und Möglichkeiten, Zahlen und Daten zu erfassen, Kampagnen zu optimieren, Automationen für die Optimierung einzurichten oder automatisierte Berichte zu senden. Und dies nicht nur auf eine Traffic-Quelle bezogen, sondern businessübergreifend.

Aufgabe #24

Nun solltest du auch deine Facebook-Fanpage mit Inhalten füllen, damit Besucher der Fanpage direkt relevante Inhalte finden, die Fanpage gegebenenfalls liken und abonnieren und vor allem auf deine Webseite aufmerksam werden.

Hierfür solltest du Posts zu deiner „Über mich"-Seite, zu deinen drei Artikeln sowie direkt zu deinem YouTube-Video veröffentlichen.

Hier findest du eine kurze Erklärung, wie du dabei vorgehst: **digitaleseinkommen.de/aufgabe-24**

Traffic

Nachdem wir uns nun Wichtigkeit von Tracking angesehen und alle notwendigen Vorbereitungen getätigt haben, schauen wir uns nun das Thema Traffic an.

Bei Traffic gibt es generell zwei Arten:

1. bezahlter Traffic
2. kostenloser Traffic

Bezahlter Traffic – häufig auch PPC genannt (Pay Per Click)

Das Konzept bei bezahltem Traffic sieht folgendermaßen aus. Wir haben auf der einen Seite ein Netzwerk (z.B. Facebook, Google), das über unsere Zielgruppe verfügt. Wir als Werbetreibender geben dem Netzwerk dafür Geld, dass dieses unserer potentiellen Zielgruppe unsere Werbung zeigt.

Die Berechnung der Werbekosten erfolgt in der Regel durch sogenannte Impressionen, sprich Einblendungen der Anzeige, oder aber durch Klicks, die aufgrund von Besuchern entstehen, die auf die Werbeanzeige klicken. Die eigentliche Währung eines solchen Netzwerkes sind aber die Impressionen. Denn Werbeplatz ist kostbar.

Welche Werbung wird wem an welcher Stelle angezeigt? Wer bekommt wie viele Impressionen? Wer zahlt wie viel pro Impression bzw. Klick? Dahinter verbergen sich hochkomplizierte Algorithmen, auf die wir an dieser Stelle nicht eingehen wollen, da dies den Rahmen des Buches sprengen würde. Generell stehen aber insbesondere der CPC (Cost Per Click) und die CTR (Click Through Rate) stark in Verbindung –und durch Optimierung der CTR kann der CPC gesenkt werden bei gleicher Auslieferung. Durch diese drei KPI´s (Key Performance Indicators) können wir steuern, wie hoch unsere Kosten pro Impression sind, wie viele Impressionen wir erhalten und wie viele Klicks wir dadurch erhalten.

Schauen wir uns an, was dies für uns als Werbetreibende bedeutet und welches unsere Kennzahlen sind, auf die wir achten müssen.

Im Grunde genommen stehen wir in Konkurrenz mit den anderen Werbetreibenden. Je mehr Werbung geschaltet wird, desto teurer wird es für jeden Einzelnen. Aus diesem Grund ist es wichtig, relevante Werbung für die richtige Zielgruppe zu schalten.

Je besser wir unsere Zielgruppe in dem jeweiligen Netzwerk finden und je mehr wir diese neugierig machen und zum Klicken animieren, desto günstiger werden unsere Klicks.

Hier liegt jedoch ein Trugschluss vor, auf den die meisten Werbetreibenden hereinfallen. Sie schauen nur darauf, wie hoch der Klickpreis ist. Diese Herangehensweise ist allerdings vollkommen falsch.

Wir möchten dir das anhand eines Beispiels belegen ...

Die wichtigsten Kennzahlen, auf die du achten musst

Franz verkauft ein Produkt im Wert von 20 Euro. Hierfür schaltet er auf Facebook Werbung. Für einen Verkauf benötigt er zirka 20 Personen, die auf seine Webseite kommen. Das heißt, wir haben eine Kauf-Conversion von 5%, was bei einem Direct Sales Funnel eine gute Quote ist.

Die Werbung hat er gut optimiert und er spricht seine Zielgruppe ebenfalls gut an, so dass er einen Klickpreis von 50 Cent hat. Um nun für einen Verkauf 20 Personen auf seine Webseite zu ziehen, muss er 10 Euro in Werbung investieren.

Mit dieser Rechnung hat er 10 Euro für Werbung ausgegeben und 20 Euro verdient.
Ausgaben pro Klick: 0,50 Euro
Einnahmen pro Klick: 1,00 Euro.

Er hat demnach 100% Gewinn gemacht. Wenn er dieses System ordentlich skalieren kann, ist es profitabel.

Schauen wir uns im zweiten Beispiel Hans an. Hans bietet einen teuren Online-Kurs für 1.000 Euro an. Er verkauft dieses nach einem Telefonat. Dafür sammelt er Interessenten über seine Webseite ein, die sich für einen Telefontermin eintragen.

Er benötigt für einen Verkauf 100 Personen, die auf seine Webseite kommen. Von 100 Personen tragen sich drei für ein Gesprächstermin ein und von drei geführten Gesprächen wird ein Verkauf generiert.

Seine Zielgruppe ist auf Facebook etwas schwieriger zu finden und sein Markt ist hart umkämpft. Er bezahlt für einen Klick auf seine Werbung direkt 5 Euro.

Wer ist profitabler und wer hat den besseren Job gemacht? Augenscheinlich wirst du vermuten, dass 5 Euro pro Klick viel zu hoch sind. Aus diesem Grund machen wir auch die Rechnung.

Für einen Verkauf benötigt Hans 100 Personen, sprich 100 Klicks.

100 Klicks kosten 500 Euro an Werbung. Im Gegenzug macht er aber mit diesen 500 Euro Ausgaben einen Umsatz von 1.000 Euro.

Stellen wir gegenüber:
Ausgabe pro Klick: 5 Euro
Einnahmen pro Klick: 10 Euro

Das bedeutet: Hans macht ebenfalls 100% Gewinn.

Was wir dir an dieser Stelle mitgeben wollen, ist folgender Gedanke, den du bitte verinnerlichst:

Im ersten Moment lässt sich aufgrund des Klickpreises keine Schlussfolgerung auf die Profitabilität einer Kampagne treffen. Erst in Verbindung mit den weiteren Kennzahlen – insbesondere auf der Einnahmen-Seite – lässt sich ein Rückschluss auf die Profitabilität der Kampagne und die Qualität des Traffics machen.

So wirst du Kampagnen über z.B. Native Advertising aufbauen können, bei denen du nur wenige Cent pro Klick investierst und genauso Kampagnen über Google Ads, bei denen du für manche Keywords 10 Euro oder sogar 20 Euro pro Klick investierst. Je nachdem, wie targetiert und optimiert die Kampagnen sind, können aber beide profitabel sein.

Es gibt bei bezahltem Traffic langfristig nur zwei Kennzahlen, die für dich wichtig sind. Alles andere ist egal.

Schaue immer auf die zwei Kennzahlen:
CPC – Was kostet dich der Klick?
EPC – Was verdienst du pro Klick?

Wenn das Verhältnis in der Gewinnzone liegt, ist alles perfekt. Natürlich solltest du auch dann an deiner Kampagne arbeiten und diese weiter optimieren, um den ROI auszubauen und weiter zu skalieren.

Das bedeutet für dich im gleichen Gedankengang: Du musst versuchen, einen möglichst hohen Kundenwert zu erreichen. Verkaufe kein Produkt für insgesamt 50 Euro, sondern versuche, nach dem Kauf noch weitere Produkte anzubieten, so dass dein Kundenwert auf 100 Euro und mehr steigt.

Je höher dein Kundenwert ist, desto mehr Spielraum hast du in der Werbung und desto stärker kannst du dein Business skalieren. Denn für die Skalierung müssen wir bereit sein – zumindest vorübergehend – mehr pro Klick zu investieren, um unsere Reichweite auszubauen.

Wenn du dieses Wissen verinnerlicht hast, bist du bereits einen großen Schritt weiter als ein Großteil der Werbetreibenden, die schließlich deine Konkurrenz sind.

Die perfekte Werbekampagne

Die perfekte Werbekampagne besteht aus der perfekten Zielgruppe und der perfekten Anzeige in Kombination mit einem gut konvertierenden Funnel. Diese Dinge entscheiden über den Erfolg einer Werbekampagne.

Die richtige Zielgruppe ist noch wichtiger als die Anzeige. Du kannst die beste Werbeanzeige der Welt gestalten, wenn du diese nicht der richtigen Zielgruppe zeigst, wird sie nicht wahrgenommen.

Umgekehrt ist dies nicht so gravierend. Wenn wir eine mittelmäßige Werbeanzeige der richtigen Zielgruppe zeigen, kann diese trotz allem funktionieren.

Deine Zielgruppe

Aus diesem Grund schauen wir uns deine Zielgruppe an. In Schritt 2 hast du erfahren, dass du deinen perfekten Traumkunden definieren sollst. Das heißt, du hast in Bezug auf Alter, Geschlecht, Beruf, Hobbys und Interessen schon einmal eine Definition. Diese können wir verwenden, um deine Zielgruppe in den Werbenetzwerken zu targetieren.

Wenn du komplett bei Null stehst und ein Produkt für eine bestimmte Zielgruppe entwickelt hast, dann kann es trotzdem sein, dass du nicht 100% richtig liegst, sondern dein Traumkunde ein wenig anders definiert ist. Das ist nicht schlimm, denn dein Traumkunde entwickelt sich im Laufe der Zeit von ganz alleine.

Hier ein Beispiel aus Olivers Start in bezahlter Werbung: Oliver wusste grob, dass seine Kunden Unternehmer sind und überwiegend männlich, aber das genaue Alter hatte er völlig verkehrt eingeschätzt. Er hatte seine Hauptkunden zwischen 25 und 35 Jahren geschätzt.

Nach Schalten der ersten Werbekampagne wurde aber schnell klar, dass dies völlig falsch war. Seine Hauptzielgruppe lag zwischen 45 und 65 Jahren. Damit hätte er nicht gerechnet.

Die Werbung auf Facebook brachte ihm diese Ergebnisse und Facebook lieferte mit jedem Verkauf, den er mehr machte, bessere Interessenten über seine Kunden.

Aus diesem Grund ist die Traumkunden-Definition sehr wichtig, aber nicht in Stein gemeißelt. Denn du kannst sie jederzeit anpassen.

Wichtig ist nur, dass dein Werbenetzwerk über deine Kunden verfügt. Der Rest wird nach und nach optimiert und klarer.

Die zwei Arten von Werbung

Bevor wir tiefer einsteigen in die Zielgruppenfindung und Erstellung der perfekten Werbekampagne, schauen wir uns die zwei Arten von Werbung an.

Pull-Marketing:

Hier geht es um Werbung, die genutzt wird, wenn ein Interessent bereits proaktiv nach etwas sucht. Das beste Beispiel ist Google Search, also wenn jemand auf Google aktiv nach einer Lösung sucht. Wenn du jemandem diese Lösung lieferst, hast du sehr schnell einen neuen Kunden gewonnen. Diese Interessenten sind sehr „heiß" und kaufaffin, da sie bereits entschieden haben, etwas zu ändern und ihr Problem zu lösen.

Allerdings ist je nach Branche der Markt sehr umkämpft und die Werbung kann sehr teuer sein.

Push-Marketing:

Hier geht es um Werbung, die deiner Zielgruppe gezeigt wird, die aktuell nicht aktiv nach der Lösung eines Problems sucht. Das beste Beispiel ist die Fernsehwerbung. Diese kann zwar manchmal etwas nervig sein, aber sie ist perfekt. Und der Großteil der Werbung besteht aus Push-Marketing. Du wirst von allen Seiten den ganzen Tag damit bombardiert. Befasse dich einmal bewusst damit. Ob du im Internet unterwegs bist, Fernsehen schaust, durch die Stadt fährst, Zeitung liest .... Überall ist Werbung.

Jetzt wirst du vielleicht sagen: „Das funktioniert nicht. Da wird doch nie jemand kaufen". Im ersten Moment mag das so erscheinen.

Die große Kunst besteht daher darin, es richtig zu machen, und genau das lernst du hier. Die meiste Werbung, die du siehst, ist von großen Konzernen und Firmen, wie BMW, Parship, Banken usw. Diese betreiben Brandingwerbung, dort spielt Geld bzw. die direkte Profitabilität der Kampagne keine Rolle. Sie bauen ihren Markennamen langfristig weiter aus und wollen sich in den Köpfen der Interessenten festsetzen, sodass sie an diese Marke denken, wenn sie ein neues Auto benötigen.

Wir betreiben Performance Marketing. Hier geht es darum, ganz gezielt Werbung so zu platzieren, dass die Einnahmen direkt zurückfließen und am Ende ein entsprechender Gewinn herauskommt.

Wir beide haben unsere Unternehmen überwiegend mit Push-Marketing aufgebaut, und wie du mittlerweile weißt, hat das hervorragend funktioniert.

So findest du deine Kunden

In diesem Abschnitt beschäftigen wir uns wohl mit einem der wichtigsten Themen, denn wenn du deine Kunden findest, hast du gewonnen. Schauen wir uns verschiedene Ausgangslagen an, in denen du dich gerade befindest.

1. Du stehst bei Null und hast bisher noch keine Kunden und auch noch keine Webseite.
2. Du bist bereits aktiv, hast eine Webseite und hast auch schon aktiv Kunden gewonnen.

Desweiteren kannst du dein Produkt in zwei Vermarktungskategorien unterteilen.

1. Nach deinem Produkt wird aktiv gesucht.
2. Nach deinem Produkt wird nicht aktiv gesucht.

Möglichkeit 1 – Nach deinem Produkt wird aktiv gesucht und du stehst bei Null.

Hier bietet sich die Werbung über Google Adwords an. Trotzdem solltest du parallel mit Facebook arbeiten. Du hast deine Vorbereitungen getroffen und das Tracking eingerichtet. Schauen wir uns ein Szenario an, wie du Kunden gewinnen kannst.

1. Du schaltest Werbung auf Google.
2. Die Interessenten kommen auf deine Webseite (wenn es gut läuft, kaufen sie).

3. Durch den Facebook-Pixel werden die Webseitenbesucher erfasst und Facebook lernt, welcher Typ Mensch auf deine Seite kommt.
4. Du kannst zum Beispiel auf Facebook deinen Webseitenbesuchern, die nicht gekauft haben, Werbung schalten – Irgendwann kaufen sie :-)
5. Du kannst auf Facebook aus deinen Webseitenbesuchern eine große Zielgruppe erstellen lassen, denen du deine Werbung zeigst.
6. Du kannst über Google eine Zielgruppe aufbauen, der du nachher im Google Display-Netzwerk deine Werbung zeigst – Irgendwann kaufen sie :-)
7. Mit jedem neuen Webseitenbesucher, mit jedem neuen Interessenten, mit jedem neuen Käufer wird deine Werbung auf Facebook und Google besser.

Du siehst, es entsteht ein kombiniertes Advertising, das langfristig nach ggfs. nötigen Optimierungen laufen wird wie ein Schweizer Uhrwerk.

Möglichkeit 2 – Nach deinem Produkt wird nicht aktiv gesucht und du startest bei Null

Das ist wohl die schwierigste Situation, könnte man meinen. Wir sagen dazu: eine geniale Herausforderung. Gehen wir sie an.

Nehmen wir an, wir arbeiten mit dem Webinarfunnel und wollen ein digitales Produkt verkaufen.

Los geht‘s:

1. Der Facebook-Pixel ist auf allen Seiten gesetzt.
2. Wir schalten eine Werbeanzeige auf Facebook – Die Zielgruppe grenzen wir grob ein nach deiner Traumkundendefinition – Beispiel: Unternehmer zwischen 40 bis 60 Jahren.
3. Wir schauen, was passiert.
4. Die ersten Menschen klicken auf unsere Anzeige und kommen auf die Webinaranmeldeseite.
5. Die Webseitenbesucher werden von Facebook erfasst.
6. Ab einer gewissen Größe von zirka 100 Besuchern können wir über Facebook die uns bekannte Funktion nutzen, dass eine große Zielgruppe aus ähnlichen Interessenten erstellt wird.
7. Wir schalten nun die Werbung der neu erstellten Zielgruppe.
8. Es kommen die ersten Webinaranmeldungen.
9. Ab 100 Anmeldungen können wir Facebook auch hiervon eine große Zielgruppe erstellen lassen, die ähnliche demographische Daten und Interessen hat wie diejenigen, die sich bereits angemeldet haben. Diese Zielgruppe ist noch besser, denn es handelt sich hier um Personen, die sich bereits eingetragen haben. Somit wird deine Zielgruppe immer targetierter.
10. Es kommen die ersten Verkäufe.
11. Ab 100 Verkäufen können wir Facebook eine große Zielgruppe erstellen lassen. Diese Zielgruppe ist noch besser, denn es handelt sich um Kunden.

Du siehst, du kannst auch mit Null dein System aufbauen.

Wenn du ein gutes Produkt hast und wenn deine Zielgruppe auf Facebook ist, dann wird es funktionieren.

Möglichkeit 3 – Du bist bereits aktiv und verfügst über Verkäufe und Kunden

Wenn aktiv nach deinem Produkt gesucht wird, kannst du die Schritte aus Möglichkeit 1 verwenden und parallel dazu noch folgende Dinge umsetzen.

1. Du hast den Facebook Pixel auf deinen Webseiten eingebaut.
2. Solltest du diesen schon längere Zeit installiert haben und dieser konnte aktiv Besucher einsammeln, so kannst du daraus eine Zielgruppe erstellen lassen.
3. Du hast eine Kunden- oder Kontaktliste, aus der du von Facebook eine große Zielgruppe mit ähnlichen demographischen Daten und Interessen erstellen lassen kannst.
4. Schalte Werbung an deine erstellten Zielgruppen.
5. Baue nun das System weiter aus wie in Möglichkeit 2 beschrieben.

Fazit:

Wenn du die beschriebenen Möglichkeiten für dich umgesetzt hast, dann hat sich dein Zielkunde sozusagen selbst definiert. Du kannst zum Beispiel bei Facebook schauen, welche Eigenschaften deine Kunden haben. Dort erfährst du sehr viel: Alter, Geschlecht, geografische Merkmale, Interessen, Hobbys und vieles mehr.

Es ist demnach völlig egal, wo du gerade stehst. Wenn du für eine bestimmte Zielgruppe ein Problem gelöst hast und diese Zielgruppe eine gewisse Größe hat und auf Netzwerken wie Facebook und Google vertreten ist, dann wird dein System funktionieren.

Deine perfekte Werbeanzeige

Nachdem wir deine Zielgruppe gefunden haben, beschäftigen wir uns mit deiner perfekten Werbeanzeige.

Eine Werbeanzeige besteht aus Bildern oder Videos und Texten. Aus diesen Elementen müssen wir etwas erschaffen, das deine Zielgruppe magisch anziehen soll, damit diese klickt und nachher handelt. Je nach Netzwerk, kann es auch nur Text sein, wie zum Beispiel bei Google Search Ads.

Schauen wir uns zunächst einmal den Text an. Grundsätzlich muss ein Werbetext immer aus der Sicht des Betrachters geschrieben sein – demnach aus der Sicht deiner Zielgruppe. Du musst die wichtigste Frage deines Interessenten beantworten.

„What's in it for me?" – Was ist für mich drin?

Mit anderen Worten: Was hat er davon, wenn er auf die Anzeige klickt? Der größte Fehler, den die meisten Unternehmer machen, die versuchen, Werbung zu schalten ist, dass sie diese Frage nicht beantworten. Sie meinen, wenn sie schreiben, wie gut sie sind, wird der Kunde schon kommen.

„Wir sind seit 125 Jahren Schreiner, komme bitte zu uns". Das sind übrigens oft die, die behaupten, Online Marketing funktioniert nicht.

„Wie du dir in 7 Schritten nur mit Hilfe eines Laptops ein seriöses und zukunftssicheres Geschäft im Internet aufbaust". Merkst du den Unterschied? Du hältst das Buch gerade in deinen Händen.

Über das Thema Werbetexten könnte man ein ganzes Buch schreiben. Aus diesem Grund beschränken wir uns an dieser Stelle auf die wichtigsten Merkmale.

Damit wir dir möglichst produktiv helfen können, zeigen wir dir hier ein paar Fragen. Wenn du diese beantwortest, kannst du daraus deinen Werbetext formulieren.

Fragen:

- Was ist das größte Problem deiner Zielgruppe?
- Wann erreicht deine Zielgruppe mit deiner Lösung Ergebnisse?
- Was ist das größte Hindernis, das deine Zielgruppe überwinden möchte?
- Was möchte deine Zielgruppe mit deiner Lösung erreichen?

Wenn du diese Fragen in deiner Anzeige beantwortest, hast du es zu 80% richtig gemacht. Dein Ziel muss es sein, immer Neugierde zu erwecken.

Außerdem solltest du spezifisch sein. Schreibe nicht: „Du

kannst abnehmen". Schreibe stattdessen: „Wie du in 7 Tagen 1,5 Kilo abnimmst, ohne Sport machen zu müssen" (grundsätzlich muss man mit dem Wort „abnehmen" bei Facebook sowieso aufpassen).

Ob ein kurzer oder langer Werbetext in einer Anzeige besser ist, können wir nicht sagen, weil einmal das eine und einmal das andere besser funktioniert. So etwas ist dann einfach eine Sache des Testens und hängt auch immer von deiner Zielgruppe ab.

Bei vielen Netzwerken sind wir ohnehin auf feste Textlängen beschränkt. Diese musst du bei deinem Marketing berücksichtigen. Das entsprechende Netzwerk weist dich aber auch darauf hin, wenn dein Text zu lang (oder auch zu kurz) ist.

Aufgabe #25

Wir haben nun bereits drei Kanäle geschaffen, über die du Besucher generieren und dann über deine Affiliate-Links Provisionen verdienen kannst. Deinen Blog, deine Facebook-Fanpage und deinen YouTube-Kanal.

Natürlich kannst und solltest du langfristig weitere Kanäle aufbauen, Content erstellen, Follower und Besucher aufbauen und diese über deine Webseiten in Leser, Interessenten und Kunden verwandeln. Hier kannst du also auch bereits weitere Kanäle angehen und in z.B. weiteren Social Media Plattformen Accounts erstellen.

Wir wollen uns nun aber einmal ansehen, wie du diese Kanäle über deine Webseite verbinden kannst, um auch darüber mehr likes, shares und damit auch Follower zu generieren.

Hier findest du eine kurze Anleitung dazu: **digitaleseinkommen.de/aufgabe-25**

Das Werbebild

Du musst ein Ziel erreichen: AUFFALLEN. Nichts ist schlimmer als Langeweile. Wir haben dir in den letzten Abschnitten beschrieben, dass du jeden Tag mit unzähligen Werbebotschaften konfrontiert wirst. Deswegen musst du aus der Masse hervorstechen.

Mache dies zum Beispiel mit grellen Farben und interessanten Bildern. Es muss nicht zwangsläufig alles zum Thema passen. Sei anders als die anderen und gehe deinen eigenen Weg.

Das war z.B. Olivers erste Werbeanzeige in Facebook:

Das Werbevideo

Hier gilt im Endeffekt das Gleiche wie beim Bild. Gerade die ersten Sekunden müssen neugierig machen, damit ein Nutzer sich die Zeit nimmt und das Video anschaut.

Ein Video sollte generell nach folgender Formel aufgebaut sein: der AIDA-Formel:

- A - Attention – Aufmerksamkeit
- I - Interest – Interesse
- D - Desire – Wunsch
- A - Action –Handlung

Das bedeutet für dich übersetzt: Am Anfang musst du Aufmerksamkeit erregen, damit der Nutzer das Video überhaupt ansieht. Danach solltest du mit deinen Inhalten sein Interesse wecken, so dass er sagt: Das schaue ich mir einmal näher an. Im Laufe des Videos muss in ihm der Wunsch aufkommen, das, was du anbietest, haben zu wollen. Zum Schluss kommt die Handlungsaufforderung, damit der Betrachter auch weiß, was zu tun ist, damit er sich seinen Wunsch erfüllen kann.

Baue dein Video so auf und du hast zu 80% alles richtig gemacht (Pareto :-)).

Deine Werbeanzeige wird funktionieren, sobald du die wichtigsten Dinge umsetzt. Das versprechen wir dir.

Remarketing – Der Umsatzbooster

Kommen wir zu einem der spannendsten Themen bei bezahltem Traffic, dem sogenannten Remarketing oder auch Retargeting.

Du selbst hast es bestimmt schon dutzende Male erlebt: Du hast zum Beispiel auf Amazon nach einem Produkt gesucht und genau dieses Produkt wurde dir später als Werbung auf Facebook oder anderen Webseiten angezeigt. Du hast dir vielleicht gedacht: Woher wissen die das oder das nervt. Egal wie, es ist eine Methode, die deine Werbekampagne extrem profitabel machen kann.

Zunächst einmal eine gute Nachricht für dich: So etwas technisch aufzusetzen, ist ziemlich einfach. Du musst nur wissen, wie es geht. Ein paar Klicks und du erscheinst auf großen Seiten, wie t-online.de oder bild.de neben der BMW-Werbung und alle denken, du hast einen großen Konzern im Hintergrund. Dabei zahlst du nur ein paar Cent dafür.

Technisch gesehen sorgen die Pixel der Werbenetzwerke dafür, dass dies möglich ist. Im vorherigen Abschnitt hat dieses

Thema bei der Zielgruppenfindung bereits eine Rolle gespielt.

Der Prozess sieht folgendermaßen aus:

1. Der Besucher kommt auf die Webseite.
2. Bei ihm wird ein Cookie gesetzt.
3. Du lässt eine Zielgruppe erstellen aus allen Besuchern, die auf deiner Webseite waren.
4. Du schaltest Werbung auf diese Zielgruppe.

Wenn es darum geht, online Produkte zu verkaufen, benötigt es oft mehrere Kontakte, bis ein Interessent handelt. Und genau das erreichen wir mit Remarketing.

Der Interessent ist beim ersten Besuch noch unsicher oder er hat gerade keine Zeit. Nun wird ihm in der Folge durch das Remarketing deine Werbung aber nicht nur im gleichen Werbenetzwerk gezeigt, sondern auch auf anderen Kanälen. Je mehr er deine Werbung sieht und wahrnimmt, desto mehr Vertrauen wird aufgebaut, und er handelt irgendwann (vielleicht auch erst beim siebten oder achten Kontakt).

Remarketing sollte ganz gezielt und methodisch eingesetzt werden, damit es gut funktioniert. Stelle dir folgende Situation vor:

Ein Besucher kommt auf deine Webinaranmeldeseite und meldet sich zum Webinar an. Durch das Remarketing bekommt er auf den verschiedensten Kanälen weiterhin Werbung mit dem Hinweis, er solle sich doch bitte zum Webinar anmelden.

Das ist in zweierlei Hinsicht negativ:

1. Er ist genervt, weil er sich bereits angemeldet hat (und

vielleicht sogar schon dein Produkt gekauft hat).
2. Du gibst unnötig Geld aus.

Aus diesem Grund musst du Remarketing systematisch betreiben. Das bedeutet, du darfst deine Werbung nur an die Zielgruppe schalten, die auf deiner Webinaranmeldeseite war, sich aber nicht zum Webinar angemeldet hat.

Technisch gesehen funktioniert dies folgendermaßen:

1. Du erstellst eine Zielgruppe von den Personen, die auf deiner Webinaranmeldeseite waren.
2. Du erstellst eine Zielgruppe von den Personen, die auf deiner Webinarbestätigungsseite waren.
3. Du bildest eine neue Zielgruppe aus der Differenz deiner ersten Zielgruppe minus der zweiten Zielgruppe. Das Ergebnis sind nur die Personen, die auf deiner Webinaranmeldeseite waren, sich aber nicht angemeldet haben.

In den Netzwerken, wie zum Beispiel bei Facebook, ist dies sehr einfach umzusetzen. Wichtig ist an dieser Stelle, dass du es verstehst.

Das Interessante an dieser Methode ist nun, dass du in deiner Werbung, die du deiner Remarketingzielgruppe zeigst, eine direkte Ansprache wählen kannst, die zum Beispiel wie folgt lautet: „Du warst auf meiner Webinaranmeldeseite und hast dich nicht eingetragen ..."

Was glaubst du, was passiert, wenn ein Besucher das liest? Er fühlt sich direkt angesprochen (und vielleicht auch ein bisschen ertappt). Und dann trägt er sich vielleicht bei dir ein.

Gehen wir die Schritte weiter: Du machst Remarketing für alle, die sich eingetragen, aber nicht am Webinar teilgenommen haben. Du machst Remarketing für alle, die am Webinar teilgenommen, aber nicht gekauft haben.

Du siehst, was hier alles an Remarketing möglich ist und was das für dich und dein Business bedeuten kann.

Du kannst also mit Hilfe von Remarketing nicht nur Besucher in Interessenten und Kunden verwandeln, die sich beim ersten Besuch deiner Seite nicht eingetragen oder nicht gekauft haben. Sondern du kannst auch die Interessenten systematisch mit den Anzeigen durch deinen Funnel begleiten und so die Effektivität deines Funnels und deiner Werbung erhöhen.

Warum ist Remarketing so lukrativ?

Was ist nun das Besondere an Remarketing und warum kannst du damit deine Umsätze enorm erhöhen und somit die Profitabilität extrem steigern?

Die Werbung wird nur an Personen ausgespielt, die bereits mit dir interagiert haben. Sie kennen dich und dein Thema. Es handelt sich von daher nicht mehr um kalten Traffic.

Die Werbung ist damit wesentlich günstiger als die herkömmliche Werbung auf kalten Traffic. Das liegt daran, dass die Zielgruppe, an die die Werbung ausgespielt ist, wesentlich kleiner und extrem targetiert ist, wodurch diese Zielgruppe eher klickt.

Während deine herkömmliche Werbung vielleicht an eine Zielgruppe von 500.000 Personen oder mehr ausgespielt wird, so ist eine Remarketing-Zielgruppe wesentlich kleiner. Diese kann bereits mit 5 bis 10 Personen beginnen und wird dann im 3- bis vielleicht 5-stelligen Bereich liegen.

Diese Zahlen sind für ein Netzwerk wie Facebook extrem klein und da es sich um warmen Traffic handelt, sind die Klickpreise sehr gering.

Ein weiterer großer Vorteil von Remarketing ist das Schalten auf verschiedenen Kanälen und Webseiten. Dadurch, dass dein Besucher gepixelt ist (ein Cookie von dir gesetzt wurde), kannst du ihn durch das gesamte Internet verfolgen.

Facebook verfügt über ein extrem großes Werbenetzwerk mit Partnerwebseiten und Apps. Gerade bei den mobilen Apps ist Facebook extrem präsent. Es ist doch sehr spannend, wenn du als Fußballfan auf der Sport1-App eine Werbung siehst von einem Produkt, das du dir vorher über Facebook angesehen hattest.

Ebenso ist das Werbenetzwerk von Google extrem verbreitet. Mit den Google Display Ads schaltest du sogar richtige Banner auf großen Webseiten. Glaube mir, wenn du dein eigenes Banner auf anderen großen Seiten siehst, bist du extrem stolz auf dich.

Zusammenfassung

Remarketing ist die Geheimwaffe für hochprofitables Online

Marketing. Du sprichst deine Webseitenbesucher, die den nächsten Schritt in deinem Funnel durchführen sollen, gezielt an und erhöhst somit deinen Vertrauensaufbau. Die Klickpreise sind extrem günstig. Du verfolgst deine Webseitenbesucher durch das gesamte Internet und irgendwann erliegen sie deinem grandiosen Marketing :-).

Die besten Werbenetzwerke für bezahlten Traffic

Nachdem du nun die Grundlagen für bezahlten Traffic verstanden hast, schauen wir uns an, welche Netzwerke du nutzen solltest, um ein profitables Online Business aufzubauen.

Facebook Ads und Instagram

Nach wie vor eines der besten Werbenetzwerke ist Facebook. Wir beide setzen Facebook Ads gezielt ein und haben uns extrem profitable Unternehmen dadurch aufgebaut. Auch Anzeigen über Instagram werden über Facebook gesteuert, weswegen wir dies hier inkludieren.

Alleine in Deutschland gibt es rund 32 Millionen Nutzer, wobei zirka 22 Millionen monatlich aktiv sind.

Wenn wir die unter 18- und über 80-Jährigen für uns als potentielle Kunden abziehen, so hat fast jeder zweite Deutsche einen Facebook- Account. Die Frage, ob du deine Zielgruppe auf Facebook findest, erübrigt sich hiermit.

Egal, was du anbietest, die Wahrscheinlichkeit, dass du die Vermarktung über Facebook machen kannst, ist sehr hoch.

Von daher raten wir dir auf jeden Fall, Facebook mit in dein Marketing einzubeziehen.

So startest du in Facebook:

1. Erstelle dir ein kostenfreies Profil.
2. Erstelle eine Facebook-Seite (gerne dein Name oder deine Firma). Du kannst beliebig viele Seiten erstellen.
3. Gehe in deinen Werbeanzeigenmanager oder erstelle gleich einen Business-Account (unser Tipp, denn dies ist professioneller. Du kannst dies aber auch später jederzeit nachholen).
4. Richte deinen Facebook-Pixel ein und installiere diesen auf all deinen Webseiten.
5. Erstelle deine erste Zielgruppe aus deinen Webseitenbesuchern.
6. Du hast bereits Kunden und Kontakte: Erstelle hieraus eine Lookalike Audience (dies erklären wir später).
7. Erstelle deine erste Werbekampagne mit dem Ziel „Conversions". Das heißt, Facebook sucht dir hochwertige Kontakte, die sich bei dir eintragen oder kaufen.
8. Erstelle eine Remarketing-Kampagne, um alle Besucher, die auf deiner Seite waren und nicht gehandelt haben, erneut anzusprechen und somit zum Handeln zu bewegen.
9. Lasse deine Kampagnen durchschnittlich eine Woche laufen, um Daten zu sammeln, da unterschiedliche Tage und Zeiten auch unterschiedlich gut konvertie-

ren.

10. Kontrolliere deine Zahlen und optimiere deine einzelnen Marketingelemente:
    a. Werbeanzeigeb.
    b. Landing Page
    c. Webinar (oder ein anderes Marketinginstrument)
11. Skaliere deine profitablen Werbekampagnen, indem du dein Budget stückweise erhöhst und neue Zielgruppen in deine Werbung einbeziehst.

Lookalike Audience

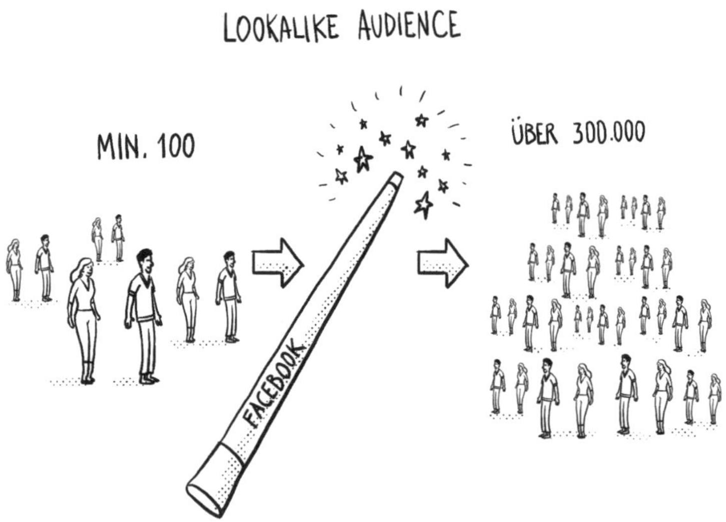

Auf dieses Marketinginstrument, das uns Facebook bereitstellt, möchten wir explizit eingehen, weil es extrem gut funktioniert und uns Werbetreibenden enorme Möglichkeiten gibt, neue Zielgruppen zu erreichen und unser Marketing profitabel zu gestalten.

Facebook erfasst das Nutzerverhalten akribisch und weiß genau, welcher seiner Nutzer überwiegend Videos anschaut, welcher sich irgendwo einträgt oder welcher kauft. Kurz gesagt: Facebook weiß extrem viel über seine Nutzer.

Nun gibt es die einen, die darüber schimpfen, und es gibt uns und dich, also die Werbetreibenden, weil wir dadurch immer besser unsere Zielgruppe ansprechen und finden können.

Aufgrund all dieser Daten ist Facebook in der Lage, uns genau das zu liefern, was wir brauchen. Wir in unserem Fall betreiben Performance Marketing, das heißt, wir wollen sofort Umsatz generieren und sind nicht an Brandingkampagnen interessiert, um unsere Marke aufzubauen.

Für Oliver war das Einsetzen der Lookalike Audience im Januar 2015 ein wahrer Booster und der Raketenstart zu einem der erfolgreichsten Online Marketer im deutschsprachigen Raum. Von heute auf morgen vervierfachte er dadurch seinen Umsatz. Daran siehst du, dass du dich mit der Lookalike Audience unbedingt beschäftigen solltest.

Das Prinzip ist sehr simpel:
Du gibst Facebook ein paar Prototypen von deinem idealen Kunden, in dem Fall deine Webseitenbesucher, deine E-Mail-Liste oder deine Kundenliste über den Pixel „Leads" oder

„Käufe" und Facebook schaut in seinem gesamten Netzwerk nach, wer ähnliche demographische Daten, Eigenschaften und Interessen hat.

Facebook benötigt hierfür mindestens 100 Personen, um diese Berechnung machen zu können. Liegen diese zugrunde, so kannst du eine Lookalike Audience erstellen lassen.

Die Qualität und Größe dieser Lookalike Audience richtet sich nach der Anzahl der jeweiligen Bevölkerungsanzahl des Landes, in der du diese Audience erstellen möchtest.

Du kannst die Qualitätsstufen von 1 bis 10% einstellen.

Die Lookalike-Audience von 1% hat die beste Qualität und bedeutet, dass Facebook die Gesamtbevölkerung von Deutschland oder einem anderen ausgewählten Land nimmt und dann die 1% davon an Nutzern sucht, die dem Prototypen am ähnlichsten sind.

In diesem Fall, wenn wir von 32 Millionen Nutzern in Deutschland ausgehen, haben wir eine Zielgruppengröße von 320.000 Nutzern.

Wie gut die Übereinstimmung dann letztendlich ist, kommt auf die Branche an und natürlich, wie viele Daten wir Facebook zur Verfügung stellen. Wenn wir z.B. bereits schon 1.000 anstatt 100 Kunden haben, auf denen die LookALike-Audience aufbaut, dann hat Facebook auch 10-mal so viele Daten, um die Zielgruppe noch genauer erfassen zu können.

Desweiteren haben wir die Möglichkeit, die Lookalike Audience bis zu 10% zu erweitern und somit die Zielgruppengröße auf bis zu 3,2 Millionen Nutzer vergrößern. Die Qualität nimmt mit jeder steigenden Prozentzahl ab, wobei dies auch von der Branche und dem Produkt abhängig ist. Es lohnt sich hier aber, bei der Skalierung die verschiedenen Zielgruppenstufen zu testen.

Du kannst für jedes beliebige Land Lookalike Audiences erstellen lassen. Wir selbst arbeiten auch gerne mit Österreich und der Schweiz, da in diesen Ländern das Kaufverhalten besser ist und beide Länder mit der deutschen Sprache unsere Zielgruppe sind.

Die entsprechenden Lookalikes sind natürlich viel kleiner, weil die Bevölkerungszahl geringer ist. So haben wir für beide jeweils eine 1% Größe von ca. 60.000 Nutzern.

Facebook kann eine Lookalike für Österreich und die Schweiz erst erstellen, wenn aus diesen Ländern mindestens 100 Kontakte generiert wurden. Aus diesem Grund ist die Erstellung einer solchen Lookalike logischerweise erst dann möglich, wenn genügend Nutzer aus jedem Land generiert wurden, für das eine Lookalike erstellt werden soll.

Lookalike Audiences optimieren

Die Lookalike Audiences optimieren sich mit steigender Anzahl der Ausgangszielgruppe selbst. Das heißt, je mehr Webseitenbesucher auf deine Seite kommen, je mehr Interessenten sich per E-Mail eintragen, je mehr Kunden dein Produkt kaufen, desto mehr Informationen hat Facebook und desto besser werden deine Lookalike Audiences.

Zum Optimieren der Lookalike Audiences solltest du stufenweise vorgehen. Das heißt, am Anfang startest du mit deinen Webseitenbesuchern. Wenn du genügend Webinaranmeldungen generiert hast, erstellst du die Lookalike aus diesen Nutzern. Die Qualität ist auf der nächsten Stufe. Danach kannst du eine Lookalike Audience aus den Bestellformularbesuchern erstellen. Diese ist wieder eine Stufe besser.

Je weiter die Nutzer in deinem Funnel kommen, desto höher ist ihre Qualität. Je höher die Qualität deiner Nutzer, desto besser ist die Lookalike Audience daraus. Im nächsten Schritt nimmst du deine Käufer. Die Qualität der Nutzer ist jetzt extrem hoch, denn es sind deine Kunden.

Es dauert natürlich eine gewisse Zeit, bis du genügend Nutzer auf den verschiedenen Stufen hast. Aber am Ende lohnt es sich extrem.

Freue dich hier auf eine hochspannende Marketingreise.

Zusammenfassung

Facebook ist eine der besten Trafficquellen, die du für dich und dein Marketing auf jeden Fall nutzen solltest. Gerade, wenn du am Anfang stehst und deine Zielgruppe noch nicht genau definiert ist, kannst du dich hervorragend durch das Stufenmodell optimieren, deine Zielgruppe immer genauer fassen und etwas Großes aufbauen.

Google Ads

Der Werbegigant Google bildet einen weiteren wichtigen Baustein unseres Marketings. Bei Google schließen wir YouTube mit ein, da YouTube ein Tochter-Unternehmen von Google ist und die Werbeanzeigen über YouTube mit über den Anzeigenmanager von Google geschaltet werden. Nun schauen wir uns an, welche Möglichkeiten wir mit diesem Netzwerk haben.

Google Search Ads

Diese waren früher auch als AdWords bekannt. Die wohl älteste und bekannteste Werbeform ist Google Search Ads. Du kennst diese selbst und hast sie als Nutzer schon dutzende, wenn nicht sogar hunderte Male genutzt.

Du suchst auf der normalen Google-Startseite nach einer Lösung, weil du ein Problem hast. Nun gibt es dort zwei Arten von Ergebnissen, die angezeigt werden. Das eine sind die normalen Suchergebnisse. Dort platziert und gefunden zu werden, ist oft sehr schwierig, und hängt von der Branche, dem Keyword und deiner Suchmaschinenoptimeriung (SEO) ab.

Eine ganze Werbeindustrie kämpft um die Platzierung auf der ersten Seite bei Google. Hat man es erst einmal geschafft, dort hinzukommen, kannst du mit deinem Business richtig gute Umsätze machen. Allerdings ist der Weg sehr steinig und von heute auf morgen kann Google jederzeit eine Änderung in seinem Algorithmus durchführen, so dass du von heute auf morgen von der ersten Seite verschwindest.

Es gab schon einige Firmen, die dadurch so stark getroffen waren, dass es diese heute nicht mehr gibt. Aus diesem Grund werden wir hier auch nur kurz auf das Thema Suchmaschinenoptimierung eingehen.

Was wir wollen, ist heute Werbung schalten und heute Ergebnisse generieren. Wir wollen uns nicht auf Maßnahmen wie SEO fokussieren, bei denen wir erst einiges an Zeit investieren müssen, bevor wir eventuell Ergebnisse erzielen.

Wir schalten Google Search Ads, denn damit sind wir sofort auf Seite 1 und zwar ganz oben. AdWords kann nach Branche und Thema allerdings sehr teuer sein, weil der Markt und die guten Keywords hart umkämpft sind.

Versuche einmal, bei einem Keyword wie „private Krankenversicherung" Google Search Ads zu schalten, dann wirst du von astronomischen Klickpreisen überrascht sein, die locker jenseits der 10-Euro-Marke liegen.

Da wir gelernt haben, dass der Klickpreis nicht unbedingt ausschlaggebend für die Profitabilität ist, kann es aber auch hier interessant sein, Werbung zu schalten. Allerdings müssten wir dann in der Lage sein, ein entsprechendes Produkt mit einem entsprechenden ROI zu verkaufen.

Kurzum, alles ist möglich und es kommt wirklich darauf an, in welchem Markt du dich befindest, was du anbietest und wie dein Funnel aufgebaut ist.

Eine entscheidende Voraussetzung ist notwendig, um erfolgreich Google Search Ads zu schalten: Es muss Menschen geben, die aktiv danach suchen. Das heißt, wir befinden uns im Pull-Marketing. Hier gibt eine entsprechende Keyword-Recherche Aufschluss, wofür Google auch den kostenfreien Keyword Planer zur Verfügung stellt.

Als Oliver damals mit seinem Future Sale System angefangen hat, war die Nachfrage nach Neukundengewinnung im Internet deutlich geringer. Das heißt, die Zielgruppe hatte sich mit diesem Problem, das sie hatte, (noch) nicht proaktiv beschäftigt. Somit war der erste Weg, über Push-Marketing zu gehen und die Zielgruppe mit ihrem Problem und einer Lösung zu konfrontieren. Die Ergebnisse zeigen, dass dies hervorragend funktioniert hat.

Wenn du am Anfang stehst und ein Produkt anbietest, nach dem gesucht wird, dann kannst du sofort starten, die Werbung mit Google Search Ads zu testen. Wie du hier vorgehst in Kombination mit Facebook und Remarketing, haben wir bereits im Vorfeld beschrieben.

Der Geheimtipp: Schalte Adwords auf deinen Namen und oder dein Produkt

Unser absoluter Geheimtipp, den wir dir an dieser Stelle geben können, ist folgender: Schalte AdWords auf deinen Namen und oder den Namen deines Produktes.

Warum ist dies so effektiv?

Zum einen hast du nahezu keine Konkurrenz, denn wer sollte auf deinen Namen Werbung schalten – ausgenommen deine direkten Konkurrenten, da sie die Interessenten von dir gewinnen möchten, was aber auch eine profitable Strategie für dich sein kann. Zum anderen sind dadurch die Klickpreise extrem günstig.

Du musst dir folgende Situation vorstellen. Du bist im Markt aktiv unterwegs. Du wirbst zum Beispiel auf Facebook für dein Produkt und für deinen Namen. Was machen nun viele Menschen, wenn sie etwas Neues sehen und noch nicht kennen? Sie geben diese Begriffe, in diesem Fall deinen Namen und den deines Produktes, auf Google ein.

Hier wäre es doch sehr schade, wenn sie dann Anzeigen von deiner Konkurrenz finden würden und nicht von dir, oder?

Auch das ist eine Herangehensweise, die sehr spannend ist. Schalte Google Search Ads auf den Namen oder das Produkt deiner Konkurrenz. Eine geniale Strategie mit niedrigen Klickpreisen. Allerdings kann es auch sein, dass dies die Konkurrenz mit dir macht, wenn du und dein Produkt bekannter sind.

Google Display Ads – Der Werbegigant

Wenn du Massen an Traffic benötigst, dann nutzt du Google Display Ads. Es handelt sich hierbei um Bannerwerbung. Das Google-Partner-Netzwerk ist riesig und verfügt über zigtausende von Webseiten von groß bis klein, auf denen die Anzeigen ausgeliefert werden. Die Anzahl der Besucher ist also nahezu unbegrenzt.

Allerdings kannst du nicht alle Produkte über Display Ads vermarkten, denn diese müssen eine bestimmte Voraussetzung erfüllen und über ein ausgeklügeltes Marketing verfügen, damit du bei der Masse der Impressionen die richtigen Anzeigenplätze für die richtige Zielgruppe targetieren und diese konvertieren kannst.

Du musst dir das folgendermaßen vorstellen: An das Google-Netzwerk sind Webseiten zu nahezu allen Themen angeschlossen, vom Kaninchenzüchterverein über Sportseiten bis hin zu Nachrichtenseiten. Wenn du Werbung schaltest, so wird diese Werbung auf allen Seiten ausgespielt. Wenn du dich besser auskennst, besteht die Möglichkeit, gezielte Branchenseiten für deine Werbung rauszusuchen.

Trotz allem benötigst du ein Produkt, das eine wirklich große Zielgruppe anspricht. Das könnte zum Beispiel ein Produkt im Bereich Ernährung, Abnehmen, Dating, Sport oder Finanzen sein.

Desweiteren solltest du einen Funnel nutzen, bei dem die Einstiegshürde für den Interessenten nicht so groß ist und der systematisch in einen Kunden konvertiert, bei dem du den CLV (Customer Lifetime Value) langfristig immer weiter ausbaust.

Der Traffic, den du generierst, ist extrem kalt und die Hürde, diesen zum Interessenten und bzw. oder zum Kunden zu machen, muss sehr niedrig sein. Zusätzlich sollte der Besucher möglichst schnell in einen Kunden verwandelt werden, um schnellstmöglich die Werbeausgaben zu refinanzieren und die Kampagnen weiter laufen lassen bzw. skalieren zu können.

Der Kundenwert kann durch Zusatzverkäufe z.B. über deine E-Mail-Liste angehoben werden, und je höher dieser über die Zeit wird, desto mehr kannst du für einen Neukunden investieren und dementsprechend deine Reichweite ausbauen.

Wenn du es schaffst, über Google Display Ads profitabel zu sein, hast du eine Traffic-Quelle angezapft, bei der du deine Kampagnen extrem hoch skalieren kannst. Das schauen wir uns im Schritt 7 genau an.

Remarketing mit Google Display Ads

Wofür du Display nahezu immer verwenden kannst, ist Remarketing. Wenn du den Pixel von Google installiert hast (und das solltest du am Anfang neben dem Facebook-Pixel zeitnah machen), so werden deine Besucher auch von Google erfasst, und du kannst diesen gezielt deine Werbung ausspielen.

Die Wirkung ist enorm, da du deinen Webseitenbesucher, wenn er erst einmal auf deiner Seite war, durch das ganze Internet verfolgst. Egal, ob er anschließend auf gmx seine Mails checkt oder sich bei n24 die News ansieht, er wird deine Werbung auf Bannern sehen.

Die Preise liegen meist im Centbereich und die Wirkung ist wirklich hochprofitabel für dein Business. So kannst du zum Beispiel mit Facebook Besucher auf deine Seiten holen und mit Google Display Ads und Facebook das Remarketing betreiben. Ein perfektes Zusammenspiel der Netzwerke.

YouTube

Ein sehr spannender Kanal, um Werbung zu schalten, ist YouTube. Videos werden immer mehr konsumiert und die Werbung ist verhältnismäßig günstig. Ähnlich wie bei Google Ads hast du die Möglichkeit, auf bestimmte Keywords Werbung zu schalten, andere Kanäle oder Interessengruppen zu targetieren.

Die Voraussetzung bei Keywords ist hier ebenfalls, dass ein gewisses Suchvolumen vorhanden sein muss.

Remarketing mit YouTube

Was ebenfalls hochgradig lukrativ ist: im Bereich Remarketing Werbung über YouTube zu schalten.

Stelle dir folgende Situation vor: Du warst auf einer Webseite und gehst anschließend auf Youtube, um dir ein Video anzuschauen. Plötzlich siehst du im Vorspann den Werbefilm von der Webseite, auf der du gerade warst.

Normalerweise klickst du diese Art Werbung vor einem Video weg, aber weil du dich im Vorfeld mit diesem Thema beschäftigt hast, wirst du dir wahrscheinlich die Zeit nehmen und das Video anschauen.

Setze diese Art des Marketing für dich ein und du hast einen weiteren Kanal, der günstig für Umsätze sorgt.

Native Advertising Plattformen

Native Advertising bedeutet, dass du im Internet auf den verschiedensten Webseiten Besucher einkaufst. Es funktioniert im Grunde genommen wie Google Display Ads. Allerdings handelt es sich beim Native Advertising nicht um starre Banner in festen Formaten, die geschaltet werden. Vielmehr werden die Anzeigen so auf den Webseiten geschaltet, dass sie eher wie weitere Artikel der Webseiten dargestellt werden.

Auch Search Ads werden zu Native Advertising gezählt, da sie ähnlich gestaltet sind wie die normalen Suchergebnisse. Anzeigen in Social Media Plattformen gehören ebenfalls zum Native Advertising, da diese hier normalerweise auch in den Newsfeed integriert werden, normalen Posts vom Design stark ähneln und dem Design der Plattform angepasst sind.

Das Native Advertising, auf das wir uns nun aber hier beziehen, ist Native Advertising über darauf ausgerichtete Plattformen, bei denen wir unsere Anzeigen nun wie weitere Artikel auf anderen Webseiten platzieren, wie z.B. Bild.de, Focus.de und andere.

Wie funktionieren nun Native Advertising Plattformen?

Wenn du auf bestimmten Seiten, wie zum Beispiel t-online.de, Werbung schalten möchtest, dann müsstest du im Grunde genommen dort anrufen und einen Werbeplatz buchen. Die Großen im Markt machen so etwas auch gezielt, wenn sie große und für sich sehr profitable Anzeigenplätze gefunden haben und versuchen, gezielt hierfür Deals auszuhandeln.

Allerdings ist es viel zu mühsam, all die Tausenden von Webseitenbetreibern zu kontaktieren und dort über Werbeplatzierungen zu verhandeln, ohne zu dem Zeitpunkt überhaupt auch zu wissen, dass dieser Anzeigenplatz für sich selbst auch profitabel ist. Wie bei allem im Leben gibt es hierfür eine Lösung und diese stellen die Native Advertising Plattformen dar.

Diese machen im Grunde genommen nichts anderes, als mit den Webseitenbetreibern Werbeplätze auszuhandeln und diese über ihre Plattform den Werbetreibenden, also uns, gesammelt an einem Ort zur Verfügung zu stellen. Hier läuft dann auch wieder ein Algorithmus, der darüber entscheidet, welcher Werbetreibende aufgrund welcher Einstellungen, welches CPCs und welcher CTR wie viele Impressionen auf ausgewählten Anzeigenplätzen bekommt.

Für uns bedeutet dies: Wir suchen uns einen oder mehrere solcher Plattformen und stellen dort unsere Werbung ein.

Vorteile von Native Advertising Plattformen

Die großen Vorteile dieser Plattformen sind:

- Klickpreise teilweise im Centbereich
- extrem hohe Reichweite
- hohe Skalierungsmöglichkeiten

Voraussetzung für Native Advertising

Im Grunde genommen sind es die gleichen Voraussetzungen wie bei Google Display Ads. Du brauchst ein massentaugliches Produkt und einen Funnel, bei dem die Einstiegshürde für den Interessenten nicht so groß ist und er systematisch in einen Kunden konvertiert, bei dem du den CLV langfristig immer weiter ausbaust.

Native Advertising Plattformen

Wir haben dir unter unseren Empfehlungen auch einige Native Advertising Plattformen aufgelistet, die wir dir empfehlen können:

digitaleseinkommen.de/tools-und-empfehlungen

Das Schalten von Werbeanzeigen ist recht einfach. Melde dich kostenfrei bei der Plattform deiner Wahl an und probiere das ein oder andere aus. Im Vorfeld solltest du in den jeweiligen Werberichtlinien nachschauen, welche Art von Werbung nicht erlaubt ist und was du beachten musst.

Die Vorgehensweise bei den Plattformen ist teilweise etwas unterschiedlich in der Hinsicht, dass sich einige auf Content Marketing fokussieren und hier erst einmal auf Content, wie z.B. Blogartikel mit Tipps zu einem bestimmten Thema, verlinkt werden muss – und die Besucher nicht unbedingt direkt auf eine Verkaufsseite geleitet werden können. Hier muss dann dein Funnel mit Content, wie einem Blogartikel, beginnen und dann weiterleiten zur z.B. Webinaranmeldung oder Verkaufsseite.

Beide Varianten eignen sich aber hervorragend, um neue Interessenten und Kunden zu gewinnen und zu skalieren.

René liebt diese Art des Marketings, da er bei diesen Netzwerken extrem gut skalieren kann. Er investiert hier täglich 4- bis 5-stellige Beträge in Werbung und macht somit sehr hohe Gewinne.

Wir können dir daher nur empfehlen, dich mit diesen Netzwerken zu beschäftigen, wenn es deine Branche und dein Produkt zulassen.

Aufgabe #26

Als letztes wollen wir nun noch einmal den Video-Blogartikel an deine bestehende Reichweite versenden bzw. posten, da Videos ein anderes Medium als Text sind und von vielen Menschen lieber konsumiert werden als längere Artikel.

Sende also über die bekannten Möglichkeiten Nachrichten mit Links an deine Kontakte und poste einen neuen Beitrag zu deinem Video-Blogartikel.

Hier findest du noch einmal eine kurze Erklärung, wie du dabei vorgehen solltest, sowie ein paar Beispiel-Nachrichten: **digitaleseinkommen.de/aufgabe-26**

Kostenloser Traffic

Kostenloser Traffic ist im Grunde genommen nicht die richtige Beschreibung, es sei denn, du arbeitest völlig umsonst, wovon wir nicht ausgehen wollen, da du natürlich Zeit investieren musst, um diesen Traffic aufzubauen.

Damit du kostenlos Traffic generieren kannst, musst du etwas dafür tun. Schauen wir uns die verschiedenen Möglichkeiten an.

Viele, die im Online Marketing starten, machen den großen Fehler, dass sie am Anfang mit kostenlosem Traffic starten und ihr Online Business langsam aufbauen wollen. Sie haben Angst davor, Geld auszugeben.

Wir beide haben von Anfang an – zumindest zu einem gewissen Teil – auf bezahlten Traffic gesetzt, damit wir sofort Ergebnisse bekommen. Der Mut ist belohnt worden.

Das Problem bei kostenlosem Traffic ist, dass du sehr lange benötigst, bis du Ergebnisse siehst. Aber Zeit ist Geld und du möchtest Geld verdienen.

Überlege dir gut, ob du die Zeit dafür investieren möchtest. Du siehst an diesen Zeilen bereits, dass wir kein Freund von dieser Art Traffic sind, zumindest nicht dann, wenn es darum geht, schnell zu starten und ein neues Business aufzubauen, Daten zu sammeln und die Funnel zu optimieren.

Nehmen wir an, du möchtest einen Blog erstellen und diesen über Suchmaschinenoptimierung bewerben. Das heißt, du musst aufwendige Blogartikel schreiben und diese so optimieren, dass Google sie findet und nach Möglichkeit auf Seite 1 platziert.

Das Problem ist nur, dass dies extrem lange dauern kann und die Konkurrenz nicht schläft. Vielleicht hast du es nach 2 bis 3 Monaten geschafft, die ersten Besucher zu generieren. Das ist eine lange Zeit, in der du keinen Umsatz machst, und wir sprechen hier von den ersten Besuchern. Um die Reichweite dann weiter auszubauen, müssen wir wiederum sehr viel Zeit investieren und können nicht so systematisch skalieren wie bei bezahltem Traffic.

Eine wirklich sinnvolle Strategie ist es, beides zu machen. Mit bezahltem Traffic für schnelle Ergebnisse sorgen und die ersten Gewinne einzunehmen und nebenbei kannst du beginnen, zusätzlich kostenlosen Traffic aufzubauen über z.B. deinen Blog, Social Media Kanäle oder YouTube.

Denn eines ist klar: Wenn du es geschafft hast, bei kostenlosem Traffic über Google oder YouTube regelmäßig Verkäufe zu generieren, dann hast du einen Jackpot. Weil du dann wirklich kostenlosen, natürlichen Traffic generierst, der Tag für Tag, Monat für Monat kommt und für Umsätze sorgt, ohne dass du noch etwas dafür tun musst. Zumindest so lange, bis es gravierende Änderungen an den Algorithmen gibt und du dadurch gegebenenfalls. deine Rankings verlierst.

Kostenlose Trafficstrategien

Schauen wir uns in diesem Zuge ein paar Strategien an:.

- SEO – Suchmaschinenoptimierung mithilfe von Blogartikeln, Backlinkaufbau etc.

- Video-Marketing – Videos erstellen, auf YouTube posten und optimieren
- Social Media Marketing – Über Facebook, Instagram, Twitter, LinkedIn, Xing etc. Follower aufbauen für die direkten Profile, Fanpages oder Gruppen und diese in Kunden konvertieren

Du siehst, es gibt unzählige Möglichkeiten, Kunden über kostenlosen Traffic zu generieren. Du siehst aber auch, dass du regelmäßig tätig sein musst.

Unser Ziel ist es aber, unabhängig und frei zu sein. Nicht regelmäßig zu schreiben und posten zu müssen. Wenn du dies allerdings gerne machst, dann tue es ruhig. Denn schaden kann es auf keinen Fall.

Zusammenfassung

Wir sind nun am Ende des Schritts Tracking und Traffic angekommen. Wenn du dieses Thema beherrscht, steht dir die Welt offen. Du kannst aus dem Nichts jederzeit ein Online Business von überall auf der Welt aufbauen. Du bist frei und unabhängig. Willkommen im Online Marketing.

Schritt 6: Deine Verkaufsoptimierung & Steigerung des Kundenwertes

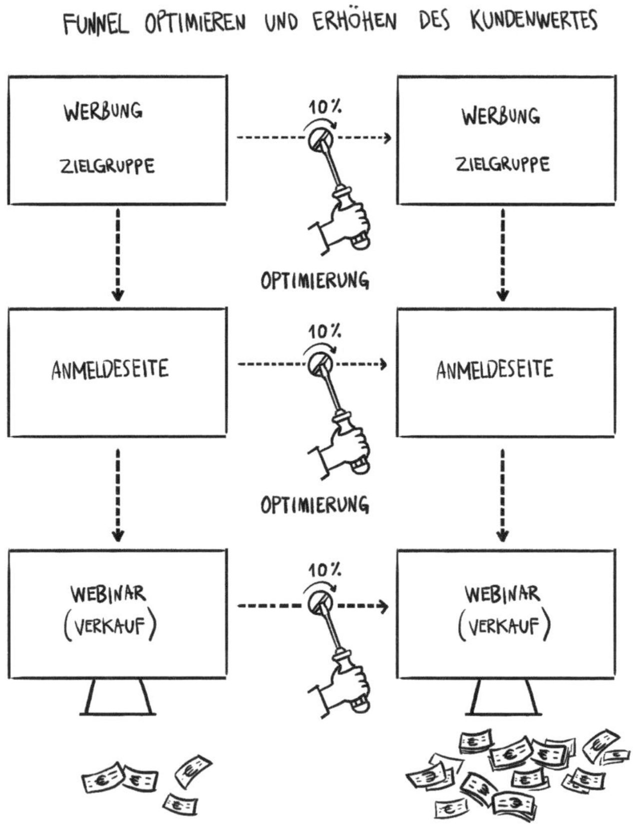

Nachdem du in deinem Online Business schon extrem weit gekommen bist und der Verkauf läuft, wollen wir uns in diesem Schritt anschauen, welche Stellschrauben wir haben, um unser System zu optimieren.

Das große Ziel sollte immer sein: Profitabilität steigern und damit den Gewinn zu erhöhen.

Es gibt zwei große Stellschrauben in unserem System, an denen wir Optimierungen vornehmen können:

1. Der Funnel (von der Werbung bis zum Verkaufen)
2. Der CLV (Customer Lifetime Value)

Funneloptimierung

Das Thema Funneloptimierung haben wir bereits im Vorfeld mit Beispielzahlen angesehen und du hast dadurch die Wichtigkeit verstanden.

Ein Funnel kann gut funktionieren oder weniger gut. Wenn dieser weniger gut läuft, heißt das nicht: Online Marketing funktioniert nicht, sondern wir optimieren systematisch die einzelnen Schritte so lange, bis er profitabel ist.

Wenn du ein Produkt anbietest, dass auf dem Markt eine Nachfrage hat, dann kannst du auch verkaufen. Die Ausrede, es funktioniert bei mir nicht, lassen wir nicht gelten.

Gehen wir nun systematisch Schritt für Schritt unseren Funnel durch und besprechen die Möglichkeiten der Optimierung. In der folgenden Grafik schauen wir uns die schrittweisen Optimierungen von 10% des Ausgangswertes mit seinen Auswirkungen an den verschiedenen Stellen in unserem Webinar-Funnel an:

1	OPTIMIERUNG	0	10%	20%	30%	40%	50%	60%
2	BESUCHER	1.000	1.000	1.000	1.000	1.000	1.000	1.000
3	KLICKPREIS	1,00 €	0,90 €	0,80 €	0,70 €	0,60 €	0,50 €	0,40 €
4	AUSGABEN	1.000€	900 €	800 €	700 €	600 €	500 €	400 €
5	ANMELDERATE	20%	22%	24%	26%	28%	30%	32%
6	LEADS	200	220	240	260	280	300	320
7	TEILNAHMFQUOTE	30%	33%	36%	39%	42%	45%	48%
8	TEILNEHMER	60	73	86	101	118	135	154
9	KAUFQUOTE	5,0%	5,5%	6,0%	6,5%	7,0%	7,5%	8,0%
10	VERKÄUFE	3	4	5	7	8	10	12
11	PRODUKTPREIS	200 €	200 €	200 €	200 €	200 €	200 €	200 €
12	EINNAHMEN	600 €	800 €	1.000 €	1.400 €	1.600 €	2.000 €	2.400 €
13	GEWINN	400 €	100 €	200 €	700 €	1.000 €	1.500 €	2.000 €

In diesem Fall nehmen wir als Grundlage 1.000 Besucher, die in jedem Beispiel auf unsere Webseite kommen, indem sie auf unsere Anzeige geklickt haben, und den Funnel durchlaufen. Dies ist am einfachsten für die Beispiel-Berechnung.

Zeile 1 ist die Optimierung in 10% Schritten vom Ausgangswert, an den Stellen im Funnel, auf die wir direkten Einfluss haben (hier grau markiert).

Zeile 2 ist die Anzahl der Besucher, die wir mittels bezahlter Werbung auf unsere Landing Page holen, in unserem Beispiel immer 1.000 Besucher.

Zeile 3 ist der Klickpreis. Diesen senken wir durch Optimierungen unserer Anzeige oder der Zielgruppe um jeweils 10% vom Ausgangswert.

Zeile 4 sind die Ausgaben, die aus den Besuchern und dem Klickpreis resultieren.

Zeile 5 ist die Anmelderate auf unserer Landing Page. Wir starten mit 20% und optimieren in die Anmelderate in jedem Beispiel um 10%.

Zeile 6 ist die Anzahl der Leads, die wir in jedem Beispiel generieren und die sich aus der Anzahl der Besucher und der Anmelderate ergeben.

Zeile 7 ist die Teilnahmequote, also die Anzahl derjenigen, die sich zum Webinar angemeldet und auch teilgenommen haben.

Zeile 8 ist die Anzahl der Teilnehmer, die an unserem Webinar teilgenommen haben und die aus der Anzahl der Anmeldungen und der Teilnahmequote resultieren.

Zeile 9 ist die Kaufquote in unserem Webinar bezogen auf die Webinarteilnehmer, die wir ebenfalls in unserem Beispiel jeweils um 10% verbessern.

Zeile 10 ist die Anzahl der Verkäufe, die wir im Webinar generieren und die aus der Anzahl der Teilnehmer und der Kaufquote resultieren.

Zeile 11 ist unser Produktpreis.

Zeile 12 sind unsere Einnahmen, die aus dem Produktpreis und der Anzahl der Verkäufe resultieren.

Zeile 13 ist unser Gewinn, der sich aus unseren Einnahmen minus unseren Ausgaben ergibt.

Die grau hinterlegten Zeilen sind die Stellen in unserem Funnel, die wir selbst durch Optimierungen beeinflussen können. Die restlichen Zeilen beginnend mit den Ausgaben sind resultierende Zahlen aus den anderen Daten.

Also die folgenden 4 Stellen:

1. Anzeige (daraus resultierend der Klickpreis)
2. Anmelderate auf unserer Landing Page
3. Teilnahmequote an unserem Webinar
4. Kaufquote in unserem Webinar

Wir können also an unserer Anzeige oder Zielgruppe arbeiten, um die Klickpreise zu senken.

Wir können unsere Webinaranmeldeseite optimieren, um die Anmelderate zu erhöhen.

Wir können Optimierungen an den Webinareinstellungen und E-Mail-Erinnerungen vornehmen, um die Teilnahmequote zu erhöhen.

Und wir können unser Webinar optimieren, um die Kaufquote zu erhöhen.

Wenn du dir die Tabelle mit den Beispiel-Rechnungen ansiehst, dann erkennst du, dass unser Funnel zu Beginn nicht profitabel ist. Dies kann zunächst ein negatives Gefühl bei dir auslösen. Aber genau jetzt beginnt unsere Arbeit erst.

Das Interessante ist, dass wir keine Berge versetzen müssen, sondern dass bereits kleine Änderungen dafür sorgen, dass wir Schritt für Schritt nicht nur ins Plus rutschen, sondern am Ende der Optimierung sogar hochprofitabel sind.

Wenn du für dich erkannt hast, wie wichtig dieser Schritt für dein Business ist, kannst du durchstarten.

Du siehst anhand der Beispiele in der Tabelle, dass bereits wenige Optimierungen von 10% an verschiedenen Stellen im Funnel ausreichen, um aus einem Verlust von 400 Euro zu Beginn einen Gewinn von 2.000 Euro zum Schluss zu generieren. Das sind 500% Steigerung.

Und das ist genau der Punkt. Bevor du Geld anlegst oder in Aktien oder Sonstiges investierst, mit vielleicht 10% oder 20% Gewinn, investiere dein Geld in dein Business und mache daraus 100% Gewinn oder mehr. Es ist eine völlig neue Denkweise.

Die einzelnen Optimierungsschritte

Deine Besucher – Dein bezahlter Traffic

Wenn du Besucher für deinen Funnel einkaufst, hast du generell bei den Werbenetzwerken zwei oder drei Hauptstellschrauben, an denen du drehen kannst:

1. Die Anzeige (CTR und Conversion)
2. Die Zielgruppe
3. Der CPC (wenn du diesen definieren kannst)

Optimierung deiner Werbeanzeige

Wenn du mit bezahltem Traffic startest und deine ersten Werbeanzeigen schaltest, dann tue dies nicht mit einer einzigen Anzeige, sondern teste gleich mehrere Dinge gleichzeitig. Du weißt am Anfang nicht, welches Bild deine Nutzer am besten anspricht, welche Headline zieht oder welcher Beschreibungstext funktioniert.

Aus diesem Grund gehe folgendermaßen vor.

Wir konzentrieren uns auf drei wesentliche Merkmale in deinen Werbeanzeigen. Somit bist du für jedes Netzwerk gerüstet.

Wir testen:

- 3 x Bilder / Video
- 3 x Headline
- 3 x Beschreibungstext

Diese Dinge bereitest du vor. Deine Anzeigen sehen nun wie folgt aus:

- Bild 1 - Headline 1 - Beschreibungstext 1
- Bild 2 - Headline 2 - Beschreibungstext 2
- Bild 3 - Headline 3 - Beschreibungstext 3

Das heißt, du startest am Anfang mit drei Werbeanzeigen pro Zielgruppe.

Beispiel: Du hast eine Lookalike Audience mit 1% aus deinen Webseitenbesuchern erstellt. Für diese Zielgruppe schaltest du nun 3 Werbeanzeigen, die parallel gegeneinander laufen und getestet werden. Lasse den Test laufen, bis du signifikante Ergebnisse hast.

Aus diesen 3 Werbeanzeigen wird sich ein Gewinner herauskristallisieren.

Nehmen wir an, die Kombination Bild 1 - Headline 1 - Beschreibungstext 1 hat gewonnen. Wir wissen nicht, was an der Werbeanzeige 1 den Ausschlag für den Gewinn gegeben hat. War es das Bild, die Headline oder der Beschreibungstext? Dies wollen wir im Folgenden ermitteln, indem wir dies schrittweise testen.

Du schaltest die Verliereranzeigen ab und erstellst zwei neu Anzeigen- Kombinationen.

- Bild 1 - Headline 2 - Beschreibungstext 1
- Bild 1 - Headline 3 - Beschreibungstext 1

Die Gewinneranzeige geht nun mit den zwei neuen Headlines ins Rennen.

Ermittle nun die beste Headline. Nehmen wir an, Headline 2 ist der Gewinner. Nun erstellen wir folgende Kombination:

- Bild 1 - Headline 2 - Beschreibungstext 1
- Bild 1 - Headline 2 - Beschreibungstext 2
- Bild 1 - Headline 2 - Beschreibungstext 3

Wir ermitteln den Gewinner und erhalten Beschreibungstext 3.

Da das Bild in der Regel den größten Einfluss auf die Werbung hat, sind wir im ersten Schritt davon ausgegangen, dass Bild 1 auch wirklich der Sieger ist. Um dies allerdings auch wirklich zu wissen, testen wir die Gewinnerkombination aus Headline 2 und Beschreibungstext 3 mit allen 3 Bildern.

So ergibt sich die Kombination:

- Bild 1 - Headline 2 - Beschreibungstext 3
- Bild 2 - Headline 2 - Beschreibungstext 3
- Bild 3 - Headline 2 - Beschreibungstext 3

Nun haben wir das Ergebnis für die perfekte Werbeanzeige.

Nach einer gewissen Zeit nutzen sich Anzeigen ab. Das heißt, du musst eine Auffrischung machen. Teste immer wieder neue Bilder, neue Headlines und auch Beschreibungstexte. Teste auch Video-Anzeigen gegen Anzeigen mit Bild.

Bei Werbenetzwerken ohne Bild, wie Google Search Ads, musst du dich rein auf die Textoptimierung konzentrieren und solltest versuchen, hierbei so spezifisch wie möglich vorzugehen, sodass du z.B. das gesuchte Keyword auch wieder in der Anzeige aufnimmst.

Wenn du nach dieser Methode vorgehst, bekommst du sehr schnell deine Gewinner-Anzeigen ermittelt und deine Performance wird steigen.

Optimierung deiner Zielgruppe

Eine weitere Möglichkeit, deine Werbung profitabler zu gestalten, ist das Testen von verschiedenen Zielgruppen. Gerade bei Facebook hast du zahlreiche Möglichkeiten.

Wenn du für eine bestimmte Zielgruppe eine Gewinneranzeige ermittelt hast, dann kann diese für andere Zielgruppen genauso funktionieren, muss sie aber nicht zwangsläufig.

Schauen wir uns an, welche Arten von Zielgruppen du z.B. bei Facebook nutzen kannst, die wir zuvor bereits genannt haben: Lookalike Audiences aus den verschiedensten Stufen in deinem Funnel (der Einfachheit kürzen wir Lookalike Audience mit LAL ab).

- LAL1% der Landing Page Besucher
- LAL1% der Werbinaranmelder
- LAL1% der Webinarteilnehmer
- LAL1% der Käufer

Von diesen LALs kannst du nun die weiteren qualitativ etwas Schlechteren testen:

- LAL1 bis 2%
- LAL2 bis 3%
- LAL3 bis 4%
- LAL4 bis 5%
- LAL5 bis 10%

Und das wiederum pro Gruppe, also Landing Page Besucher, Webinaranmelder, Webinarteilnehmer und Käufer. Daraus entstehen dann insgesamt 20 verschiedene Zielgruppen, die du testen kannst.

Teste verschiedene Zielgruppen nach Interessen, zum Beispiel Unternehmer, Selbständige, Kleinunternehmer, Marketing,

Digitales Marketing oder Online Werbung. Auch hier kannst du recherchieren und kombinieren. Manchmal findest du unter den Interessen wahre Goldgruben für deine Kampagne. Teste Zielgruppe für Zielgruppe und skaliere die Gewinner.

Ein genereller Hinweis: Schalte nicht alle Zielgruppen ab, die nicht zu den Gewinnern gehören, sondern schaue immer auf die Profitabilität. Wenn eine Zielgruppe profitabel ist und du zufrieden bist, lasse diese laufen. Wir brauchen gerade bei Facebook die große Anzahl von Zielgruppen und bei Google z.B. viele Keywords zum späteren Skalieren, da wir für die einzelnen Zielgruppen das Budget nur begrenzt skalieren können.

Optimierung des CPC

Generell hat der CPC natürlich einen immensen Einfluss auf die Profitabilität unserer Kampagnen, auch wenn wir auf diesen zu Beginn nicht das höchste Augenmerk legen sollten, da targetiertere Zielgruppen einen höheren CPC erfordern, aber gerade durch die Targetierung profitabel sein können.

Nichtsdestotrotz können wir natürlich auch den CPC optimieren und dadurch die Kampagne profitabler gestalten.

Bei einigen Plattformen und Kampagnen-Arten hast du die Möglichkeit, den CPC selbst festzulegen und zu entscheiden, ob du bereit bist, 10, 20 oder sogar 50 Cent pro Klick zu bezahlen. Natürlich könnte man nun davon ausgehen, dass ein geringerer Klick-Preis auch zu einer größeren Gewinnspanne führt, was teilweise auch stimmt.

Was man aber bedenken muss, ist dass zum Beispiel einige Publisher – und gerade die Bekannteren – gewisse Preise für die Impressionen auf ihren Seiten verlangen und die Anzeige somit bei einem sehr geringen CPC auf diesen Seiten teilweise gar nicht ausgeliefert wird. Somit erhält man eventuell sehr hochwertigen Traffic gar nicht und damit auch nicht die entsprechende Skalierung.

Zusätzlich sollte man wissen, dass der CPC immer in direkter Verbindung mit der CTR der Anzeige steht, denn aus diesen beiden Faktoren berechnen sich die Einnahmen für das Werbenetzwerk, wenn es deine Anzeigen einblendet.

Wenn du einen hohen CPC einstellst, deine CTR aber bei 0,00% liegt, dann kann das Werbenetzwerk noch so oft deine Anzeige einblenden, es wird nichts verdienen. Deshalb wird das Werbenetzwerk dann lieber Anzeigen von anderen Werbetreibenden ausliefern.

Umso höher dein CPC und deine CTR sind, desto mehr Impressionen und Traffic wirst du durch ein Werbenetzwerk in der Kampagne bekommen und umso höher kannst du diese skalieren.

Sobald dein Kundenwert hoch genug und dein Funnel soweit optimiert ist, dass der Faktor aus dem CPC (den du aufgrund deiner hohen Gewinnspanne bereit bist zu zahlen) und der CTR den sich daraus ergebenden Faktor der anderen Werbetreibenden übersteigt, kannst du massive Trafficströme auf deinen Funnel leiten.

Optimierung und Testen verschiedener Werbenetzwerke

Gleich zu Beginn diverse Werbenetzwerke zu testen raten wir dir nicht unbedingt, wenn du gerade am Anfang stehst und noch nicht über viel Erfahrung verfügst. Grundsätzlich starte zunächst mit einem Netzwerk wie Facebook oder Google und wenn du dort profitabel bist und weißt, wie du vorzugehen hast, nimm weitere Werbenetzwerke hinzu.

Wenn du startest, wirst du ohnehin von vielen Informationen überschüttet. Demnach solltest du dich auf eine Sache konzentrieren. Im fortgeschrittenen Stadium macht es aber durchaus Sinn, deine Werbung auf mehrere Netzwerke zu verteilen und diese zu testen.

Somit ist in der Regel gewährleistet, dass ein Werbesystem für dich und dein Produkt funktionieren wird. Wenn du Glück hast, funktionieren mehrere Netzwerke für dich, und das ist der Idealfall.

Zusammenfassung:

Wir haben uns nun das Testen und Optimieren deines Traffics angesehen. Die Anzahl der Stellschrauben ist enorm und somit kannst du dein System an dieser Stelle perfekt auf dein Business anpassen.

Wir schauen uns nun am Beispiel eines Webinar-Funnels an, wie du die einzelnen Elemente eines Funnels weiter optimieren kannst:

Optimierung deiner Landing Page – Webinaranmeldeseite

Ein extrem wichtiger Faktor beim Optimieren deiner Landing Page ist die Symbiose mit deiner Werbeansprache in deinen Werbeanzeigen. Alle Elemente müssen also konsistent sein.

Das heißt: Das, was du in deinen Werbeanzeigen kommunizierst, sollte der Nutzer dann auch auf der Landing Page wiederfinden. Hier werden bereits viele Fehler gemacht.

Wenn du in der Werbeanzeige schreibst: „7 Tipps für einen schlanken Bauch", wäre es kontraproduktiv, eine Headline auf deiner Landing Page zu verwenden, die lautet: „So hältst du dich sportlich fit."

Du musst die Headline nicht eins zu eins reproduzieren, aber der Besucher muss einen gewissen Wiedererkennungseffekt haben.

Zum Start empfehlen wir dir, einen Splittest durchzuführen zwischen zwei vollkommen verschiedenen Designs. Ein Splittest bedeutet, dass ein System dafür sorgt, dass deine zwei Seiten deinen Besucher immer im Wechsel angezeigt und die Abschlüsse gemessen werden.

Das heißt:

- Besucher 1 sieht Webseite 1
- Besucher 2 sieht Webseite 2
- Besucher 3 sieht Webseite 1
- Besucher 4 sieht Webseite 2

Nach einer gewissen Zeit liegen signifikante Ergebnisse vor und du hast einen Sieger.

Im zweiten Schritt testest du die Headlines gegeneinander. Das heißt, du nimmst dein Gewinnerdesign und machst einen Splittest mit zwei Headlines.

Teste nun weitere Elemente auf der Webseite:

- Die Benefits (die Aufzählungen der Vorteile)
- mit Bild und oder Video

Optimiere nun Schritt für Schritt deine Landing Page so lange, bis du Ergebnisse hast, mit denen du zufrieden bist. Tools zum Splittesten findest du auf der Seite mit unseren Empfehlungen: digitaleseinkommen.de/tools-und-empfehlungen

Optimieren deines Teilnahmeprozesses – Wie viele der Angemeldeten nehmen auch wirklich teil

Bei diesem Prozess musst du auf jeden Fall die Technik kontrollieren, sollten die Zahlen dort zu schlecht sein.

Folgende Dinge müssen funktionieren:

- Bekommt der Interessent auf der Bestätigungsseite alle relevanten Daten für das Webinar? Den Anmeldelink, die Uhrzeit, das Datum?
- Bekommt er sofort eine Bestätigungs-E-Mail mit allen relevanten Daten zugeschickt?
- Bekommt er 24 Stunden, 3 Stunden, 1 Stunde und 15 Minuten vor Webinarstart eine Erinnerungsmail mit

allen relevanten Daten zugeschickt?

Wenn dies alles gewährleistet ist, dann kannst du deine Teilnahmequote mit folgenden Maßnahmen erhöhen:

- Arbeite mit einem Video auf der Bestätigungsseite, in dem du nochmals die Wichtigkeit der Teilnahme vermittelst.
- Gib dort Anweisungen, wie man teilnehmen soll, zum Beispiel am Rechner und nicht mit dem Smartphone.
- Weise darauf hin, den Termin in den Kalender einzutragen.
- Schenke jedem Teilnehmer, der bis zum Ende bleibt, einen wertvollen Ratgeber oder etwas, was ihn animiert, dabei zu sein.
- Gib den Interessenten die Möglichkeit, sich noch einmal anzumelden, wenn sie beim Termin nicht dabei waren. Viele haben den Termin einfach verpasst und sind froh, eine neue Möglichkeit zu haben.

Diese Maßnahmen helfen dir auf jeden Fall, deine Teilnahmequote zu erhöhen.

Optimiere deinen Verkaufsprozess

Der Verkaufsprozess beinhaltet nicht nur das Webinar selbst, sondern den gesamten Prozess, der ab Beginn des Webinars in Gang gesetzt wird und dafür sorgen soll, dass der Interessent kauft.

Wie du dein perfektes Webinar aufbaust, hast du bereits in

Schritt 4 erfahren. Halte dich bitte an die Vorgaben, dann ist von vornherein gewährleistet, dass du gute Ergebnisse erzielst.

Schauen wir uns im Einzelnen die Optimierungsschritte ab Webinarbeginn an.

- Gestalte den Beginn des Webinars interessant, damit die Teilnehmer nicht sofort abspringen.
- Arbeite im Pitch (der Verkaufsprozess am Ende des Webinars) mit dem Verkaufselement Verknappung. Dies ist extrem wichtig. Für die Verknappung hast du zwei Möglichkeiten:
  - zeitliche Verknappung (nur heute)
  - zahlenmäßige Verknappung (nur 10 Plätze, nur 50 Lizenzen etc.)

- Versende nach Webinarende eine E-Mail an die Teilnehmer, die das Angebot gesehen haben, und bedanke dich für die Teilnahme. Fasse die wichtigsten Punkte des Webinars zusammen. Gehe auf das Angebot und die Verknappung ein. Baue unbedingt einen Link zum Angebot ein.
- Arbeite mit einer starken Verkaufsseite. Diese sollte beinhalten:
  - Webinaraufzeichnung zum Anschauen des Webinars und wichtige Informationen für den Teilnehmer (dies erst ab einem Tag nach dem Webinartermin)
  - Auflistung der Vorteile für den Interessenten
  - Evtl. Demovideo des Produktes

  - Testimonials von zufriedenen Kunden

- Arbeite 2 bis 3 Tage nach dem Webinar mit einem E-Mail-Marketing-Verknappungsprozess:
  - Gehe auf die Vorteile deines Produktes ein.
  - Erzähle erfolgreiche Kundenstorys, die mit deinem Produkt gearbeitet haben.
  - Arbeite mit einem Countdowntimer auf deinen Verkaufsseiten (hier gibt es Software, die für jeden Teilnehmer individuelle Countdowns einblendet in Abhängigkeit von der zeitlichen Teilnahme eines Interessenten).

- Teste deine Preise. Es kann durchaus sein, dass du preislich daneben liegst und dass ein anderer Preis einen wesentlich höheren ROI liefert.
- Biete Ratenzahlungsmöglichkeiten an. Diese Möglichkeit ist sehr mächtig, um Kunden zu gewinnen, die sich den Betrag nicht auf einmal leisten können. Allerdings solltest du in diesem Fall den Einmalzahlungsbetrag sehr lukrativ gestalten, dass der Anreiz groß genug ist, um höhere Direktprofite zu gewährleisten. Zum Beispiel:
  - Einmalzahlung: 399 Euro
  - Ratenzahlung: 5 x 99 Euro

Wenn du diese Prozesse umsetzt, wird sich deine Verkaufsquote markant erhöhen.

Erhöhung des Kundenwertes

Ein sehr entscheidender Faktor, dein Business profitabel zu gestalten, ist die Erhöhung des Kundenwertes (CLV = Customer Lifetime Value).

Du erinnerst dich an die Story von Oliver, der 2 Monate nach Verkaufsstart seines Videokurs Future Sale feststellte, dass es sich nicht mehr lohnte? Er musste handeln und seinen Kundenwert erhöhen, damit er sein Business überhaupt weiter betreiben konnte.

Dieser Schritt ist nicht nur wichtig, sondern entscheidend, damit du dein Business überhaupt betreiben kannst.

Wenn du einen Kundenwert von 50 Euro hast und du pro Neukunde 50 Euro zahlst, dann betreibst du ein Nullsummengeschäft. Folglich wirst du stoppen und vielleicht aufgeben.

Liegt dein Kundenwert allerdings bei 100 Euro und du zahlst 50 Euro pro Neukunde, so hast du einen Gewinn von 100%, was extrem gut ist. Mit diesen Werten bist du nämlich in der Lage zu skalieren.

Von daher sollte die Steigerung deines Kundenwertes in deinem Business einen enorm wichtigen Platz einnehmen.

Es gibt drei Möglichkeiten, um deinen Kundenwert zu erhöhen:

1. Erhöhung des Preises des Hauptproduktes
2. Erhöhung durch den Verkauf weiterer Produkte direkt nach dem Verkauf des Hauptproduktes (Upsell-Prozess)
3. Erhöhung durch den Verkauf im Backend durch E-Mail-Marketing

Schauen wir uns die drei Möglichkeiten genauer an.

Erhöhung des Preises des Hauptproduktes

Diese Möglichkeit solltest du in deinem Prozess als erstes testen. Oft handeln die meisten hier nach Gefühl und können sich nicht vorstellen, für ihr Produkt einen höheren Betrag anzusetzen.

Generell gilt im Online Marketing das Gesetz: *Der Markt entscheidet.*

Nimm dir dies bitte als sehr wichtiges Learning zu Herzen. Entscheide niemals aus dem Bauch, sondern der Markt wird dir schwarz auf weiß zeigen, was funktioniert und was nicht. Wir können einfach nicht wissen, wie viel die Kunden für unser Produkt letztendlich ausgeben.

Nehmen wir zwei Beispiele:

Beispiel 1: Du verkaufst mit einem Video Sales Letter einen Videokurs. Was wird ein Kunde ausgeben:

1. 29 Euro?
2. 49 Euro?
3. 69 Euro?

Diese Preise hatte Oliver mit seinem Videokurs Future Sale getestet. Nachdem er die ersten beiden Jahre diesen Kurs für 29 Euro verkauft hatte, hat er nach Anraten von René endlich einen Preistest durchgeführt. Und siehe da, 69 Euro war der absolute Gewinner.

Das eigentlich Schlimme an dieser Erkenntnis war jedoch die, dass Oliver sich 2 Jahre lang riesige Gewinne hat entgehen lassen, weil er einfach sein Produkt viel zu günstig angeboten bzw. den Preis nicht getestet hat.

Deswegen solltest du den Preistest am Anfang machen, damit dir nicht das Gleiche passiert. Einen solchen Preistest kannst du ganz einfach über einen Splittest machen. Dies hatten wir bereits erklärt.

Das heißt, im Grunde genommen: Du legst drei verschiedene Landing Pages an mit den verschiedenen Preisen. Du schickst nun Besucher in den Splittest und nach einer gewissen Zeit liegen dir signifikante Ergebnisse vor, mit denen du weiterarbeiten kannst.

Doch teste nicht nur die Preise deines Hauptproduktes, sondern all deiner Produkte, die du im Anschluss verkaufst. Sei es im direkten Upsell-Prozess, was wir uns gleich ansehen, oder im Backend über E-Mail-Marketing.

Auch hier das Beispiel von Oliver, was das Ganze noch einmal extrem widerspiegelt. Olivers erster Verkaufsprozess sah folgendermaßen aus:

- Produkt 1: Videokurs Future Sale 29 Euro
- Produkt 2: Facebook Neukunden Generator 49 Euro
- Produkt 3: Gold Membership 5 Euro im ersten Monat, danach monatlich 47 Euro

Nach den Preistests sah der Prozess so aus:

- Produkt 1: Videokurs Future Sale 69 Euro
- Produkt 2: Facebook Neukunden Generator 247 Euro
- Produkt 3: Von 0 auf 5-stellig in 9 Monaten 347 Euro
- Produkt 4: Gold Membership 5 Euro im ersten Monat, danach monatlich 47 Euro

Das wohl Markanteste war die Preiserhöhung des zweiten Produktes Facebook Neukunden Generator von 49 Euro auf 247 Euro. Wenn du glaubst, dass die Kaufquote bei der Verfünffachung des Preises in den Keller gegangen ist, so war das nicht der Fall. Diese ist gerade einmal von 30% bei dem Preis von 49 Euro auf 25% bei einem Preis von 247 Euro gesunken.

Dieser Preistest hat dazu geführt, dass der Kundenwert von 50 Euro auf 150 Euro nach oben geschossen ist. Anhand dieses Beispiels siehst du abermals, welche Möglichkeiten du allein im Bereich Preistest hast.

Erhöhung des Kundenwertes durch den Verkauf weiterer Produkte direkt nach dem Verkauf des Hauptproduktes (Upsell-Prozess)

Eine weitere hocheffektive Marketingwaffe, um den Kundenwert zu erhöhen, ist der sogenannte Upsellprozess.

Das bedeutet im Detail: Du bietest direkt nach dem Kauf deinem Kunden weitere Produkte an, die eine Ergänzung zum ersten Produkt darstellen. Warum ist diese Art des Verkaufens so lukrativ und effektiv?

Es gibt keinen besseren Zeitpunkt, deinem Kunden ein weiteres Produkt anzubieten als zu dem Zeitpunkt, an dem er gerade seinen Geldbeutel geöffnet und dir seine Zahlungsdaten gegeben hat.

Du hast in diesem Moment die größte Hürde im Marketing überwunden, nämlich das Vertrauen des Kunden gewonnen. Alleine das musst du feiern. Einen neuen Kunden zu gewinnen, ist im Verkaufsprozess die größte Herausforderung.

Aus diesem Grund ist genau jetzt die beste Möglichkeit, um diesem weitere Produkte anzubieten.

Oftmals bringen uns unsere Kunden Einwände und sagen: Das ist doch nicht seriös, wenn man gleich ein zweites Produkt verkauft. Wir sagen da nur: Es ist fahrlässig, kein weiteres Produkt anzubieten. Der Kunde wird schließlich nicht erpresst, das weitere Produkt zu kaufen, sondern kann frei entscheiden, ob er diesen Schritt geht oder nicht. Von daher nutze unbedingt dieses Marketinginstrument für dich, denn es wird deinen Kundenwert nach oben schrauben.

Die Bezahlanbieter haben mittlerweile hervorragende Tools erschaffen, die diesen Prozess noch einfacher für den Kunden gestalten und vor allem deine Verkaufsquote erhöhen.

Der One-Click-Upsell

Dieser Prozess ist einfach nur genial, weil er eine erneute Eingabe der Zahlungsdaten zum Kaufen des weiteren Produktes nicht benötigt.

Nach dem Kauf bekommt der Kunde ein weiteres Produkt angeboten, das ihm zum Beispiel in einem Video angeboten wird. Wenn er kaufen möchte, muss er einfach nur auf den Button klicken und der Kauf des zweiten Produktes wird automatisch dem ersten Kauf hinzugefügt. Einfacher geht es nicht und die Conversion Rate wird deutlich erhöht.

Der Upsell-Prozess

Schauen wir uns exemplarisch den Aufbau eines Upsell-Prozesses an.

Dein Kunde entscheidet sich, dein Produkt A zu kaufen. Dazu gibt er im Bestellformular seine Zahlungsdaten an und klickt auf „Jetzt kaufen". Direkt nach dem Klicken öffnet sich eine Landing Page, die aus einer Headline und einem Video besteht.

Der Text in der Headline lautet: „Vielen Dank für deinen Kauf.

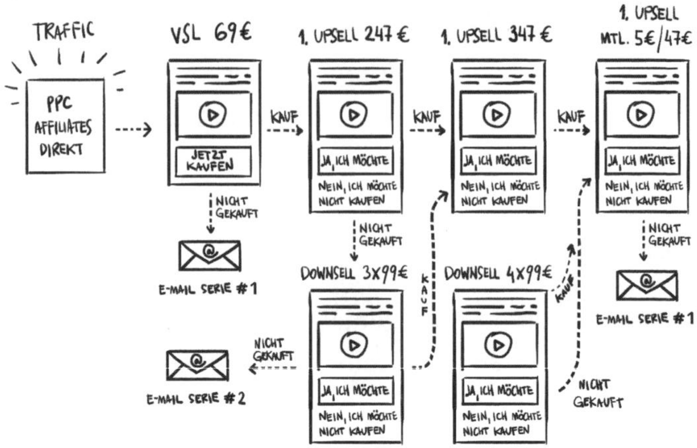

Dein Bestellprozess ist noch nicht abgeschlossen, schaue dir bitte dieses wichtige Video an."

Der Kunde klickt auf das Video. Dieses startet und kann nicht gespult werden. Ebenso ist kein Button auf der Landing Page zu sehen. Im Video könnte folgender Text gesprochen werden:

„Vielen Dank für deinen Kauf, du hast die absolut richtige Entscheidung getroffen. Ich habe eine Überraschung für dich. Schaue dir bitte dieses kurze Video an. …"

Hier musst du einen kurzen Video Sales Letter erstellen, der verkaufspsychologisch aufgebaut ist. Die Elemente haben wir in Schritt 4 besprochen. Dieser ist wesentlich kürzer als das eigentliche Verkaufsvideo oder Webinar und dauert normalerweise zwischen 3 und 10 Minuten.

Allein daran siehst du, wie wichtig es ist, den ersten Verkauf zu generieren, selbst wenn das zweite Produkt teurer ist.

Du machst im Video nach einer gewissen Zeit das Angebot deines zweiten Produktes. Zu diesem Zeitpunkt wird der Button zum Klicken eingeblendet. Dies ist extrem wichtig, da der Kunde nicht sofort sehen soll, dass ihm ein weiteres Produkt angeboten wird.

Gleichzeitig hat er unter dem Button die Möglichkeit, auf einen Link zu klicken und sich gegen das Angebot zu entscheiden. Der Wortlaut ist folgender:

„Nein, danke. Ich werde das einmalige Angebot nicht annehmen."

Dieser Link hat den Zweck, den Kunden auf ein sogenanntes Downsell-Produkt zu führen, indem er zum Beispiel das 2. Produkt mit Ratenzahlung angeboten bekommt.

Er hat auf der Upsell-Seite demnach 2 Möglichkeiten:

1. Er kauft das zweite Produkt und wird gegebenenfalls zum nächsten Produkt weitergeleitet
2. Er kauft nicht und wird zur Ratenzahlung weitergeleitet.

Diese Upsell- und Downsell-Prozesse kann man extrem ausreizen. Du musst für dich entscheiden, wie weit du mit deinen Produktverkäufen gehst, natürlich abhängig davon, wie viele passende Produkte dir zur Verfügung stehen bzw. du bereits erstellt hast.

Wenn du ein Abosystem anbieten möchtest, so bietet sich die Integration in einen Upsellprozess sehr gut an, bei dem du deinen Kunden einen kostenlosen Testzeitraum anbietest und es somit ohne sofort entstehende Kosten der Bestellung hinzugefügt werden kann.

Schauen wir uns eine Grafik dazu an:

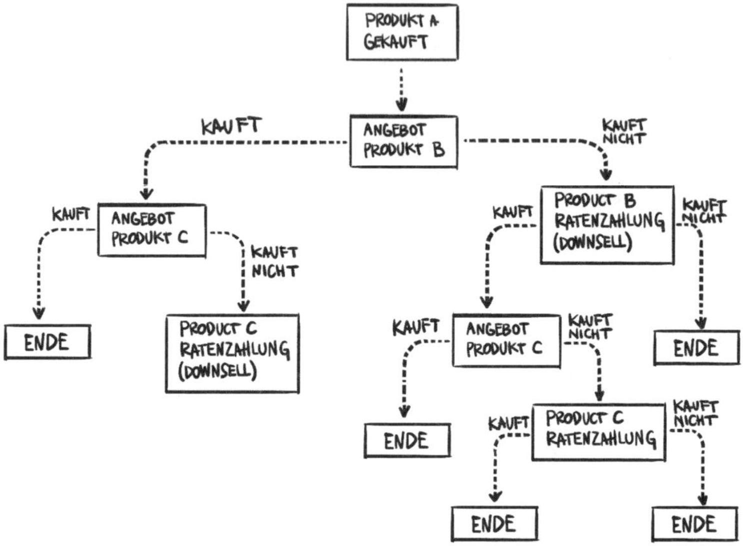

Diese Prozesse werden übrigens vom Bezahlanbieter gesteuert und dort eingerichtet, so dass auch du es relativ leicht umsetzen kannst.

Preisstrategien

Kunden fragen uns häufig, welche Preise sie in solch einem Upsellprozess ansetzen können. Hier einige Beispiele zu deiner Orientierung:

Beispiel: Video Sales Letter (bewährte Preisstrategien)

- Hauptprodukt: 49 bis 79 Euro
- 1. Upsellprodukt: 99 bis 250 Euro
- 1. Downsellprodukt: 3 oder 4 Raten zu 60 bis 99 Euro
- 2. Upsellprodukt: 49 bis 350 Euro
- 2. Downsellprodukt: 3 oder 4 Raten zu 60 bis 99 Euro
- 3. Upsellprodukt: Abo mit 1 Euro im ersten Monat oder kostenlosem Test und danach 10 bis 99 Euro

Beispiel: Webinarstrategie (Variante 1)

- Hauptprodukt: 399 Euro
- 1. Upsellprodukt: 299 Euro
- 1. Downsellprodukt: 4 Raten zu 89 Euro
- 2. Upsellprodukt: 199 Euro
- 2. Downsellprodukt: 4 Raten zu 59 Euro

Beispiel: Webinarstrategie (Variante 2)

- Hauptprodukt: 399 Euro
- 1. Upsellprodukt: 99 Euro
- 2. Upsellprodukt: 199 Euro

Beispiel: Webinarstrategie (Variante 3)

- Hauptprodukt: 299 Euro
- 1. Upsellprodukt: 199 Euro
- 1. Downsellprodukt: 4 Raten zu 59 Euro
- 2. Upsellprodukt: 199 Euro
- 2. Downsellprodukt: 4 Raten zu 59 Euro

Weitere Upsell-Möglichkeiten

Solltest du ein physisches Produkt verkaufen, wie zum Beispiel Nahrungsergänzungsmittel, so kannst du als Upsell beispielsweise das gleiche Produkt im 5er-Pack oder ähnlichen Stückzahlen zu einem absoluten Sparangebot anbieten.

Biete Produkte an, die zu deinem Produkt passen. Auf Amazon findest du sehr schöne Beispiele. Du kennst sicherlich den Satz: „Kunden, die dieses Produkt gekauft haben, kauften auch folgende Produkte."

Biete dein Produkt nach dem Verkauf als Abomodell an, indem du in regelmäßigen Abständen das Produkt zuschickst. Dies macht vor allem dann Sinn, wenn es sich um Verbrauchsartikel handelt, wie zum Beispiel Nahrungsergänzungsmittel.

Der Cross-Upsell

Wenn du für einen Upsellprozess nicht genügend Produkte hast, dann suche dir Partner, die über solche Produkte verfügen und biete diese an. Wir sprechen hier vom sogenannten Cross-Upsell. Auch dieses lässt sich über die genannten Bezahlanbieter abwickeln und du hast damit die Chance, deine Umsätze noch einmal deutlich zu vervielfachen.

Zusammenfassung

Der Upsell-Prozess ist hervorragend geeignet, um den Kundenwert zu erhöhen. Gerade, wenn du mit einem niedrigpreisigen Produkt in den Markt einsteigen willst, bietet sich dieses

Modell hervorragend an.

Erhöhung des Kundenwertes durch den Verkauf im Backend mit E-Mail-Marketing

Bevor wir zur Beschreibung dieser Methode kommen, klären wir zunächst die Begriffe.

Backend:

Dies bedeutet, das der Interessent in deinem E-Mail-Marketing-System gespeichert ist. Er ist deinen Frontend-Funnel durchlaufen, den du zur direkten Refinanzierung und zum Aufbau des ersten Gewinnes nutzt. Entweder hat er dir seine E-Mail-Adresse gegeben, weil er sich für ein Webinar angemeldet hat, er hat sich von dir etwas Kostenfreies heruntergeladen oder er ist bereits dein Kunde.

Das heißt, er kann von dir per E-Mail in Zukunft angeschrieben werden. Somit haben wir alle Möglichkeiten, diesem Kontakt in der Zukunft Produkte von uns anzubieten.

Backend bezeichnet demnach alle Marketing-Maßnahmen, die wir mit diesen bereits bestehenden Leads durchführen, um unseren Kundenwert nach dem Durchlaufen der Frontend-Kampagnen zu erhöhen und damit unsere Gewinne weiter auszubauen.

E-Mail-Marketing

E-Mail-Marketing ist nach wie vor eine der profitabelsten

Möglichkeiten, um auf Knopfdruck Umsatz zu generieren.

Je mehr Kontakte du in deiner E-Mail-Liste hast, desto mehr Umsatz kannst du generieren. Natürlich kommt es auch auf die Qualität deiner Liste an. Aber im Grunde genommen ist es eine Lizenz zum Geldverdienen. Und der große Vorteil im Gegensatz zum Verkaufen mit bezahltem Traffic ist, dass du mit E-Mails nahezu keine Ausgaben produzierst, wenn du Einnahmen generieren möchtest.

Es ist also ein wirklicher Wert in deinem Business, welcher dir eine große Sicherheit bietet und mit dem du konstant und regelmäßig Umsätze generieren kannst. Allerdings musst du am Anfang eine solche E-Mail-Liste aufbauen. Und das funktioniert am besten mit bezahltem Traffic.

Es gibt 2 Arten von E-Mail-Marketing:

1. das Versenden eines Newsletters
2. das Versenden mittels Automation

Der Newsletter

Beim Newsletter handelt es sich um das einmalige Versenden einer E-Mail an ausgewählte Kontakte in deinem System. Dies können natürlich alle Kontakte sein oder nur ein bestimmter Teil davon.

Du erstellst eine E-Mail, wählst deine Kontaktliste aus und wählst den Zeitpunkt des Versendens. Ein Terminieren von mehreren aufeinanderfolgenden E-Mails ist problemlos möglich.

Der Newsletter wird hauptsächlich für die Bewerbung von aktuellen Werbemaßnahmen verwendet. So kannst du zum Beispiel als Affiliate das Produkt eines anderen bewerben, wenn dieser gerade eine aktuelle Aktion macht, ein neues Produkt veröffentlicht oder Ähnliches.

Oder aber du möchtest ein neues Produkt von dir in den Markt einführen. In einer Zeitspanne von zum Beispiel 14 Tagen läuft deine Produkteinführung. In dieser Zeit verschickst du fast täglich E-Mails, die deine Marketingmaßnahmen begleiten.

Die Automation

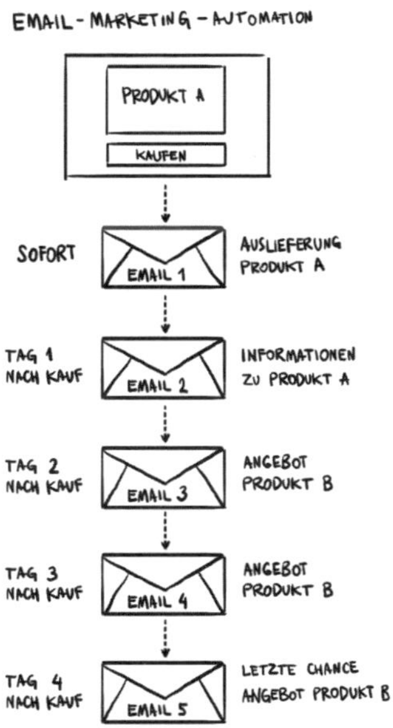

Die Automation wird überwiegend in sogenannten Evergreen-Kampagnen eingesetzt. Als Beispiel nehmen wir die Anmeldung deines Webinars, das täglich automatisiert abläuft.

Der Interessent meldet sich zu deinem Webinar an und bekommt in deinem E-Mail-Marketing-System einen Tag (nicht zu verwechseln mit Wochentag) zugewiesen mit dem Namen Webinaranmeldung-Evergreen. Ein Tag ist ein Datenbankeintrag bei deinem Kontakt, aufgrund dessen du diesen gezielt mit einer Automation anschreiben kannst.

In diesem Fall startet eine Automation, die vor dem Webinar abläuft:

- E-Mai 1: direkt nach der Webinaranmeldung
- E-Mail 2: 24 Stunden vor dem Webinar
- E-Mail 3: 3 Stunden vor dem Webinar
- E-Mail 4: 1 Stunde vor dem Webinar
- E-Mail 5: 15 Minuten vor dem Webinar

Diese Art von Automation kannst du in den verschiedensten Stufen in deinem Funnel einsetzen. Wenn dein Kunde Produkt A gekauft hat, dann hat dieser den Tag „Kunde Produkt A" als Eintrag.

Folgende Automation wäre an dieser Stelle denkbar:

Schicke allen Kunden, die Produkt A gekauft, aber nicht Produkt B gekauft haben, die E-Mail-Serie für die Vermarktung von Produkt B.

Automationsschritt 1: Prüfe, ob Kunde das Tag Produkt B hat – wenn nicht, verschicke an Tag 2 Vermarktungs-E-Mail 1.

Automationsschritt 2: Prüfe, ob Kunde das Tag Produkt B hat – wenn nicht, verschicke an Tag 3 Vermarktungs-E-Mail 2.

Automationsschritt 3: Prüfe, ob Kunde das Tag Produkt B hat – wenn nicht, verschicke an Tag 4 Vermarktungs-E-Mail 3.

Du kannst unzählige solcher Automationen in dein Business einbauen und diese verwenden.

Als wichtigen Tipp möchten wir dir mitgeben: Gehe möglichst einfache Wege und mache dein System nicht zu kompliziert. Gerade am Anfang sind die meisten der Meinung, alles umsetzen zu müssen, und schieben damit den Start ihres Business endlos hinaus.

Weniger ist mehr. Beginne mit einer Automation und optimiere diese. Wenn du zufrieden bist, kannst du die nächste Automation angehen.

Der große Vorteil dieses Systems ist die komplette Automation nicht nur des E-Mail-Marketings, sondern des gesamten Funnels. Je mehr Prozesse du in dein System einbaust, desto höher wird dein durchschnittlicher Kundenwert mit der Zeit, da alle deine Leads diese Kampagnen automatisiert durchlaufen und dir nach und nach immer mehr Umsatz einbringen.

Zusammenfassung:

E-Mail-Marketing ist eine gigantische Möglichkeit, per Knopfdruck oder komplett passiv Umsätze für dein Business zu generieren. Setze von Anfang an dieses Marketing-Instrument in deinem Unternehmen ein und du wirst dich schnell an die Magie des E-Mail-Marketings gewöhnen.

Generelle Zusammenfassung Funneloptimierung und Kundenwert- steigerung

Du hast jetzt von uns die Instrumente an die Hand bekommen, um dein Business hochprofitabel zu gestalten und von Anfang an die Grundlage für die richtige Skalierung erschaffen zu können. Die Voraussetzung für Skalierung ist die Profitabilität deines Funnels oder mehrerer deiner Funnel.

Alleine mit den Optimierungen und den Kundenwertsteigerungen ist deine Gewinnmarge enorm gestiegen. Jetzt zündest du die Rakete für dein nächstes Level in deinem traumhaften Online-Geschäft, um das dich viele beneiden werden.

Schritt 7: Deine umsatzsteigernde Skalierung

Wir sind nun am 7. und letzten Schritt angekommen. Dein Business sollte jetzt bereits solide Einnahmen generieren und du vor allem schon viel Spaß daran haben. Das ist nämlich das Wichtigste.

Wenn es darum, geht in einer anderen Liga zu spielen, und du dich auf ein neues Umsatz-Level heben möchtest, weg von 4-stelligen Umsätzen im Monat zu 5- oder gar 6-stelligen Umsätzen, dann musst du dein Business skalieren.

Die Voraussetzungen dafür hast du in den vorangegangenen Schritten geschaffen. Nur wenn deine Funnel profitabel sind, bist du auch in der Lage, die sprichwörtliche Schleuse aufzumachen und mehr in Werbung zu investieren.

Wenn du täglich 3K, 5K oder sogar 10K an Umsatz generieren möchtest, dann musst du im Gegenzug auch 1K, 2K oder 5K täglich in Werbung investieren. Das mag zunächst größenwahnsinnig klingen, aber glaube uns, du wirst dich schnell daran gewöhnen.

Die große Frage ist nun: Wie kannst du sicher skalieren, ohne dass dir alles auf die Füße fällt? Schließlich möchtest du schnellstmöglich dein investiertes Geld wieder auf deinem Konto haben. Und nicht nur das, sondern auch darüber hinaus einen ordentlichen Gewinn.

Skalierung mit ausreichend Liquidität

Wenn du Werbeausgaben von 3K, 5K oder sogar 10K täglich hörst, dann wirst du dich bestimmt fragen, wie du es schaffen kannst, die entsprechende Liquidität immer zur Verfügung zu haben. Nehmen wir einmal an, du gibst am Tag 1K an Werbung aus. Das sind 30K im Monat. Dieses Geld muss dir erst einmal zur Verfügung stehen.

Aus diesem Grund skalieren wir langsam. Wir werden nicht von heute auf morgen das Konto aufdrehen. Dies wäre fahrlässig. Ebenso müssen wir uns auch die verschiedenen Trafficquellen anschauen. Bei Facebook ist es zum Beispiel gar nicht möglich, schnell zu skalieren, bzw. auch nicht empfehlenswert. Das schauen wir uns in Ruhe an.

Grundsätzlich ergibt Skalierung nur Sinn, wenn du einen Funnel wählst, der dir möglichst schnell Umsätze generiert. Am besten am gleichen Tag.

Der Direct Sales Funnel bietet sich hier sehr gut an, gerade im Native Advertising, weil der Interessent sofort zum Kunden gemacht wird und dies bei einer breiten Masse häufig sehr gut funktioniert, um direkt in die Profitabilität zu kommen und nicht erst nach 30 Tagen oder später.

Das Problem der Auszahlung

Wenn du mit Bezahlanbietern wie CopeCart oder Digistore24 arbeitest, ist es dort so, dass die Auszahlungen zirka 14 Tage nach dem Verkauf getätigt werden. Dies ist ein großer Nachteil, denn die Werbeausgaben werden bei hohen Beträgen am gleichen Tag verrechnet und du musst die 14 Tage überbrücken.

Es gibt 2 Lösungsansätze:

1. Du verwendest eine Kreditkarte, die monatlich abgerechnet wird.
2. Du verwendest einen Bezahlanbieter, bei dem dir das Geld früher zur Verfügung steht.

Die Kreditkarte zum Bezahlen der Werbeausgaben

Eine Kreditkarte zum Bezahlen der Werbeausgaben zu verwenden, raten wir dir ohnehin.

Ein paar Anbieter, die sich hierfür eignen, haben wir auf unserer Empfehlungsseite gelistet: digitaleseinkommen.de/tools-und-empfehlungen

Das Spannende an einer Kreditkarte, die mit einem Meilenprogramm einer Fluggesellschaft verbunden ist, ist die Anrechnung von Meilen mit jedem über die Kreditkarte ausgegebenen Euro. Wenn du ohnehin hohe Werbekosten hast, so kannst du diese auch in Meilen anrechnen lassen und günstig in den Urlaub fliegen oder Geschäftsreisen tätigen.

Wähle einen Kreditrahmen mit einer entsprechenden Höhe. Bei täglich 300 Euro Werbebudget reichen 10K als Rahmen aus.

Somit startest du am Anfang, deine Werbeausgaben laufen bei der Kreditkarte auf und die Abbuchung der Lastschrift erfolgt in der Regel monatlich. Somit hast du genügend Zeit, um deine Einnahmen vom Bezahlanbieter zu nutzen.

Alternative Bezahlanbieter mit schnellen Auszahlungen

Auf der Seite mit unseren Empfehlungen listen wir dir auch ein paar Bezahlanbieter auf, mit denen du deine Verkäufe abwickeln kannst und die Einnahmen direkt oder zumindest schneller ausgezahlt bekommst.

Allerdings musst du hier schauen, ob die Automation oder die Conversion Rate nicht darunter leidet, weil dir ggfs. weniger Möglichkeiten zur Verfügung stehen. Wenn du manuelle Aufgaben erledigen musst, deine Conversion Rate sinkt, du keinen Upsell-Prozess durchführen kannst oder Ähnliches, ist dies kontraproduktiv. Prüfe das unbedingt im Vorfeld.

Dein Liquiditätsziel

Dein Ziel sollte es sein, langsam zu starten und langsam zu skalieren. Baue dir aus deinen Einnahmen einen Liquiditätspuffer auf, den du für Werbeausgaben verwenden kannst.

Erhöhe deinen Kreditkartenrahmen. Sorge gleichzeitig dafür, dass zum Abbuchungszeitpunkt deiner Kreditkarte der entsprechende Betrag auf dem Konto ist. Für viele ist die Situation trügerisch, weil sie einen hohen Betrag auf dem Konto haben und davon ausgehen, dass dieser ihnen gehört und dann ausgeben. Das böse Erwachen kommt dann bei der Abbuchung.

Glaube uns, der Kreditkartenanbieter ist keinesfalls darüber erfreut, wenn die Lastschrift zurückgebucht wird. Sehr schnell war es das mit der Kreditkarte und du hast ein Problem. Von daher handle bitte besonnen und bedacht.

Weiterhin gibt es einige Werbenetzwerke, die nur mit Vorkasse arbeiten. Dort musst du dein Konto zunächst mit dem entsprechendem Betrag erst einmal aufladen, damit du werben kannst.

Möglichkeiten der Skalierung

Schauen wir uns nun die Möglichkeiten der Skalierung an.

- Skalieren durch Erhöhen des Werbebudgets in einem Werbenetzwerk
- Skalieren durch Hinzunehmen weiterer Zielgruppen innerhalb eines Werbenetzwerkes
- Skalieren durch Hinzunehmen weiterer Produkte innerhalb eines Werbenetzwerkes
- Skalieren durch Hinzunehmen weiterer Werbenetzwerke

Skalieren durch Erhöhen des Werbebudgets bei Facebook

Schauen wir uns die Skalierungsmöglichkeiten bei Facebook an. Diese unterscheiden sich gegenüber Native Advertising Plattformen enorm.

In der Regel startest du in der Facebook-Werbung mit einem kleinen Budget bei deiner Kampagne, vielleicht mit 10 oder 20 Euro am Tag. Du siehst, wie sich die Werbung entwickelt. Du optimierst bei Bedarf deine Werbung und bekommst gute Ergebnisse.

Den größten Fehler, den die meisten machen, ist, dass sie jetzt denken: Genial, ich drehe auf. Doch das funktioniert bei Facebook nicht. Wenn du von heute auf morgen dein Budget auf 100 Euro am Tag hochskalierst, kann es sein, dass deine Performance überhaupt nicht mehr passt und du vielleicht das Doppelte oder mehr pro Neukunde oder Interessent zahlst.

Erhöhe deswegen dein Budget immer nur um maximal 20% alle drei Tage und schaue, wie sich deine Performance entwickelt. Wie weit du skalieren kannst, hängt von der Größe deiner Zielgruppe ab.

Einmal angenommen, du hast eine recht kleine Zielgruppe. Mit kleinem Budget hat alles wunderbar funktioniert. Sobald du allerdings skalierst, kommst du an die Sättigung deiner Zielgruppe. Du hast bereits mehr Interessenten deine Anzeige häufig ausgespielt, die für dich und dein Produkt in Frage kommen, als regelmäßig neue hinzukommen, weswegen sich die KPIs verschlechtern.

Aus diesem Grund musst du langsam skalieren. Du wirst merken, wann es keinen Sinn mehr ergibt. Ist deine Zielgruppe groß genug, so drehst du einfach so lange auf, bis du eine gewisse Sättigung merkst, und gehst einen Schritt zurück.

Skalieren durch Hinzunehmen weiterer Zielgruppen bei Facebook

Eine weitere hocheffektive Möglichkeit, auf Facebook zu skalieren, ist das Hinzunehmen weiterer Zielgruppen. Wenn eine Zielgruppe gut funktioniert, teste weitere Zielgruppen auf ihre

Perfomance.

Beispiel:
Nutze Lookalike Audiences (LAL) aus verschiedenen Custom Audiences, das heißt deinen Webseitenbesuchern in deinem Funnel oder bereits bestehenden Leads und Kunden, wenn vorhanden.

- LAL 1% Webseitenbesucher
- LAL 1 bis 2% Webseitenbesucher
- LAL 2 bis 3% Webseitenbesucher
- …
- LAL 1% Leads
- LAL 1 bis 2% Leads
- LAL 2 bis 3% Leads
- …
- LAL 1% Käufer
- LAL 1 bis 2% Käufer
- LAL 2 bis 3% Käufer

Nutze verschiedene Interessen, um weitere Zielgruppen aufzubauen.

Zum Beispiel in unserem Bereich arbeiten wir mit:

- Unternehmern, Selbständigen
- Digitales Marketing, Online-Werbung
- Affiliates
- …

Du siehst, dass dir verschiedene Zielgruppen sehr viele Möglichkeiten geben, um bei Facebook deine Reichweite auszubauen. Nutze vor allem die Custom Audiences aus deinem Funnel und teste, was funktioniert.

Testen von verschiedenen Kampagnenzielen

Zu Beginn empfehlen wir dir, mit dem Kampagnenziel „Conversions" bei Facebook zu starten. Dies bedeutet, dass Facebook versucht, die Kampagne so zu optimieren, dass du so viele Conversions (z.B. eine Anmeldung zum Webinar oder ein Verkauf) so günstig wie möglich erhältst.

Du solltest später aber auch einmal testen, andere Kampagnenziele auszuwählen und auswerten, um in diesen deinen ROI halten oder vielleicht sogar zu optimieren.

So kannst du z.B. als Kampagenziel „Reichweite" auswählen, wodurch Facebook versuchen wird, deine Anzeige so günstig wie möglich so vielen Nutzern wie möglich anzuzeigen. Dadurch werden deine Impressionen günstiger und damit auch dein CPC. Wenn sich gleichzeitig die anderen KPIs halten, wirst du hiermit deine Kampagnen besser skalieren können.

Ein weiteres Kampagnenziel, welches du testen solltest und bei dem es sich ähnlich verhält, ist „Traffic". Hierbei wird Facebook nun versuchen, deine Kampagne darauf zu optimieren, dass deine Klicks so günstig wie möglich sind.

Skalieren mit Google

Skalieren durch Erhöhen des Werbebudgets bei Google Search Ads

Bei Google Search Ads hängen deine Skalierungsmöglichkeiten bei der Budgeterhöhung überwiegend von dem Suchvolumen deiner Keywords und der Konkurrenz ab. Das monatliche Suchvolumen kannst du dem Keywordplaner entnehmen.

Zusätzlich bewertet Google deine Kampagne mit einem Quality Score von 1 bis 10. 1 bedeutet schlecht und 10 gut und es gibt verschiedene Faktoren, die hier mit einfließen. Generell versucht Google zu bewerten, wie positiv diese Kampagne von den Suchenden aufgenommen wird. Das bedeutet, dass dein Quality Score umso höher ist, desto spezifischer deine Kampagne ist. Wenn du für ein Keyword eine spezifische Anzeige mit dem Keyword erstellst, eine Landing Page mit dem Keyword in der URL, in der Headline, im Text usw. erstellst, wird dein Quality Score umso besser sein.

Deine Impressionen pro Keyword hängen also von dem monatlichen Suchvolumen, deinem CPC-Gebot, deiner Konkurrenz sowie dem Quality Score ab.

Skalieren durch Hinzunehmen weiterer Keywords bei Google Search Ads

Neben der Budgeterhöhung kannst du weitere Keywords testen. Wenn du ein profitables Keyword gefunden hast, erhöhe schrittweise das Budget.

Skalieren mit Google Display Ads

Wenn du ein massentaugliches Produkt gefunden hast, kann es durchaus Sinn machen, dein Marketing über Google Display Ads zu betreiben.

In diesem Netzwerk sowie den Native Advertising Plattformen haben wir andere Voraussetzungen zum Skalieren. Wir würden sogar sagen, dass es hier mehr Spaß macht. Denn der große Unterschied ist ganz einfach, dass du aufdrehen kannst, wenn dein System läuft.

René weiß das ganz genau, weil er ein absoluter Profi im Native Advertising ist. Wie gesagt, die Voraussetzung für einen Massenmarkt muss gegeben sowie auch hier die Kampagnen und Placements optimiert sein, bevor mit der Skalierung begonnen wird.

Im Gegensatz zu Facebook haben wir mit Google Display Ads und Native Advertising Plattformen wesentlich mehr Traffic, den wir anzapfen und die Kampagnen bereits direkt skalieren können, indem wir zum Beispiel das Tagesbudget erhöhen, die CTR optimieren, den CPC erhöhen usw.

Du kannst in diesen Netzwerken zwar auch häufig bestimmte Branchenseiten gezielt auswählen, doch das lassen wir außen vor, da es an dieser Stelle den Rahmen sprengen würde.

Skalieren mit Native Advertising

Wir hatten eben bereits erwähnt, dass Native Advertising ähnlich anzusehen ist wie Google Display Ads. Dir stehen unterschiedliche Werbenetzwerke zur Verfügung, die jeweils andere Schwerpunkte haben.

Hier musst du einfach testen, was für die Vermarktung deines Produktes am besten funktioniert bzw. welche Netzwerke für dein Business profitabel sind.

Skalieren bedeutet hier zu schauen, wie deine Kampagne läuft. Wenn sie profitabel ist, kannst du aufdrehen, indem du das Tagesbudget erhöhst, die Auslieferung beschleunigst, den CPC erhöhst, die CTR optimierst usw.. Selbstverständlich musst du dein System im Auge behalten und kontrollieren, wie sich die Zahlen entwickeln.

Ansonsten sagen wir: Feuer frei … und freue dich über die Traffic-Ströme.

Skalieren durch Hinzunehmen weiterer Werbenetzwerke

Im Grunde genommen kannst du folgendermaßen vorgehen: Du startest zum Beispiel mit Facebook-Werbung, nimmst dann Google mit dazu und im Anschluss die Native Advertising Plattformen.

Wenn du dein Budget auf die verschiedenen Netzwerke verteilst, hast du eine gute Mischung und bist nicht nur von einem Anbieter abhängig. Stelle dir vor, du generierst nur Traffic über Facebook und hier wird dir dein Werbekonto gesperrt, weil du etwas nicht beachtest hast … Dann ist es gut, wenn du noch andere Alternativen hast.

Zusammenfassung Skalieren

Du siehst anhand der Länge des 7. und letzten Schrittes, dass Skalieren kein Hexenwerk ist, du aber systematisch und bedacht vorgehen und vor allem immer die Zahlen im Auge behalten musst.

In Facebook musst du langsam vorgehen und weitere Zielgruppen mit dazu nehmen. In Google Search Ads gehst du ähnlich verhalten vor und testest statt Zielgruppen Keywords. In Google Display Ads und in den Native Advertising Plattformen kannst du, wenn dein Verkauf über diese Netzwerke profitabel ist, im Grunde genommen relativ schnell skalieren.

So kann es durchaus sein, dass du in der Summe bei den verschiedenen Netzwerken sehr schnell auf Werbeausgaben von 3 bis 10K kommen kannst. Und du wirst dann hoffentlich das Doppelte an Umsatz machen. Was wiederum für dich bedeutet, am Tag 3K bis 10K Gewinn zu generieren.

Die Monatsumsätze und Gewinne darfst du dir jetzt selbst ausrechnen – und vielleicht fängst du in diesem Zusammenhang auch an, schon einmal ein bisschen zu träumen.

Aufgabe #27

Herzlichen Glückwunsch! Du hast es geschafft, die ersten 26 Aufgaben umzusetzen und damit das Fundament für dein Online Business zu schaffen.

Wenn du alle Aufgaben konsequent umgesetzt hast, dann hattest du bereits deine ersten Besucher auf deiner Webseite und hast vielleicht auch bereits deine ersten Provisionen verdient.

Lasse dir gesagt sein: Damit hast du bereits mehr geschafft als 95% aller Menschen, die sich mit Online Marketing auseinandersetzen.

Nun ist es an dir, dein Business weiter auszubauen, die 7 Schritte aus diesem Buch umzusetzen und damit dein „Digitales Einkommen“ aufzubauen.

Wenn dir der Prozess bis hierhin gefallen hat und du dir weitere Unterstützung bei dem Aufbau deines Online Business wünschst, dann erfährst du hier, wie du diese von uns erhalten kannst: **digitaleseinkommen.de/aufgabe-27**

Zusammenfassung

Wir sind nun am Ende von **Digitales Einkommen** angekommen und hoffen, dass du wie angekündigt einige Aha-Momente hattest. Dass dir viele Dinge jetzt klarer sind, dass du Spaß daran hattest und dass du jetzt für dich eine Entscheidung getroffen hast, indem du sagst: Online Marketing ist meine Zukunft.

Im besten Fall hast du die Aufgaben parallel durchgearbeitet und somit eine wirklich gute Grundlage für dein Online Business gelegt. Du hast durch dein Umsetzen bereits eine der wichtigsten Tugenden für Erfolg bewiesen.

Lasse uns nun noch einmal abschließend zusammenfassen, was du in unserem Buch gelernt hast.

Wir haben dir unsere Storys mit sehr tiefen Einblicken und Learnings ausführlich geschildert. Du hast auf der einen Seite gesehen, dass es möglich ist, eine automatisierte Verkaufsmaschine aufzubauen, die dir in kurzer Zeit 6-stellige Umsätze generieren kann, auf der anderen Seite musst du dir in aller Ruhe mit der nötigen Zeit eine entsprechende Grundlage schaffen.

Mit dieser Grundlage bist du in der Lage, dir ein stetig wachsendes Einkommen aufzubauen, das du passiv erwirtschaftest.

Das größte Learning: **Deine Arbeit besteht darin, Systeme**

aufzubauen, die für dich rund um die Uhr arbeiten und Einnahmen generieren.

Du hast gelernt, was Online Marketing überhaupt ist, wie es funktioniert und dass du dir in dieser zukunftsträchtigen Branche ein eigenes Geschäft aufbauen kannst – seriös und zukunftssicher. Und nicht nur das. Du kannst damit Einnahmen generieren, die du mit einem normalen Angestellten-Verhältnis nie und nimmer erreichen wirst. Dazu kommen all die Vorzüge vom eigenen Chef, freier Zeiteinteilung, ortsunabhängigem Arbeiten – und dass du dein Leben ganz anders genießen kannst.

Bevor du jedoch an die Umsetzung gehst und dich dafür entscheidest, dein eigenes Online Business aufzubauen, solltest du dein Warum kennen und deine Ziele definieren. Denn nur dies wird dich antreiben und über Rückschläge und Zweifel hinwegtragen.

Du benötigst ein felsenfestes Mindset und Glaubenssätze, die dich auf deinen absoluten Erfolg hin programmieren.

Beherzige die wichtigsten Tipps für deinen Erfolg:

Tipp #1: Fokussiere dich.
Tipp #2: Nutze das Pareto-Prinzip.
Tipp #3: Sei nicht perfekt.
Tipp #4: Sei beharrlich.
Tipp #5: Setze auf umsatzproduzierende Maßnahmen.
Tipp #6: Nutze die Speed of Implementation.
Tipp #7: Spare nicht an der falschen Stelle.
Tipp #8: Glaube an dich.

Tipp #9: Denke langfristig.

Habe diese Tipps immer im Hinterkopf, wenn du dich an die Umsetzung der großen 7 Schritte machst:

Schritt 1: Finde deine Idee und erstelle dein Produkt.
Schritt 2: Definiere deine Zielgruppe.
Schritt 3: Setze die besten Verkaufsprozesse auf.
Schritt 4: Betreibe erfolgreiches Marketing.
Schritt 5: Generiere maximale Besucher.
Schritt 6: Optimiere deinen Funnel und Kundenwert.
Schritt 7: Skaliere deine Prozesse umsatzsteigernd.

Wenn du die Tipps beachtest und die Schritte nach und nach umsetzt, bist du auf dem besten Weg zu deinem persönlichen digitalen Einkommen.

Natürlich geht dies nicht von heute auf morgen und erfordert einiges an Arbeit und Zeiteinsatz. Es werden Probleme auftauchen, die gelöst werden müssen, und es wird Rückschläge geben, bei denen es auf dein Mindset ankommt.

Wir freuen uns sehr, dass wir dich bis hierhin auf deiner Reise in das Online Marketing begleiten konnten, und möchten dir genauso anbieten, dich auf deinem weiteren Weg zu unterstützen. Denn wir beide wissen, wie anstrengend der Aufbau eines Online Business sein kann und wie wichtig es manchmal ist, sich mit Gleichgesinnten auszutauschen oder auch einfach jemanden zu haben, der schon dort ist, wo du gerne hin möchtest und der einem sagt, was man am besten als nächstes tun sollte, um sein Ziel zu erreichen.

Wenn du ernsthaftes Interesse an dem Aufbau deines persönlichen Online Business hast und dabei Unterstützung von uns wünschst, dann findest du hier weitere Informationen: **digitaleseinkommen.de/wie-geht-es-weiter**

Wir möchten uns an dieser Stelle bei dir als Leser oder Leserin unseres Buches bedanken und wünschen dir viel Erfolg beim Aufbau deines digitalen Einkommens bzw. deines eigenen Online Business.

Dein René & Oliver

Glossar

A

Addon-Produkte (Addons) - Produkte, die auf dem Bestellformular des Hauptprodukts zusätzlich angeboten werden, um den Kundenwert zu steigern.

Advertising - Allgemein: Kostenfreie und kostenpflichtige Werbemaßnahmen.

Affiliate Marketing - Auch Empfehlungs-Marketing genannt. Wenn du das Produkt einer anderen Person / Firma durch Empfehlungen oder Werbemaßnahmen verkaufst, bekommst du eine Provision, deren Höhe unterschiedlich ausfallen kann.

Affiliates - Personen, die Produkte anderer Personen / Hersteller verkaufen und dafür eine Provision erhalten. → *Affiliate Marketing*

AIDA-Formel - Marketing-Prinzip, nach dem potenzielle Käufer die Stufen Attention (Aufmerksamkeit), Interest (Interesse), Desire (Wunsch) und Action (Handlung) durchlaufen.

All-in-one-Lösung - Software oder Tool, das möglichst viele Elemente eines Online-Marketing-Prozesses abbildet bzw. vereint (anstatt vieler Einzellösungen).

Audience - Generell das Publikum / die Kunden, die dir Aufmerksamkeit schenken.

B

Backend - Verkaufsprozesse, die nach dem eigentlichen Verkauf „im Hintergrund" und nicht direkt sichtbar stattfinden.

Backlink - Verlinkung einer Webseite auf eine andere.

Benefits - Vorteile, die ein potenzieller Kunde durch den Kauf eines Produkts oder einer Dienstleistung hat.

Blog - Ein meist auf einer Website geführtes und damit öffentlich einsehbares „Tagebuch" oder Journal mit einer chronologisch abwärts sortierten Liste von Einträgen.

Brainstorming - Übersetzt: Gedankensturm. Kreative Sammlung von Ideen alleine oder mit mehreren Personen.

C

Cashcow-System - Übersetzt: Geldkuh. Ein System, welches dauerhaft Geld generiert (wie eine Kuh Milch produziert).

Clickbank - amerikanischer Online-Zahlungsabwickler

CLV - Custumer Lifetime Value. Bezeichnet den lebenslangen Wert eines einzelnen Kunden für dich.

Content Management System (CMS) - Übersetzt: Inhaltsverwaltungssystem. Software zur gemeinschaftlichen Erstellung, Bearbeitung, Organisation und Darstellung von digitalen Inhalten (Content) zumeist zur Verwendung in Webseiten.

CopeCart - deutscher Online-Zahlungsabwickler, der von René Renk aufgebaut wurde.

Cookie - Synonym für Datenentnahme, -speicherung, -nutzung, -verwertung, -weitergabe und -missbrauch. Häufiger Einsatzzweck ist das Webtracking von Nutzern.

Cookie-Banner - Hinweis auf Webseiten, der oft im oberen oder unteren Bereich der Seite angezeigt wird und den du aktivieren / akzeptieren kannst. Dadurch wird es möglich, dein Nutzerverhalten auf der Seite aufzuzeichnen.

Corporate Design - Äußeres Unternehmens-Erscheinungsbild

CPC (Cost Per Click) - Beschreibt, wie viel Geld du für einen „Klick"-Aufruf deiner Werbeanzeige bezahlst.

CRM (Customer-Relationship-Management-System) - Unterstützt das Management von Kundendaten.

Cross-Sell - Verkauf von Produkten, die mit dem ursprünglichen Kauf nur indirekt in Verbindung stehen, aber thematisch dennoch (entfernt) damit zu tun haben. Dient dem Ziel der Umsatzsteigerung.

CTA (Call to Action) - Handlungsaufforderung, die bei fast allen Maßnahmen im Online Marketing genutzt wird.

CTR (Click Trough Rate) - Kennzahl, welche die Anzahl der Klicks auf Werbebanner oder Links im Verhältnis zu den gesamten Impressionen darstellt.

D

Datenschutz(erklärung) - Beschreibt, wie Daten (insbesondere personenbezogene) von einer Organisation verarbeitet werden. Oft zum Schutz der Privatsphäre von Kunden.

DigiStore 24 - deutscher Online-Zahlungsabwickler

Direct Sales - Verkaufsprozesse, die darauf abzielen, direkt Umsätze zu generieren.

Domain - (D)eine Adresse im Internet.

Downsell - Günstigeres Produkt im Verkaufsprozess, welches einem Käufer angeboten wird, nachdem dieser ein teureres Produkt nicht gekauft hat.

E

E-Commerce - Übersetzt: elektronischer Handel, hauptsächlich im Internet. Beinhaltet Kauf- und Verkaufsprozesse sowie damit verbundene Leistungen.

E-Mail-Liste - Kontaktliste, welche E-Mail-Adressen und Namen deiner Interessenten und Kunden beinhaltet.

E-Mail-Marketing - Marketing-Form, bei der E-Mails zur Produktbewerbung, zum Vertrauensaufbau oder zur Kommunikation mit den eigenen Interessenten und Kunden verschickt werden.

EPC (Earnings Per Click) - Verdienst pro Klick (Besucher)

Evergreen-Kampagne - Kampagne, die dauerhaft ausgespielt wird, unabhängig von saisonalen Ereignissen funktioniert und gleichbleibend gute Ergebnisse liefert.

F

Facebook Pixel Helper - Kleines Programm (Browser-Add-on), mit welchem getestet werden kann, ob ein Facebook Pixel richtig funktioniert.

FAQ (Frequently Asked Questions) - Häufig gestellte Fragen plus die entsprechenden Antworten.

Freelancer - Person, die auf selbstständiger Basis gegen Bezahlung Aufgaben für andere erledigt.

Free-Plus-Shipping-Funnel - Funnel, bei dem der Käufer nur die Versandkosten bezahlt, das eigentliche Produkt jedoch gratis erhält. Sehr oft bei Büchern oder auch Nahrungsergänzungsmitteln eingesetzt.

Funnel - Übersetzt: Trichter. Marketinginstrument, welches aus verschiedenen Elementen besteht und einen Verkaufsprozess abbildet. Dadurch können Interessenten generiert werden, die beim Durchlaufen des Funnels im Optimalfall zum Kunden werden. Beispiel: Schritt 1: Werbeanzeige, Schritt 2: Landing Page, Schritt 3: Webinar, Schritt 4: Verkaufsseite.

Funnel-Strategien - Verschiedene Funnel, die zusammen oder separat genutzt werden, um gewünschte Ziele zu erreichen.

Frontend - Sichtbares Einstiegsprodukt, meist zu Anfang eines → Funnels.

G

Google AdWords - Werbesystem des US-amerikanischen Unternehmens Google LLC. Wird mittlerweile nur noch Google Ads genannt.

Google Display Netzwerk - Gruppe aus über zwei Millionen Websites, Videos und Apps, auf bzw. in denen Werbeanzeigen an über 90% der Internetnutzer in aller Welt ausgeliefert werden können.

H

Heißer Traffic - Besucher / Interessenten, die bei dir bereits mindestens einmal oder sogar mehrfach etwas gekauft haben und dich daher kennen.

Highprice-Bereich - Hochpreisige Produkte und Coachings ab zirka 5.000 Euro.

I

Impressionen - Einblendungen einer Anzeige.

K

Kalter Traffic - Besucher / Interessenten, die bei dir noch nie etwas gekauft haben oder mit denen du noch nie Kontakt hattest.

Keywords - Schlüsselwörter oder auch Suchbegriffe, die z. B. bei einer Google-Suche zu einem bestimmten Thema oft verwendet werden.

Keyword Planer - Tool, mit dem sich häufig benutzte Suchbegriffe finden lassen. → Keywords

Klickpreis (CPC) - Beschreibt wie viel Geld du für einen „Klick"-Aufruf deiner Werbeanzeige bezahlst.

KPI (Key Performance Indicator) - Kennzahlen, mit denen die Leistung von Aktivitäten in Unternehmen ermittelt werden kann, im Online Marketing z.B. Einnahmen pro Werbeanzeige.

Kundenavatar - Genaue Beschreibung/Ableitung des optimalen Kunden.

L

Landing Page - Website, auf die ein potenzieller Kunde über eine Suchmaschine oder eine (Werbe-)Anzeige geleitet wird. Einziges Ziel ist die Hinführung des Besuchers zu einer gezielten Aktion (im Vergleich zu klassischen Webseiten). Ziele können z.B. ein Verkauf oder der Eintrag der E-Mail-Adresse sein.

Launch - Prozess der Einführung eines neuen Produktes auf dem Markt.

Lavaliermikrofon - Kleines Mikrofon, welches an der Kleidung angesteckt wird und eine Aufnahme mit klarem satten Klang ermöglicht.

Leadmagnet - Ein Art Tauschmittel, z.B. Checkliste, Report, Rabattcode oder E-Book, welches genutzt wird, um Informationen wie E-Mail-Adresse oder Name im Austausch zu bekommen.

Lookalike Audience - Begriff im Facebook Marketing, der eine bestimmte Zielgruppe definiert. Dadurch ermöglicht man Facebook, im gesamten Netzwerk nach Nutzern zu suchen, die nahezu den Personen aus der Lookalike Audience entsprechen.

M

Margen - Gewinnspannen

Maslow'sche Bedürfnisspyramide - Sozialpsychologisches Modell des US-amerikanischen Psychologen Abraham Maslow. Beschreibt und erklärt auf vereinfachende Art und Weise menschliche Bedürfnisse und Motivationen.

Mindmap - Digitaler Gedankenweg zum Planen und Brainstormen.

Mindset - Deine innere Einstellung. Diese kann sowohl positiv als auch negativ sein.

MVP (Minimum Viable Product) – Produkt / Software mit den nötigsten Funktionen, um an den Markt gehen zu können.

N

Native Ads / Advertising - Digitale Werbeanzeigen, die wie journalistische Inhalte wirken. „Native“ bedeutet in diesem Zusammenhang „vertraut“ und „Advertising“ steht für „Werbung“.

Nischen - Spezifische Märkte abgeleitet von allgemeinen Märkten, z.B. fettarme Ernährung oder schnelles Abnehmen aus dem großen Markt Körper und Gesundheit.

O

One Click Upsell - Folgeverkauf, der durch nur einen Klick direkt mit den Warenkorb gelegt und abgerechnet wird.

One Time Offer - Einmaliges Angebot, das einem Kunden oder Interessenten nur das eine Mal gezeigt wird.

P

Page Builder - Tool (digitale Plattform), mit dem du Webseiten erstellen kannst.

Performance Kampagnen - Einsatz von Online-Marketing-Instrumenten mit dem Ziel, eine messbare Reaktion und / oder Transaktion mit dem Nutzer zu erzielen. Zeichnet sich aus durch Messbarkeit, Modularität und Optimierbarkeit.

Permalink - Dauerhafter Identifikator in Form einer URL / Webadresse, mit dem die einmal über ihn referenzierten Inhalte dauerhaft und primär über diese URL verfügbar gemacht werden.

Pitch - Verkaufsversuch / Verkaufsteil, z.B. in einem → Webinar

Plugins - Codezeilen (kleine Programme), die auf Webseiten eingebaut werden, um bestimmte Funktionen zu ermöglichen.

PPC-Marketing (Pay Per Click) - Als PPC werden Werbeanzeigen bezeichnet, bei denen pro Kick auf die Anzeige bezahlt wird.

Pull-Marketing - Werbestrategien, die genutzt werden, wenn ein Interessent bereits proaktiv nach etwas sucht, z.B. auf Google.

Push-Marketing - Werbestrategien, die genutzt werden, wenn ein Interessent nicht aktiv nach etwas sucht, z.B. bei Fernsehwerbung.

R

Remarketing / Retargeting - Erneutes Bewerben eines Produktes oder erneutes Anzeigen einer Anzeige an Nutzer, die bereits zuvor schon einmal das Produkt / die Anzeige gesehen haben. Dadurch können die Werbekosten gesenkt und die Conversions erhöht werden.

Reseller - Wiederverkäufer, der die Erlaubnis (Lizenz) hat, Produkte eines anderen Herstellers weiter zu verkaufen.

ROI (Return On Invest) - Rückerstattung der Investition

S

Sales Page - Webseite, die speziell für zur Erzielung von Verkäufen optimiert wurde. Diese enthält nur die für den Verkauf entscheidenden Informationen.

Second-Level-Affiliate-Provision - Erweiterte Provision, welche ein → Affiliate auf die Umsätze seines Affiliate Partners bekommt.

SEO (Search Engine Optimization) - Suchmaschinenoptimierung. Dadurch ist es möglich, eine Webseite u.a. mit Hilfe von sogenannten → Keywords so zu optimieren, dass diese in den Suchergebnissen von Google auf den ersten Rängen erscheint.

Sidebar - Bereich links oder rechts neben deinem Blogartikel bzw. der Blogartikel-Übersicht auf einem → Blog.

Skalierung - Erhöhung des Werbebudgets zur Ausweitung der Umsätze und Verkäufe, wenn z.B. eine Werbeanzeige gut funktioniert.

Social Media - Alle sozialen Medien und Plattformen (Soziale Netzwerke) wie Facebook, YouTube, Instagram, Twitter, Xing, Twitch, Linkedin usw.

Speed of Implementation - Übersetzt: Geschwindigkeit der Umsetzung

Splittest - Testen verschiedener Webseiten oder Marketingelemente gegeneinander, um herauszufinden, ob z.B. eine rote Webseite oder eine blaue Webseite bessere Verkäufe generiert,

Die Seiten werden dann automatisiert im Wechsel verwendet, bis ein signifikantes Ergebnis feststeht.

SSL-Zertifikat - Kleine Datendatei, die einen kryptografischen Schlüssel digital an die Details einer Organisation bindet und damit ein Sicherheitsmerkmal darstellt, das eine sichere Verbindung erlaubt.

T

Tag / Tagging - Übersetzt „Markierung / markieren". Im E-Mail-Marketing können Kontakte mit einem oder mehreren Tags markiert werden, um diese zu organisieren.

Testimonials - Kurze oder auch längere Erfahrungsberichte (meist positiv) von Kunden, die als Referenz und zum Vertrauensaufbau genutzt werden.

Theme - Bei → WordPress das grundlegende Design der Website.

Tracking - Methode, um anhand eines oder mehrerer Tools nachvollziehen zu können, wer einProdukt gekauft hat und wo genau dieser Besucher herkommt.

Tracking-Pixel - Meist ein kurzer Code, der auf der jeweiligen Webseite eingebunden wird und es z.B. Facebook ermögllicht, einen Besucher zu erfassen und seine Handlungen nachvollziehen.

Traffic - Besucher, die z.B. eine Werbeanzeige oder Webseite aufrufen.

Transkript - Umwandlung von Gesprochenem zu Text. Beispiel: Aufschreiben aller Untertitel aus einem Film.

U

UPM - Umsatzproduzierende Maßnahmen

Upsell - Erweiterter Verkaufsprozess, bei dem einem Kunden ein weiteres Produkt B angeboten wird, nachdem er Produkt A gekauft hat, wodurch sich der Umsatz erhöhen lässt.

V

Verkaufswebinar - Aufgezeichnetes oder auch live gehaltenes Online-Seminar. Im Online Marketing gekennzeichnet durch eine Mischung aus Informationsvermittlung und Verkaufsteil. → Pitch

Verknappung - Verkaufspsychologisches Prinzip, welches zur Steigerung von Verkäufen genutzt wird, indem auf die limierte Verfügbarkeit des angebotenen Produktes hingewiesen wird.

Vendor - Verkäufer und meist auch gleichzeitig Hersteller eines Produkts.

Video Sales Letter (VSL) - Verkaufstext, der in Form eines Videos abgebildet wird und bei dem die geschriebenen Folien eins zu eins von einem Sprecher vorgetragen / vorgelesen werden.

Vimeo - Video Hosting Plattform, auf der du deine Videos speichern kannst.

Visionboard - Collage bestehend aus deinen zukünftigen Zielen mit der Absicht zur Motivation.

W

Warmer Traffic - Besucher / Interessenten, die bei dir bereits etwas gekauft haben oder mit denen du bereits auf eine Weise in Kontakt getreten bist.

Werbetexten - Schreiben von Texten, die verkaufspsychologisch und sprachlich so aufgebaut sind, dass sie das beworbene Angebot möglichst erfolgreich verkaufen.

WordPress - kostenloses → Content Management System (CMS).

Danksagungen

Wir beide sind für unsere Unternehmen und für das, was wir bis heute erreicht haben, sehr dankbar. Dieses Buch ist nur aufgrund all unserer Erfahrungen, emotionalen Höhen und Tiefen und Erfolge sowie Niederschläge möglich gewesen. Deshalb möchten wir uns an dieser Stelle bei allen Personen bedanken, die uns auf diesem Weg direkt oder indirekt unterstützt und begleitet haben.

Danksagungen von René Renk:

Meine geliebte Frau – für deine stetige Unterstützung in allen Höhen und Tiefen.

Meine geliebten Töchter – dafür, dass es euch gibt und ihr mir immer wieder ein Lachen aufs Gesicht zaubert.

Mama und Papa – für eure Liebe und Geborgenheit in meiner Jugend sowie die richtigen Grundlagen für mein heutiges Mindset.

Oliver Schmuck – für eine erfolgreiche Partnerschaft.

Danksagungen Oliver Schmuck:

Meine geliebte Silke - mit der ich immer so wunderbar über mein Business reden kann und die mich immer unterstützt.

Mein geliebter Sohn Toni - der mein Herz immer wieder zum Lachen bringt.

Meine Eltern - die immer für mich da waren und die mir stets ihre Liebe und Fürsorge geschenkt haben.

Mein Bruder Lucas mit Melly und Ben - dass wir so eine tolle Familie sind.

René Renk - für die beste Geschäftspartnerschaft ever.

Gemeinsame Danksagung:

Désirée, Marvin, Roman und Adela – für eure tagtägliche Unterstützung bei der Arbeit und natürlich der Entstehung dieses Buches.

Nur dank euch und eurer Hilfe konnten wir dorthin kommen, wo wir heute stehen!

Vielen Dank!

NOTIZEN

NOTIZEN

NOTIZEN

NOTIZEN

NOTIZEN